Ludwig Meggendorfer
Controlling im Gartenbau und GaLaBau

Ludwig Meggendorfer

Controlling im Gartenbau und GaLaBau

unter Mitarbeit von
Beatrix Hohengartner, Helmut Hohengartner,
Renate Spraul

19 Schwarzweißabbildungen
51 Tabellen

Inhaltsverzeichnis

Vorwort

Die Unternehmen der Gartenbauwirtschaft stehen tagtäglich in einem scharfen Wettbewerb. Um die gesetzten Unternehmensziele zu erreichen und einen betriebswirtschaftlichen Erfolg in einer Höhe zu erzielen, die eine nachhaltige Existenz des Unternehmens gewährleistet, kommt es zunehmend darauf an, sich und sein Unternehmen auch aus betriebswirtschaftlicher Sicht bestmöglich „aufzustellen". Neben unternehmerischer Intuition ist hierzu erfolgs- und zielorientiertes Handeln und Entscheiden auf Basis geeigneter und entscheidungsrelevanter Informationen und der Einsatz problemrelevanter betriebswirtschaftlicher Methoden erforderlich.

Das vorliegende Buch will einen Beitrag leisten zur Optimierung der Wettbewerbsfähigkeit gartenbaulicher Unternehmen. Dazu verfolgen die Autoren insbesondere folgende Zielsetzungen:

- Vorschlag eines aus Controlling-Modulen bestehenden Controlling-Konzept-Ansatzes für Unternehmen der Gartenbauwirtschaft;
- Vorstellung und Vermittlung hierzu geeigneter und bewährter betriebswirtschaftlicher Methoden und Vorgehensweisen;
- Schaffung besserer, erfolgsorientierter Entscheidungsgrundlagen durch betriebsindividuelle Auswertungen, Kalkulationsgrundlagen und Kalkulationen statt betriebsfremder Faustzahlen und Kostensätze;
- Aufzeigen der Chancen und Möglichkeiten von Tabellenkalkulations-Anwendungen als ideales Hilfsmittel im Einsatz für das betriebliche Controlling.

Für die Vorstellung der verschiedenen Methoden und Vorgehensweisen finden Fallbeispiele aus einzelnen gartenbaulichen Sparten Verwendung. Dabei ist es den Autoren ein wichtiges Anliegen darauf hinzuweisen, dass eine Übertragbarkeit auf beliebige Sparten und Unternehmenstypen der Gartenbauwirtschaft in der Regel möglich ist.

In besonderen Fällen können erforderliche Anpassungen mit begrenztem Aufwand vorgenommen werden. Auch hierin zeigt sich ein Vorteil des Einsatzes von Tabellenkalkulations-Anwendungen als Hilfsmittel im betrieblichen Controlling.

Es ist mir eine besondere Freude, dass es gelungen ist, mit Frau Dr. Renate Spraul und Frau Dr. Beatrix Hohengartner sowie Herrn Ing. Helmut Hohengartner ausgewiesene und im deutschen Sprachraum bestens bekannte Experten im Bereich der gartenbauökonomischen Beratung zur Mitarbeit zu gewinnen.

Eine große und wertvolle Unterstützung habe ich auch durch Frau Dipl.-Ing. agr. Brigitte Felbinger erfahren. Ihre fachlich kritische Begutachtung des Rohmanuskriptes und daraus resultierenden zahlreichen Anregungen haben zu wichtigen Verbesserungen beigetragen.

Mein besonderer Dank gilt dem Verlagshaus Ulmer für die Auflage, Frau Dr. Angelika Jansen und Frau Birgit Schüller für die Entwicklung, Unterstützung und engagierte Betreuung dieses Buchprojektes sowie Frau Vera Bauer für die Lektoratsarbeiten.

Begleitend zu dem Buch werden alle darin verwendeten Kalkulationstabellen auf der Internetseite des Verlages Eugen Ulmer, www.ulmer.de, unter Webcode 3294008, zum Download zur Verfügung gestellt. Auch hierin finden die Leser über die Vorstellung in diesem Buch hinausgehende Hinweise und Erklärungen zum Einsatz der verschiedenen Tabellenkalkulations-Anwendungen. Diese Tabellenkalkulations-Anwendungen werden den Käufern dieses Buches zur kostenlosen persönlichen Nutzung überlassen. Eine Weitergabe an Dritte ist nicht zulässig. Ein über die Beschreibung in diesem Buch und den Tabellenkalkulations-Anwendungen selbst hinausgehender Support ist durch die Autoren leider nicht möglich.

Die Autoren wünschen den Lesern interessante Stunden bei der Lektüre und Mut, Innovationsgeist und Experimentierfreude bei der Nutzung und dem Einsatz der Tabellenkalkulations-Anwendungen.

Obwohl sich die Autoren um größtmögliche Sorgfalt bemühten, kann eine Fehlerfreiheit sowohl im Text als auch in den Tabellenkalkulations-Anwendungen nicht gewährleistet werden und sind Schadensersatzansprüche jedweder Art ausgeschlossen.

Die Autoren sind dankbar für alle Hinweise zu möglichen Fehlern und Verbesserungen. Die im Text verwendeten maskulinen Bezeichnungen gelten in gleicher Weise für Männer wie für Frauen.

Freising-Weihenstephan, im Frühjahr 2012
Ludwig Meggendorfer

1 Controllingkonzept für Gartenbauunternehmen

Problemstellung

Der zunehmende Wettbewerbsdruck auf gartenbauliche Produkt- und Dienstleistungsmärkte stellt die Unternehmensleitungen vor große Herausforderungen. Um ihr Unternehmen erfolgsorientiert und nachhaltig wirtschaftlich führen zu können, benötigen sie fundiertes betriebswirtschaftliches Know-How und rationelle Hilfsmittel im betrieblichen Controlling.

Zielsetzungen

In dem vorliegenden Buch werden wichtige Kern-Module für das Controlling gartenbaulicher Unternehmen in einem Systemansatz vorgestellt. Das Konzept ist dabei so ausgerichtet, dass dieses System aus Controlling-Modulen nicht nur in einem einfach aufgebauten, sondern auch in einem komplex strukturierten Unternehmen der Gartenbauwirtschaft, wie beispielsweise einer Einzelhandelsgärtnerei, eingesetzt werden kann. Die nachfolgenden Controlling-Module und die dazu erstellten Tabellenkalkulations-Anwendungen (Tk-A) sind dabei grundsätzlich in beliebigen gartenbaulichen Sparten nutzbar.

Eine weitere Zielsetzung sehen die Autoren in der Vorstellung und Vermittlung von wichtigen, an gartenbauliche Unternehmen angepasste Methoden des betrieblichen Controllings. Ein besonderes Anliegen ist es auch, auf die Verbindungen zwischen den verschiedenen Controlling-Modulen hinzuweisen und auf die Vorteile und den Nutzen, der erst durch den Einsatz von mehreren aufeinander abgestimmten Controlling-Anwendungen entsteht.

Die Erfassung, Verarbeitung und Aufbereitung der Daten für die verschiedenen Controlling-Module ist ohne EDV-Einsatz nicht mehr zu bewältigen. Als weitere Zielsetzung wird deshalb im Folgenden ein kostengünstiges Konzept aus konventionellen Softwareangeboten und individuellen Anwendungen auf Basis der Tabellenkalkulation für das betriebliche Controlling vorgestellt. Im Mittelpunkt steht hierbei auch, wie die für die einzelnen Controlling-Module erforderlichen betrieblichen Daten möglichst rationell erfasst oder aus anderen Anwendungen übernommen werden können.

1.1 Controlling – eine Notwendigkeit?

1.1.1 Einführung

Was verstehen wir unter Controlling?

Der Begriff Controlling leitet sich aus dem englischen Verb „**to control**“ ab, was so viel wie „**steuern, lenken, beherrschen**“ oder „**regeln**“ bedeutet. Im Gegensatz zu einem sehr engen, rein auf Kontrolle ausgerichteten Controlling-Verständnis wird in vorliegendem Buch als wesentliche Zielsetzung und Aufgabe des betrieblichen Controllings eine erfolgsorientierte und aktive Unternehmenssteuerung vertreten. Controlling kann dabei als System der optimierten Entscheidungsvorbereitung beschrieben werden, dessen Aufgabe darin besteht, unternehmerische Entscheidungen zu verbessern durch

- problemrelevante, auf das Wesentliche verdichtete Informationen;
- optimierte Koordination verschiedener Unternehmensbereiche;
- richtige Anwendung geeigneter betriebswirtschaftlicher Methoden und Problemlösungskonzepte.

Die in diesem Zusammenhang anfallenden Controlling-Funktionen und -Tätigkeiten werden in großen, national oder international agierenden Unternehmen von besonders ausgebildeten Controllern meist in speziellen Controlling-Abteilungen übernommen. In den im Gartenbau vorherrschenden, meist kleineren Familienunternehmen ist Controlling in Abhängigkeit von der Unternehmensgröße eher ein Aufgabenbereich von leitenden, betriebswirtschaftlich geschulten Mitarbeitern, den Unternehmern selbst oder auch speziell für den heranzubildenden Unternehmernachwuchs, der im Anschluss an eine qualifizierte Ausbildung – zunächst noch ohne oder mit eingeschränkter eigener Entscheidungsverantwortung – schrittweise an die Unternehmensleitung herangeführt werden soll.

1.1.2 Aktivitäten und Bedarf

Controlling-Aktivitäten

Über die Controlling-Aktivitäten von Gartenbauunternehmen gibt es bisher keine repräsentativen Studien. Auch behindern die unterschiedlichen Controlling-Auffassungen und -Definitionen die Gewinnung eines allgemeingültigen, realistischen Bildes über den Einsatz des Controllings im Gartenbau. Was zählt alles zum Controlling? Welche Instrumente werden aktiv eingesetzt? Zwar werden in einzelnen Studien (z. B. Kaiser 2006) von den Unternehmern verschiedene Maßnahmen und EDV-Programme angeführt. Ob diese Angaben aber die tatsächlichen Controlling-Aktivitäten richtig widerspiegeln und zudem repräsentativ sind, muss bezweifelt werden. Erfahrungen der Autoren legen vielmehr den Schluss nahe, dass Controlling im Gartenbau bisher nur begrenzt und sicher nicht flächendeckend eingesetzt wird.

Controlling-Bedarf
Unabhängig von der Unternehmensgröße stellt sich heute praktisch für jedes Unternehmen die Notwendigkeit einer erfolgsorientierten Unternehmenssteuerung. Am einfachsten lässt sich ein Controlling-Bedarf an der Entwicklung einiger weniger ökonomischer Kenngrößen feststellen (siehe Kap. 2.5.2). Ohne Anspruch auf Vollständigkeit lassen folgende Werte und Situationen auf eindeutigen Controlling-Bedarf schließen:
- negatives Eigenkapital oder Unterbilanz;
- negative Eigenkapitalentwicklung;
- sich verschlechternde oder generell unzureichende Erfolgssituation;
- hohe Kontokorrentkredite mit ansteigender Tendenz;
- Stau an Ersatz- und Rationalisierungsinvestitionen.

Auch ohne Vorliegen der hier skizzierten Sachverhalte ist in Unternehmen ohne aktives Controlling mit hoher Wahrscheinlichkeit davon auszugehen, dass
- schleichende und drohende, zukünftige Gefahren nicht rechtzeitig bemerkt,
- Wirtschaftlichkeitsreserven nur unvollständig erkannt und genutzt und
- Erfolgspotenziale nur unzureichend ausgeschöpft werden können.

1.2 Controlling – ein Systemansatz?

1.2.1 Controlling-System
Als Vorteile eines offenen, modularen System-Ansatzes auf Basis von Tabellenkalkulations-Anwendungen lassen sich anführen:
- genauere, betriebsspezifische Ergebnisse durch Verwendung betriebsindividueller Daten statt betriebsfremder Faustzahlen oder Kostensätze;
- vergleichsweise leichte Anpassung vorhandener Tabellenkalkulations-Anwendungen an betriebliche Besonderheiten;
- mögliche Erweiterung des vorhandenen Controlling-Systems durch neue Tabellenkalkulations-Anwendungen für individuelle, neue Problemstellungen;
- Erleichterung und Beschleunigung von Dateneingabe und Datenaustausch zwischen den verschiedenen Modulen durch aufeinander abgestimmte Module.

In der Abbildung 1 sind Kernkomponenten des Controlling-Systems für Gartenbauunternehmen und ihre Verbindungen zueinander dargestellt. Mit Hilfe dieses Systems wird der weitere Aufbau des Buches skizziert.

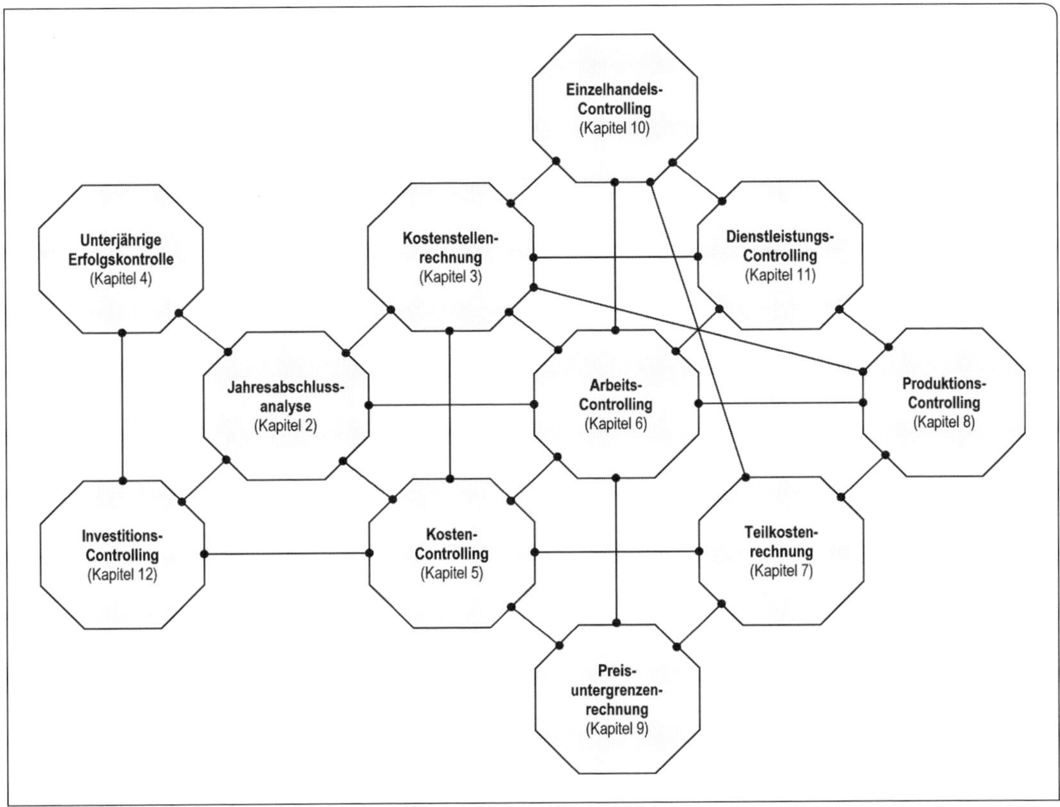

Abb. 1 Controlling-System für Unternehmen des Gartenbaus.

Modul: Jahresabschlussanalyse (Kap. 2)

Eine zeitnahe, betriebswirtschaftliche Jahresabschlussanalyse mit mehrjährigem, innerbetrieblichem und möglichst auch zwischenbetrieblichem Vergleich stellt ein Kern-Modul im betrieblichen Controlling dar.

Es liefert Antworten auf die Fragen:

- Wie sind das Unternehmen und der Unternehmenserfolg aus betriebswirtschaftlicher Sicht zu beurteilen?
- Wie verläuft die Entwicklung, und drohen schleichende Gefahren?

Die hierzu vorzunehmende mehrjährige Analyse und gegebenenfalls ein ergänzender Vergleich zu ähnlich gelagerten Unternehmen bringen wichtige Hinweise zu Stärken, aber insbesondere auch zu möglichen Schwachstellen und Schwachstellenbereichen. In Kapitel 2 wird gezeigt,

- welche Daten erforderlich sind und wie sie beschafft werden,
- wie bei der Durchführung, Auswertung und Interpretation vorzugehen ist,
- welcher Hilfsmittel man sich hier bedienen kann,

- wo die Grenzen einer auf unternehmensweiten Kennzahlen basierenden Analyse liegen.

Modul: Kostenstellenrechnung (Kap. 3)
Speziell für Unternehmen mit mehreren Betrieben, Filialen oder abgrenzbaren unterschiedlichen Bereichen stellt die Kostenstellenrechnung ein ergänzendes und unverzichtbares Controlling-Modul dar. Zur Optimierung dieser Unternehmen

- müssen die einzelnen Unternehmensteilbereiche getrennt nach Schwachstellen und Verbesserungspotenzial durchleuchtet werden;
- sind spezifische Maßnahmen bereichsgenau zu entwickeln, durchzuführen und auf ihre Wirksamkeit hin zu überprüfen;
- bietet die Kostenstellenrechnung mit einer nach Bereichen getrennten Ermittlung der Kosten und Leistungen die Basis für betriebsindividuelle, bereichsbezogene Kalkulationen (z. B. für Dienstleistungen).

In Kapitel 3 wird folglich ein Konzept zur Kostenstellenrechnung für Gartenbauunternehmen vorgestellt.

Modul: Unterjährige Erfolgskontrolle (Kap. 4)
Die Zielsetzung, die Geschäftsentwicklung hinreichend genau möglichst zeitnah, also schon während des laufenden Jahres zu verfolgen, steht im Mittelpunkt des Kapitels 4. Aufbauend auf dem Konzept der Jahresabschlussanalyse wird hier gezeigt, wie aus monatlich anfallenden Daten der Finanzbuchführung (Fibu) wichtige und aussagefähige Auswertungen für das betriebliche Controlling erstellt werden können.

Modul: Kosten-Controlling (Kap. 5)
Das Kapitel 5 befasst sich mit dem Aufbau einer betriebsindividuellen Kostenrechnung. Wesentliche Bestandteile sind:

- eine Kostenstruktur- und -entwicklungsanalyse;
- eine Kostenplanung und -kontrolle als Grundlage für Vor- und Nachkalkulationen.

Inhalt dieses Kapitels ist es auch, die verschiedenen Kostenpositionen so zu Kosten bzw. Kostengruppen zusammen zu stellen, wie sie für darauf aufbauende Kalkulationen wie beispielsweise eine Teilkostenrechnung, eine Preisuntergrenzenrechnung oder verschiedene Dienstleistungskalkulationen und zur Bildung von betriebsspezifischen Kostensätzen (z. B. Arbeitskostensätze, Kfz-Kostensätze usw.) benötigt werden. Eine Zielsetzung besteht darin, hierdurch die Verwendung von betriebsfremden Faustzahlen oder Kostensätzen zu vermeiden.

Modul: Arbeits-Controlling (Kap. 6)
Eine effiziente Arbeitsausführung ist ein grundlegender Erfolgsbestandteil. In dem Kapitel 6 werden deshalb im ersten Teil Checklisten und vielfältige Informationen aus der gartenbaulichen Praxis zur arbeitswirtschaftlichen Optimierung des Arbeitsplatzes, der Arbeitsverfahren und der Arbeitsorganisation angeboten.

Beim Arbeitseinsatz handelt es sich um einen der größten Kostenfaktoren. Völlig unangemessen und unzureichend ist dem gegenüber vielfach die verfügbare betriebliche Datengrundlage. Als Lösungsansatz zur Behebung dieser Datendefizite wird im zweiten Teil dieses Kapitels am Beispiel ausgewählter betriebswirtschaftlicher Zielsetzungen die Konzeption und Vorgehensweise einer Arbeitszeiterfassung mit Hilfe des Programms „BeTa“ vorgestellt und erläutert.

Zur schnellen und hinreichend genauen Identifikation von zeitintensiven Bestandteilen im Rahmen einer Arbeitserledigung hat sich in gartenbaulichen Unternehmen der Einsatz der Multimomentaufnahme bewährt. Der dritte Teil dieses Kapitels erläutert deshalb, wie bei Anlage, Durchführung sowie Auswertung und Interpretation dieser Methode vorzugehen ist.

Modul: Teilkostenrechnung (Kap. 7)
Wie eine Teilkostenrechnung auf Basis individueller Unternehmensdaten mit Vor- und Nachkalkulation rationell und praktisch für beliebig viele Produkte zu erstellen ist, wird in Kapitel 7 gezeigt. Die hierfür erforderlichen Produktdaten und Ergebnisse bilden zugleich eine wichtige Grundlage für eine optimierte Produktionsprogrammplanung (Kap. 8) und beispielsweise auch für eine Preisuntergrenzenrechnung (Kap. 9).

Modul: Produktions-Controlling (Kap. 8)
Im Kapitel 8 werden einfache Hilfsmittel und Problemlösungsvorschläge zum Controlling der Produktion in Gartenbaubetrieben angeboten. Zielsetzung ist hierbei nicht, den auf dem Markt verfügbaren Produktionsplanungsprogrammen für Gartenbauunternehmen ein weiteres hinzuzufügen. Die für Zwecke des Produktions-Controllings entwickelte Tabellenkalkulations-Anwendung soll vielmehr helfen,
- voraussichtliche Bedarfsmengen zu planen und festzulegen;
- wichtige, betriebsindividuelle Kultur- und Satz-Daten für die Produktion und die eingesetzten Produktionsverfahren zusammenzustellen und zu dokumentieren;
- den Wert der Produktionsleistung zu quantifizieren;
- die geplanten und tatsächlichen Wirtschaftlichkeiten von Kulturen und Sätzen zu berechnen;
- die Heizkosten für Unterglaskulturen in einem kostenrechnerischen Ansatz zu kalkulieren.

Modul: Preisuntergrenzenrechnung (Kap. 9)
Die Methode der Preisuntergrenzenrechnung ist ein für gartenbauliche Produkte und Dienstleistungen interessantes und geeignetes Vollkostenrechnungsverfahren, allerdings mit gewissen Anforderungen an die betriebliche Datengrundlage. Im Kapitel 9 wird diese Methode vorgestellt und auch gezeigt, wie die hierfür erforderlichen Daten, Kosten und Kostensätze aus den verschiedenen Controlling-Modulen zu einer betriebsindividuellen Preisuntergrenzenrechnung zusammengeführt werden können.

Modul: Einzelhandels-Controlling (Kap. 10)
Speziell den Unternehmen mit Einzelhandelstätigkeit ist das Kapitel 10 gewidmet. Neben der Vorstellung geeigneter spezifischer Kennzahlen zum Handels-Controlling enthält es Hinweise für eine Bereitstellung und Organisation der erforderlichen betrieblichen Datengrundlage. Ein weiterer Bestandteil dieses Kapitels befasst sich mit einem Vorschlag zur Kalkulation warengruppenspezifischer Aufschlagsätze. Hinweise zum Warenverluste-Controlling und zur Auswertung der Registrierkassenergebnisse runden dieses einführende Kapitel in das Einzelhandels-Controlling ab.

Modul: Dienstleistungs-Controlling (Kap. 11)
Anhand ausgewählter Kalkulationsbeispiele aus verschiedenen Dienstleistungsbereichen der Gartenbauwirtschaft werden in Kapitel 11 die Grundzüge, Bestandteile und Vorgehensweisen von Dienstleistungskalkulationen auf Basis individueller betrieblicher Daten und Kostensätze vorgestellt und erläutert.

Modul: Investitions-Controlling (Kap. 12)
Im Kapitel 12 stehen wichtige Gesichtspunkte im Rahmen von Investitionsentscheidungen im Mittelpunkt. Neben den Grundlagen der Investitionsrechnung und der Wirtschaftlichkeit von Investitionen wird hier eine dynamische Liquiditätsplanung und -kontrolle angeboten. Zusätzlich erfolgen Hinweise zu Finanzierungsmöglichkeiten und zur Erstellung von betrieblichen Businessplänen, wie sie von Banken bei Finanzierungen zunehmend gefordert werden.

Relevanz der Controlling-Module für Betriebstypen der Gartenbauwirtschaft
Die Tabelle 1 vermittelt einen zusammenfassenden Überblick über die Bedeutung der verschiedenen Controlling-Module und Kapitel für eine Vielzahl unterschiedlicher Betriebstypen der Gartenbauwirtschaft.

Tab. 1: Bedeutung und Priorität der einzelnen Kapitel für Unternehmen der Gartenbauwirtschaft

		Produktions-unternehmen					Handels-unternehmen							Dienst-leistungs-unternehmen		
Nr.	Kapitel	Baumschule und Stauden	Gemüsebau	Zierpflanzenbau	Obstbau	Sonderkulturen	Großhandel	Blumenfachgeschäfte	Obst- und Gemüsefachgeschäfte	Gartencenter	Mehrspartenbetriebe	Einzelhandelsgärtnereien	Gartenbaumschulen	Garten- und Landschaftsbau	Friedhofsgartenbau	Sonstige
1	Controllingkonzept	1	1	1	1	1	1	1	1	1	1	1	1	1	1	1
2	Jahresabschlussanalyse	1	1	1	1	1	1	1	1	1	1	1	1	1	1	1
3	Kostenstellenrechnung	2	2	2	3	3	2	2	3	2	1	1	1	2	2	2
4	Unterjährige Erfolgskontrolle	1	1	1	1	1	1	1	1	1	1	1	1	1	1	1
5	Kosten-Controlling	1	1	1	1	1	1	1	1	1	1	1	1	1	1	1
6	Arbeits-Controlling	1	1	1	1	1	1	1	1	1	1	1	1	1	1	1
7	Teilkostenrechnung	1	1	1	1	1	2	2	2	2	2	2	2	2		2
8	Produktions-Controlling	1	1	1	1	1					2	2	2	2	2	2
9	Preisuntergrenzenrechnung	2	1	1	2	2					2	2	2	1	1	1
10	Einzelhandels-Controlling						1	1	1	1	2	1	1		2	
11	Dienstleistungs-Controlling							2		2	2	1	1	1	1	1
12	Investitions-Controlling	1	1	1	1	1	1	1	1	1	1	1	1	1	1	1

Priorität: 1 = eher hoch; 2 = mittel; 3 = eher niedrig

1.2.2 EDV-Konzept und Tabellenkalkulations-Anwendungen

EDV-Konzept

Eine wichtige Säule in einem Controlling-System für Gartenbaubetriebe ist das zugrundeliegende EDV-Konzept. Da zwischen den einzelnen Controlling-Modulen mehr oder weniger intensive Verbindungen bestehen, stellt sich die Anforderung, Daten oder Ergebnisse unter den verschiedenen Controlling-Modulen und EDV-Anwendungen leicht und rationell miteinander austauschen zu können. Weitere, besondere Vorteile ergeben sich im Gegensatz zu bisher häufig vorzufindenden Einzelfallkalkulationen oder Insellösungen dadurch, dass in einem Unternehmen ein System aufeinander abgestimmter Controlling-Module und EDV-Anwendungen zum Einsatz kommt.

Das vorliegende EDV-Konzept zum Controlling in Unternehmen der Gartenbauwirtschaft basiert deshalb auf einer Kombination konventioneller Software – auch branchenspezifischer – mit speziellen von den Autoren für Controlling-Zwecke entwickelten Tabellenkalkulations-Anwendungen.

Tabellenkalkulations-Anwendungen

Tabellenkalkulations-Anwendungen haben sich nach langjährigen Erfahrungen der Autoren für einen Einsatz im Controlling von Gartenbauunternehmen bestens bewährt. Besonders geschätzt wird hier

- die einfache und kostengünstige Möglichkeit der individuellen Entwicklung von Berechnungen unterschiedlichster Art;
- eine leichte und einfache Anpassbarkeit an verschiedenste Betriebstypen oder betriebliche Konstellationen;
- die Möglichkeit einer einfachen kontinuierlichen Fortführung und Erweiterung einer Berechnung oder Analyse in der Folgezeit bzw. den Folgejahren;
- eine schnelle Korrektur von erkannten Datenfehlern und praktisch automatische Aktualisierung der Ergebnisse;
- die Möglichkeit wichtige Ergebnisse, Daten und Sachverhalte individuell und übersichtlich grafisch darzustellen;
- eine rationelle und mehrfache Nutzungsmöglichkeit der Daten in anderen Controlling-Modulen.

Rationeller Datenaustausch

Die Dateneingabe und der Datenaustausch zwischen den Controlling-Modulen wird durch die Verwendung eines einheitlichen Formats (Daten in Excel-Format bzw. als Excel-Datei oder -Tabellenblatt) wesentlich vereinfacht. Letztlich verringert sich dadurch der erforderliche Zeitaufwand und eine mögliche Fehlerquote durch mehrfache Dateneingabe per Hand.

Wichtiges Kriterium für die Auswahl oder Eignung konventionell programmierter Standardsoftware (Buchführung, Warenwirtschaft, Produktionsplanung usw.) ist deshalb neben der eigentlichen Funktion, Zuverlässigkeit und Bedienerfreundlichkeit sowie neben Kostengesichtspunkten insbesondere eine komfortable Schnittstelle zur Tabellenkalkulation, um die verfügbaren Daten rationell in Excel-basierte Controlling-Anwendungen übergeben zu können.

Viele Unternehmen erhalten heute noch beispielsweise ihre Jahresabschlüsse von ihrem Steuerbüro ausschließlich in Papierform, obwohl dies in der Regel auch in Form von Excel-Dateien möglich wäre. Möchten diese Unternehmen die Daten für weitergehende Zwecke des Controllings (z. B. betriebswirtschaftliche Jahresabschlussanalyse, horizontaler Betriebsvergleich oder betriebliche Kostenrechnung) verwenden, müssen diese Daten erst wieder mühsam und zeitaufwändig eingegeben werden.

1.3 Controlling – wie einführen?

Anforderungen an Hard- und Software

Die spezifischen Anforderungen aus den Tabellenkalkulations-Anwendungen an die Hardware sind eher begrenzt. Die Autoren arbeiten im Wesentlichen an Desktops und Notebooks mit zeitgemäßer Ausstattung für Office-Anwendungen. Wie so oft, steigt mit der Leistung des Rechners aber auch die Arbeitsfreude, bzw. wird bei der Anschaffung eines neuen Rechners – in regelmäßigen Zeitabständen – der Frust durch Datenverlust z. B. bei Systemabsturz oder durch defekte Teile minimiert.

Gemessen am Wert der betrieblichen Daten sollte die EDV-Ausstattung für das betriebliche Controlling aktuellem Standard entsprechen. Bei einer unterstellten Anschaffungssumme für einen PC-Arbeitsplatz (inkl. Tabellenkalkulationssoftware) von ca. 1500 € ergeben sich hieraus bei dreijähriger Nutzungsdauer und ohne o. g. Standardsoftware jährliche Fix-Kosten von ca. 550 €. Das entspricht bei 500 Tsd. € Umsatz einem Anteil von etwa 1 Tausendstel (1 Promille).

Einführungsprozess

In Anbetracht der in vielen Unternehmen bisher eher geringen bis fehlenden Controlling-Aktivitäten und einer damit meist verbundenen bescheidenen Datengrundlage ist eine schrittweise Einführung des Controlling-Systems zu empfehlen. Der nachfolgende Vorschlag ist hierzu als grobe Orientierung gedacht. Nach Durchführung einer grundlegenden Jahresabschlussanalyse ist die Reihenfolge bei der Einführung der Controlling-Module im Einzelfall den erkannten betriebsindividuellen Problemstellen anzupassen. Insgesamt gesehen sollte als Zeitrahmen für die Einführung wesentlicher Kernbestandteile des vorliegenden Controlling-Systems aber ein Zeitraum von nicht mehr als drei Jahren geplant werden.

Jahr 1

Für alle Unternehmenstypen:

- Jahresabschlussanalyse inkl. innerbetrieblichem Vergleich;
- Beteiligung an einem horizontalen Betriebsvergleich;
- Kosten-Controlling (Kontrolle und Planung);
- Unterjährige Erfolgskontrolle;
- Anpassung der Finanzbuchführung an die Erfordernisse des betrieblichen Controllings;
- Einführung einer Controlling-orientierten Arbeitszeiterfassung.

Speziell für Produktionsbetriebe:
- (vorbereitende) Datenerfassung zur Produktionsplanung.

Speziell für Unternehmen mit Handelstätigkeit:
- (vorbereitende) Datenerfassung für das Einzelhandels-Controlling.

Speziell für Dienstleistungsunternehmen:
- (vorbereitende) Datenerfassung für das Dienstleistungs-Controlling.

Speziell für Unternehmen mit mehreren Betriebsbereichen:
- (vorbereitende) Datenerfassung für eine Kostenstellenrechnung.

Jahr 2
Für alle Unternehmenstypen:
- weitere Optimierung der bisherigen Controlling-Aktivitäten und der erforderlichen Datengrundlage bzw. -erfassung;
- Teilkostenrechnung (Vorkalkulation);
- Preisuntergrenzenrechnung (Vorkalkulation).

Speziell für Produktionsbetriebe:
- EDV-gestützte Produktionsplanung.

Speziell für Unternehmen mit Handelstätigkeit:
- Einführung eines Einzelhandels-Controlling;
- Aufschlagsatzkalkulation mit Vor- und Nachkalkulation der Aufschlagsätze.

Speziell für Dienstleistungsunternehmen:
- Einführung eines Dienstleistungs-Controlling.

Speziell für Unternehmen mit mehreren Betriebsbereichen:
- Kostenstellenrechnung.

Jahr 3
Für alle Unternehmenstypen:
- weitere Optimierung der bisherigen Controlling-Aktivitäten und der erforderlichen Datengrundlage bzw. -erfassung;
- Teilkostenrechnung (Nach- und Vorkalkulation);
- Preisuntergrenzenrechnung (Nach- und Vorkalkulation).

Speziell für Unternehmen mit Handelstätigkeit:
- Ausbau des Einzelhandels-Controlling;
- Einführung eines (geschlossenen) Warenwirtschaftssystems.

2 Jahresabschlussanalyse

Zentrales Modul im Controlling
Wenn ein Unternehmen betriebswirtschaftlich (bwl) optimiert werden soll, ist zunächst eine gründliche Situations- und Entwicklungsanalyse durchzuführen, um betriebliche Schwachstellen und ungünstige Tendenzen zu identifizieren. Diese Analyse arbeitet die Auswirkungen aller Einflüsse auf das Unternehmen und seine ökonomischen Kennwerte heraus. Anhand der Ergebnisse sind dann vor Ort im Betrieb die hierfür möglichen Ursachen einzugrenzen und herauszufinden und geeignete Maßnahmen bezüglich Verbesserungen und Problemlösung zu ergreifen.

Verbindungen zu anderen Controlling-Modulen
Für eine Jahresabschlussanalyse wird auf das umfangreiche Datenmaterial der betrieblichen Finanzbuchführung zurückgegriffen, das nach betriebswirtschaftlichen Gesichtspunkten aufzubereiten und zu ergänzen ist. Dieses Datenmaterial bildet auch die Grundlage für verschiedene andere Controlling-Module wie beispielsweise das Kosten-Controlling (Kap. 5) oder die Kostenstellenrechnung (Kap. 3).

2.1 Problemstellung und Zielsetzungen

Zielsetzung einer betriebswirtschaftlichen Jahresabschlussanalyse ist es, ein Unternehmen nach rein ökonomischen Gesichtspunkten zu beurteilen. Primär geht es dabei zunächst darum herauszufinden,
- wie hoch der nach betriebswirtschaftlichen Kriterien ermittelte Unternehmenserfolg ist;
- ob er für eine nachhaltige Unternehmenssicherung und -entwicklung ausreicht.

Im Fall unbefriedigender Ergebnisse können dann anhand von betriebswirtschaftlichen Kennzahlen und deren Entwicklung Schwachstellen und Gefahrenpotenziale erkannt bzw. weiter eingekreist werden. Diese Ermittlung, Betrachtung und Beurteilung der quantifizierten ökonomischen Auswirkungen bildet die Grundlage für die anschließende Suche nach den konkreten Ursachen im jeweiligen Unternehmen und die Entwicklung geeigneter Optimierungsmaßnahmen. Die skizzierte Vorgehensweise sollte, im Gegensatz zu steuerlichen Erwägungen, zeitnah erfolgen, also möglichst unmittelbar nach Ende des Buchführungsjahres. Es empfiehlt sich hierzu einen vorläufigen oder betriebswirtschaftlichen Jahresabschluss erstellen zu lassen, der sich vom steuerlichen lediglich durch betriebswirtschaftliche Wertansätze bei den Abschreibungen unterscheidet.

Als Begründungen lassen sich anführen:

- Je früher Schwachstellen erkannt werden, desto schneller können sie mit geeigneten Maßnahmen behoben werden.
- Die Daten des Jahresabschlusses werden auch für verschiedene andere Controlling-Module (siehe Kap. 3, 5, 9, 10, 11) möglichst frühzeitig benötigt.

Durch verspätete Erstellung des Jahresabschlusses verstreicht meist wertvolle Zeit. Oft ist bereits die nächste Hauptsaison vorbei bevor die Ergebnisse des steuerlichen Jahresabschlusses vorliegen.

2.2 Datengrundlage und Hilfsgrößen

2.2.1 Datengrundlage

Zur Durchführung einer betriebswirtschaftlichen Jahresabschlussanalyse wird für jedes zu analysierende Jahr folgende Datengrundlage benötigt:

- Schlussbilanz;
- Gewinn- und Verlustrechnung (GuV) mit detailliertem Kontennachweis;
- Arbeitskapazität der entlohnten Beschäftigten;
- Arbeitskapazität der nicht entlohnten Arbeitskräfte (Unternehmer und gegebenenfalls weitere nicht entlohnte Familienarbeitskräfte);
- Flächenkapazität und -nutzung.

Ergänzend sind für einen zwischenbetrieblichen Vergleich Daten zur Charakterisierung des betreffenden Betriebstyps erforderlich, insbesondere zur Bedeutung von Produktbereichen und Absatzwegen.

Wird eine genauere Berechnung der betriebswirtschaftlichen Abschreibung gewünscht, beispielsweise auch nach verschiedenen Unternehmensbereichen getrennt, empfiehlt sich die Anlage und Führung eines betriebswirtschaftlichen Inventarverzeichnisses.

Finanzbuchführung (Fibu) optimieren zur betriebswirtschaftlichen Jahresabschlussanalyse

Die betriebliche Fibu sollte unter Beachtung folgender Gesichtspunkte für eine Verwendung der Buchführungsdaten im betrieblichen Controlling optimiert werden:

- Zeitnahe Verfügbarkeit eines betriebswirtschaftlichen Jahresabschlusses;
  Ziel: spätestens zwei Monate nach Ende des Rechnungsjahres.
- Verwendung eines geeigneten Kontenrahmens

(beispielsweise DATEV-SKR03 Branchenlösung Gartenbau).
- Verwendung eines betrieblichen Kontenplans, der auch betriebswirtschaftlich wichtige Auswertungen ermöglicht;
  Detaillierungsgrad der Konten bzw. Daten entsprechend der Unternehmensstruktur und der gewünschten Controlling-Module.
- Richtige Zuordnung der verschiedenen Geschäftsvorfälle (buchungsrelevante Vorgänge) zu den einzelnen Konten durch sachgerechte Vorkontierung im Unternehmen.
- Bereitstellung der Fibu-Daten und -Abschlüsse im Tabellenkalkulationsformat (z. B. als Excel-Dateien);
  dies ist von den meisten Steuerberatern/Steuerbüros problemlos zu leisten.

Ergänzend zu den Daten der Fibu sind für eine betriebswirtschaftliche Jahresabschlussanalyse weitere kalkulierte Werte erforderlich. Die Wertansätze und Berechnungen der nachfolgenden ökonomischen Hilfsgrößen orientieren sich weitgehend an der Vorgehensweise im zwischenbetrieblichen Betriebsvergleich im Gartenbau (Zentrum für Betriebswirtschaft im Gartenbau e. V. 2010). Bei nur einzelbetrieblicher Betrachtung könnte hiervon in begründeten Fällen abgewichen werden.

2.2.2 Betriebswirtschaftliche Abschreibungen

Mit den Abschreibungen wird der jährliche Wertverzehr von langfristig nutzbaren Wirtschaftsgütern quantifiziert. Abschreibungen sind kalkulierte Kosten. Als Wertansatz im Rahmen einer betriebswirtschaftlichen Analyse bieten sich hierfür zwei Ermittlungsmethoden an:

- **Vereinfachte, übliche Berechnung** im zwischenbetrieblichen Vergleich:
  steuerliche Abschreibung laut GuV (inkl. Sonderabschreibungen)
  − Sonderabschreibungen
  = Betriebswirtschaftliche Abschreibung
- **Spezielle, genauere Berechnung** mittels betriebswirtschaftlichem Inventarverzeichnis:
  Anschaffungswert
  / betriebswirtschaftliche Nutzungsdauer in Jahren
  = Betriebswirtschaftliche Abschreibung

Zur Ermittlung der betriebswirtschaftlichen Abschreibung mittels speziellem betriebswirtschaftlichen Inventarverzeichnis steht unter www.ulmer.de, Webcode 3294008, folgende Tabellenkalkulations-Anwendung zum Download zur Verfügung: **CiG_Inventarverzeichnis.xlsx**.

2.2.3 Voll-AK

Zur Ermittlung der Voll-AK steht unter www.ulmer.de, Webcode 3294008, folgende Tabellenkalkulations-Anwendung zum Download zur Verfügung: **CiG_Arbeitskapazität.xlsx**.

In gartenbaulichen Unternehmen werden vielfach Personen mit unterschiedlichen Beschäftigungsverhältnissen (Wochenarbeitszeit, Arbeitsdauer im Jahr, ständig Beschäftigte und Saisonarbeitskräfte) eingesetzt. Die hieraus resultierenden Arbeitskapazitäten sind im Rahmen der Jahresabschlussanalyse in der Einheit Voll-AK zu ermitteln. 1 Voll-AK entspricht dabei einer ganzjährig in Vollzeit beschäftigten Person. Auszubildende und Personen unter 18 und über 65 Jahren werden hierbei jeweils nur mit 0,5 Voll-AK in Ansatz gebracht. Unternehmer und weitere Familienangehörige werden, auch wenn ihre Arbeitsleistung die üblichen Jahresarbeitsstunden einer Voll-AK übersteigt, jeweils nur mit maximal 1 Voll-AK bewertet.

2.2.4 Lohnansatz

In Einzelunternehmen oder Personengesellschaften ist ein Entgelt für die Arbeit der Unternehmer und gegebenenfalls weiterer nicht entlohnter Familienangehöriger kein Aufwand, der als solcher in der Fibu ausgewiesen wird. Zur – aus ökonomischer Sicht erforderlichen – Bewertung der Arbeitsleistung dieser Personen wird deshalb ein Lohnansatz kalkuliert. Im Gartenbau werden hierzu jährlich angepasste Standardwerte für Unternehmer und sonstige Familienarbeitskräfte (Zentrum für Betriebswirtschaft im Gartenbau e. V. 2010) veröffentlicht. Diese Standardwerte werden zur Berechnung des Lohnansatzes dann mit der Anzahl Voll-AKs der jeweiligen Personengruppe multipliziert. Hinzu kommt ein Aufschlag von 2,6 % vom Unternehmensertrag für dispositive Leistungen der Unternehmensleitung.

Der Lohn**ansatz** darf nicht mit dem Lohn**aufwand** verwechselt werden!

Werden Jahresabschlüsse von Kapitalgesellschaften (beispielsweise GmbHs) analysiert, ist in den Fällen ein Lohnansatz entbehrlich, in denen die Unternehmer (Eigentümer) als geschäftsführende Gesellschafter bereits ein Geschäftsführergehalt beziehen, um eine doppelte Berücksichtigung zu vermeiden.

Der Lohnansatz wird in der Tabellenkalkulations-Anwendung **CiG_Jahresabschlussanalyse.xlsx** berechnet. Erforderlich ist hierzu eine jährliche Fortschreibung der Standardwerte. Die Tabellenkalkulations-Anwendung steht unter www.ulmer.de, Webcode 3294008, zum Download zur Verfügung.

2.2.5 Zinsansatz Eigenkapital

Ein Entgelt bzw. Zinsanspruch für das eingesetzte Eigenkapital ist kein Aufwand, der als solcher in der Fibu angesetzt werden kann. Da das Eigenkapital im Prinzip auch außerhalb des Unternehmens gewinn- bzw. zinsbringend eingesetzt werden könnte, wird bei ökonomischer Betrachtung hierfür ein Zinsansatz kalkuliert. Zur Berechnung wird vereinfachend der durchschnittliche Buchwert des in der Bilanz ausgewiesenen (positiven) Eigenkapitals – (Anfangsbestand + Endbestand)/2 – eines Jahres mit 6 % verzinst.

Der Zins**ansatz** darf nicht mit dem Zins**aufwand** verwechselt werden!

Der Zinsansatz für das eingesetzte Eigenkapital wird in der Tabellenkalkulations-Anwendung **CiG_Jahresabschlussanalyse.xlsx** berechnet.

2.3 Methode der Jahresabschlussanalyse

2.3.1 Innerbetrieblicher Entwicklungsvergleich

Eine fundierte betriebswirtschaftliche Jahresabschlussanalyse beschränkt sich nicht nur auf die Auswertung des aktuellsten Jahres sondern bezieht auch eine Betrachtung und Analyse von Entwicklungen mit ein. Hierzu sind neben dem aktuellsten abgeschlossenen Geschäftsjahr zusätzlich mindestens die beiden Vorjahre erforderlich. Ziel sollte ein Betrachtungszeitraum von fünf und mehr Jahren sein. Folgende Gesichtspunkte sollen die Forderung erläutern und nochmals verdeutlichen, warum ein Betrachtungszeitraum, der über den im Steuerlichen üblichen Vorjahresvergleich hinausgeht, unbedingt erforderlich ist:

- Unternehmen der Gartenbauwirtschaft unterliegen sowohl in der Produktion wie auch im Absatz klimatischen Einflüssen und anderen zufälligen Störgrößen, die zu „natürlich“ schwankenden Werten von Kennzahlen führen können. Um Kennzahlenwerte besser beurteilen zu können, empfiehlt sich deshalb ein Betrachtungszeitraum von mindestens drei Jahren.
- Bei nur kurzfristiger Betrachtungsweise besteht zudem die Gefahr, für negative Veränderungen eines Jahres generell die genannten klimatischen Einflüsse allein verantwortlich zu machen und ohne Konsequenzen wieder zum Tagesgeschäft über zu gehen. Ein empfohlener (Ziel-) Betrachtungszeitraum von fünf und mehr Jahren ist deshalb nötig um nachhaltige, auch schleichende Entwicklungen selbst bei jährlichen Schwankungen präzise genug erkennen zu können.

2.3.2 Zwischenbetrieblicher Vergleich

Hilfreich für die Beurteilung und Interpretation betrieblicher Kennzahlen ist eine Beteiligung an einem zwischenbetrieblichen Vergleich. Solche Vergleiche existieren beispielsweise für **Gartenbaubetriebe** unterschiedlicher Sparten und Absatzausrichtungen (Betriebsvergleich im Gartenbau des Zentrums für Betriebswirtschaft im Gartenbau e. V., Hannover) und für **GaLaBau-Betriebe** (Betriebsvergleich im Garten-, Landschafts- und Sportplatzbau des Bundesverbands Garten-, Landschafts- und Sportplatzbau e. V., Bad Honnef) und in mittlerweile eingeschränkter Form nur noch auf Basis von Monatsdaten auch für **Blumenfachgeschäfte** (Betriebsvergleich des Einzelhandels des Instituts für Handelsforschung, Köln).

2.4 Fallbeispiel zur Jahresabschlussanalyse

Durchführung und EDV-Hilfsmittel
Um das Ziel einer möglichst zeitnahen betriebswirtschaftlichen Jahresabschlussanalyse zu erreichen, empfiehlt es sich bereits frühzeitig – ca. ein Vierteljahr vor dem Ende des Rechnungsjahres – seinen Steuerberater darüber zu informieren, dass man zum vorgegebenen Termin einen betriebswirtschaftlichen oder vorläufigen Jahresabschluss benötigt. Dieser sollte bis auf steuerliche Besonderheiten bei den Abschreibungen (Sonderabschreibungen) weitestgehend dem endgültigen Abschluss entsprechen.

Vorschlag für einen **Ablaufzeitplan** einer betriebswirtschaftlichen Jahresabschlussanalyse (bei Rechnungsjahr gleich Kalenderjahr):
- Oktober/November: Information Steuerberater/Steuerkanzlei;
- Dezember/Januar: Arbeitskapazitäten zusammenstellen und Strukturdaten aktualisieren;
- Mitte/Ende Februar: Betriebswirtschaftlicher Jahresabschluss vom Steuerberater.

Im unmittelbaren Anschluss daran Durchführung eines **innerbetrieblichen Entwicklungsvergleichs** mit:
- Eingabe der Bilanzdaten;
- Aufbereitung (Konvertierung) und Eingabe der GuV-Daten;
- Eingabe der Arbeitskapazitäten und betrieblichen Strukturdaten;
- Ergebnisauswertung und Interpretation;
- Identifikation betrieblicher Ursachen;
- Entwicklung und Umsetzung von Zielsetzungen und Anpassungsmaßnahmen.

Bei Teilnahme am **zwischenbetrieblichen Betriebsvergleich** im Gartenbau:
- Mitte/Ende Februar: Einreichung des betriebswirtschaftlichen Jahresabschlusses und der betrieblichen Strukturdaten.

Nach Erhalt von Vergleichszahlen des jeweiligen Betriebstyps (z. B. Schnellauswertung Bayern: Ende März/Anfang April) Durchführung eines zwischenbetrieblichen Vergleichs.

Bei entsprechender Vorbereitung und Einhaltung des vorgeschlagenen Ablaufplans liegen dem Unternehmen bereits zwei Monate nach Ende des Rechnungsjahres, also in aller Regel noch vor der Hauptsaison, wichtige Erkenntnisse über Schwachstellen und ungünstige Entwicklungen vor, die mit geeigneten Maßnahmen zeitnah bearbeitet werden können mit dem Ziel einer Optimierung des Unternehmensergebnisses.

Bei Rechnungsjahr gleich Wirtschaftsjahr (01.07. bis 30.06.) verschieben sich die genannten Termine um jeweils ein halbes Jahr.

Folgende Tabellenkalkulations-Anwendungen stehen für das Controlling-Modul „Jahresabschlussanalyse" unter www.ulmer.de, Webcode 3294008, zum Download zur Verfügung:

- **CiG_Konvertierung-GuV-Daten.xlsx**, für die im Rahmen der Dateneingabe meist erforderliche Aufbereitung der Daten der Gewinn- und Verlustrechnung (GuV-Daten) und
- **CiG_Jahresabschlussanalyse.xlsx**, für die Berechnung der Kennzahlen und die Darstellung der Ergebnisse.

2.4.1 Dateneingabe

Die für eine Jahresabschlussanalyse erforderlichen Daten sind in den entsprechend gekennzeichneten Dateneingabebereich der Tabellenkalkulations-Anwendung **CiG_Jahresabschlussanalyse.xlsx** einzugeben oder, falls die Daten bereits in Excel-Format verfügbar sind, nach ihrer Konvertierung einzukopieren.

Bilanz-Daten eingeben

Die Daten der Bilanz liegen in vielen Unternehmen in weitgehend ähnlicher Strukturierung vor. Da sie zudem meist nicht in dem Detaillierungsgrad benötigt werden wie die GuV-Daten, erübrigt sich in aller Regel eine spezielle Aufbereitung (Konvertierung).

GuV-Daten konvertieren

Die Eingabe der im Vergleich zu den Bilanz-Daten deutlich umfangreicheren GuV-Daten (Kontennachweis zur GuV) ist der eigentlich komplizierteste Teil im Rahmen der Dateneingabe zur Jahresabschlussanalyse und erfordert einen Zwischenschritt, im Folgenden mit Konvertierung bezeichnet. Aufgabe der Tabellenkalkulations-Anwendung **CiG_Konvertierung GuV-Daten.xlsx** ist es, hierzu die individuellen und unterschiedlichen Konten der Fibu eines beliebigen Unternehmens und ihre Beträge so anzuordnen und zu verrechnen, dass sie genau auf den jeweiligen Dateneingabebereich der Tabellenkalkulations-Anwendung **CiG_Jahresabschlussanalyse.xlsx** abgestimmt sind.

Sonstige betriebliche Daten

Neben den Daten der Bilanz und der Gewinn- und Verlustrechnung werden, wie bereits angeführt, weitere Daten benötigt, die in den entsprechenden Eingabebereich der Tabellenkalkulations-Anwendung **CiG_Jahresabschlussanalyse.xlsx** einzutragen sind. Es sind dies Angaben

- zur Arbeitskapazität gemessen in Voll-AK und getrennt nach Unternehmer, sonstige nicht entlohnte Familienarbeitskräfte und entlohnt Beschäftigte;
- zur Flächenkapazität nach Art und Nutzung;
- zu den Standardwerten zur Berechnung des Lohnansatzes;
- zum Zinssatz zur Ermittlung des Zinsansatzes für das betrieblich gebundene Eigenkapital;
- zur betriebswirtschaftlichen Abschreibung.

Betriebstypspezifische Vergleichsdaten aus zwischenbetrieblichen Vergleichen

Sind entsprechend dem Betriebstyp Vergleichsdaten verfügbar, können diese an der entsprechenden Stelle ebenfalls eingetragen oder einkopiert werden.

2.4.2 Kennzahlenberechnung

Aus den eingegebenen betrieblichen Daten wird eine Auswahl an ökonomischen Kennzahlen und deren Entwicklung berechnet und ausgewiesen. Für spezielle betriebliche Konstellationen, Anforderungen und Problemstellungen ist diese gegebenenfalls zu erweitern.

Innerbetrieblicher Entwicklungsvergleich

In der Tabellenkalkulations-Anwendung **CiG_Jahresabschlussanalyse.xlsx** ist ein innerbetrieblicher Entwicklungsvergleich aller verwendeten Daten und Kennzahlen vorgesehen. Der Nutzer muss hierzu lediglich das Ausgangs- und das Vergleichsjahr eintragen bzw. festlegen.

Zwischenbetrieblicher Vergleich

Im Fall der Verfügbarkeit von Vergleichszahlen ähnlicher Unternehmen werden diese zur Durchführung eines zwischenbetrieblichen Vergleichs automatisch den vergleichbaren betrieblichen Werten gegenüber gestellt und können so sehr einfach in die Beurteilung mit einbezogen werden.

2.4.3 Aufbereitung und grafische Darstellung

Zusammenstellung für einen platzsparenden Ausdruck

Zur besseren Übersicht und Auswertung lässt sich eine komprimierte Zusammenstellung der Kennzahlen-Ergebnisse auch platzsparend ausdrucken. In der Tabelle 2 ist ein Ausschnitt dieses Bereichs dargestellt.

Grafische Darstellungen zur Visualisierung
Grafische Darstellungen sind zur Visualisierung und schnellen Erfassung von Sachverhalten und Entwicklungen vielfach besser geeignet

Tab. 2: Zusammenstellung der Ergebnisse (Ausschnitt)

	Einheit	Jahr				
		1	2	3	4	5
UNTERNEHMENSERFOLG						
Unternehmergewinn	**Tsd. €**	**-41**	**-24**	**-31**	**-39**	**-41**
KAPITALPOLITIK						
Eigenkapitalquote	**%**	**53,1**	**56,2**	**59,0**	**58,1**	**53,9**
VBK aus Lieferungen und Leistungen	Tsd. €	8	7	9	9	11
kurzfristige VBK gegenüber Kreditinstituten	Tsd. €	5	14	5	5	10
kurzfristige Verbindlichkeiten	**Tsd. €**	**13**	**21**	**14**	**15**	**21**
ENTNAHMEPOLITIK						
Saldo Privat (Privateinlagen - Privatentnahmen)	**Tsd. €**	**-50**	**-54**	**-50**	**-68**	**-49**
betriebliche Eigenkapitalentwicklung (nominal)	**Tsd. €**	**-5**	**8**	**8**	**-18**	**0**
Mittel	Tsd. €	1	10	-1	20	
1. Drittel	Tsd. €	11	22	7	47	
FINANZ- und neutrales ERGEBNIS						
Ergebnis des Finanzbereichs	Tsd. €	-10	-11	-10	-10	-10
neutrales Ergebnis	Tsd. €	0	0	0	0	0
ERTRÄGE						
Betriebsertrag	**Tsd. €**	**711**	**728**	**741**	**744**	**751**
Mittel	Tsd. €	752	778	785	887	
1. Drittel	Tsd. €	884	906	891	1.047	
bereinigter Betriebsertrag	**Tsd. €**	**512**	**540**	**538**	**537**	**538**
Mittel	Tsd. €	444	452	460	506	
1. Drittel	Tsd. €	521	531	529	594	
Betriebseinkommen	**Tsd. €**	**292**	**321**	**321**	**319**	**326**
AUFWENDUNGEN						
Lohnaufwand je entlohnte Voll-AK	**Tsd. € / Voll-AK**	**28**	**29**	**30**	**30**	**31**
Mittel	Tsd. € / Voll-AK	23	22	22	23	
1. Drittel	Tsd. € / Voll-AK	28	27	27	28	
PRODUKTIVITÄTEN						
Arbeitsproduktivitäten						
Betriebsertrag je Voll-AK	**Tsd. € / Voll-AK**	**71**	**73**	**74**	**74**	**75**
Mittel	Tsd. € / Voll-AK	78	83	84	89	
1. Drittel	Tsd. € / Voll-AK	101	105	109	123	
Betriebseinkommen je Voll-AK	**Tsd. € / Voll-AK**	**29**	**32**	**32**	**32**	**33**
Mittel	Tsd. € / Voll-AK	28	29	29	30	
1. Drittel	Tsd. € / Voll-AK	39	40	38	41	

VBK = Verbindlichkeiten

als reine Zahlenkolonnen. Hier leistet die Tabellenkalkulation wertvolle Hilfestellungen. Für einige Kennzahlen und Sachverhalte sind deshalb bereits grafische Darstellungen angelegt.

Hier besteht fallweise lediglich die Notwendigkeit, die Skalierungen der Achsen dem Wertebereich der dargestellten Daten anzupassen. Auf Wunsch und bei Bedarf lassen sich diese vorgefertigten Abbildungen durch den Nutzer weiter ergänzen.

2.5 Auswertung und Interpretation

Zur Auswertung und Interpretation empfiehlt es sich, in einem **ersten Schritt** alle Auffälligkeiten, Schwach- und Problemstellen zu sammeln und auf Konsistenz und mögliche Datenfehler hin zu überprüfen.

In einem **zweiten Schritt** sind die gefundenen Sachverhalte dann hinsichtlich ihrer Wichtigkeit und Bedeutung zu bewerten und auf das Wesentliche zu reduzieren. Hierbei erweist es sich meist auch als günstig und der Übersichtlichkeit dienend, wenn große Zahlenwerte beispielsweise auf Tausender komprimiert werden. Bei der Beurteilung und Interpretation ist die zugrunde liegende betriebliche Datenqualität stets im Auge zu behalten. Bei kleinen Werten bzw. Dezimalzahlen und nur geringfügigen Veränderungen vielleicht sogar nur der Nachkommastelle(n) sollte von (Über-)Interpretationen abgesehen werden.

In einem **dritten Schritt** ist dann eine Reihenfolge für die Bearbeitung und gezielte Behebung der gefundenen Schwachstellen festzulegen.

Beurteilung

Zur fachgerechten Beurteilung der berechneten Kennzahlenwerte und der in den Abbildungen dargestellten Sachverhalte sind folgende Vorgehensweisen möglich und empfehlenswert:

- Rationale Abwägung des Kennzahlenwerts mit der Bedeutung/Funktion der betreffenden Kennzahl;
- Vergleich mit den eigenen Zielwerten;
- Betrachtung der Entwicklung des Kennzahlenwerts.

Wo dies möglich ist, wo also Vergleichswerte (zwischenbetrieblicher Vergleich) verfügbar sind:

- Vergleich der Kennzahlenwerte mit denjenigen einer Gruppe ähnlich gelagerter Unternehmen.

Die Beurteilung reicht in manchen Fällen (bei einzelnen Kennzahlen) bereits aus, um geeignete Ziele und Maßnahmen für Verbesserungen festzulegen (Beispiele: sparsamerer Verbrauch, Aufwendungen reduzieren, Kosten sparen).

Ursachensuche

Anspruchsvoller wird es, wenn für die ermittelten Ergebnisse (Auswirkungen) die in vorliegendem Unternehmen relevanten Ursachen erst gefunden werden müssen. So kann beispielsweise eine ungünstig beurteilte Arbeitsproduktivität vielfältige Ursachen haben.

Hierzu empfiehlt es sich, vorbereitend und für jedes Problem getrennt – möglicherweise unter Einbeziehung wichtiger Personen im Unternehmen – eine Checkliste mit den denkbaren Ursachen zu erstellen. Diese Checkliste ist dann vor Ort Schritt für Schritt abzuarbeiten und daraufhin zu überprüfen, welche Ursachen im betrachteten Unternehmen konkret vorliegen bzw. verantwortlich sind und welche davon mit welchen Maßnahmen und welchen Aufwendungen in geeigneter Weise beseitigt werden können.

In diesem Prozess kommt informierten, motivierten und engagierten Mitarbeitern bei der Erkennung und Beseitigung von Schwachstellen und bei der Erreichung gesetzter Ziele eine grundlegende Bedeutung zu.

Entwicklung von Zielsetzungen und Maßnahmen

Angemessene Zielsetzungen und geeignete Maßnahmen zur Zielerreichung sind der vorerst letzte Schritt im Rahmen einer Jahresabschlussanalyse. Sie bilden gleichzeitig eine Grundlage für die Auswertung des nächsten Jahres.

Eine wichtige grundsätzliche Zielsetzung kann hier insbesondere für Einsteiger auch darin liegen, mögliche Unsicherheiten und Unfähigkeiten einer Beurteilung durch Schaffung und Optimierung einer geeignete(re)n Datengrundlage abzubauen.

Im Folgenden soll nun an einem Beispiel die grundsätzliche Vorgehensweise bei der Auswertung und Interpretation eines Jahresabschlusses skizziert werden. Hierzu wird sinnvollerweise mit der Analyse der grundlegenden Säulen eines nachhaltig wirtschaftlichen Unternehmens begonnen. Je nach betrieblicher Problemsituation ist dieser grobe Leitfaden in Einzelbereichen weiter problembezogen zu detaillieren und aufzugliedern. In der Abbildung 2 ist dieser Ablauf kurz skizziert.

2.5.1 Wechselwirkungen zwischen verschiedenen Unternehmen/Betrieben

Zunächst ist kritisch zu prüfen, ob bestimmte betriebliche Verhältnisse zu einer möglichen Verzerrung der Datengrundlage(n) und damit letztlich auch der Ergebnisse führen können. Dies könnte beispielsweise der Fall sein, wenn zum Unternehmen mehrere rechtlich selbstständige Betriebe gehören, die aber dennoch in Wechselwirkung

(Kosten- und/oder Leistungstransfers) zueinander stehen, also sich gegenseitig beeinflussen. Falls zutreffend, sind hier geeignete Korrekturen in der Datengrundlage vorzunehmen. Ein typischer Fall hierzu ist eine Einzelhandelsgärtnerei, die aus steuerlichen Gründen in einen landwirtschaftlichen Produktionsbetrieb und einen gewerblichen Handels- und/oder Dienstleistungsbetrieb getrennt ist.

Abb. 2 Ablaufschema zur Auswertung.

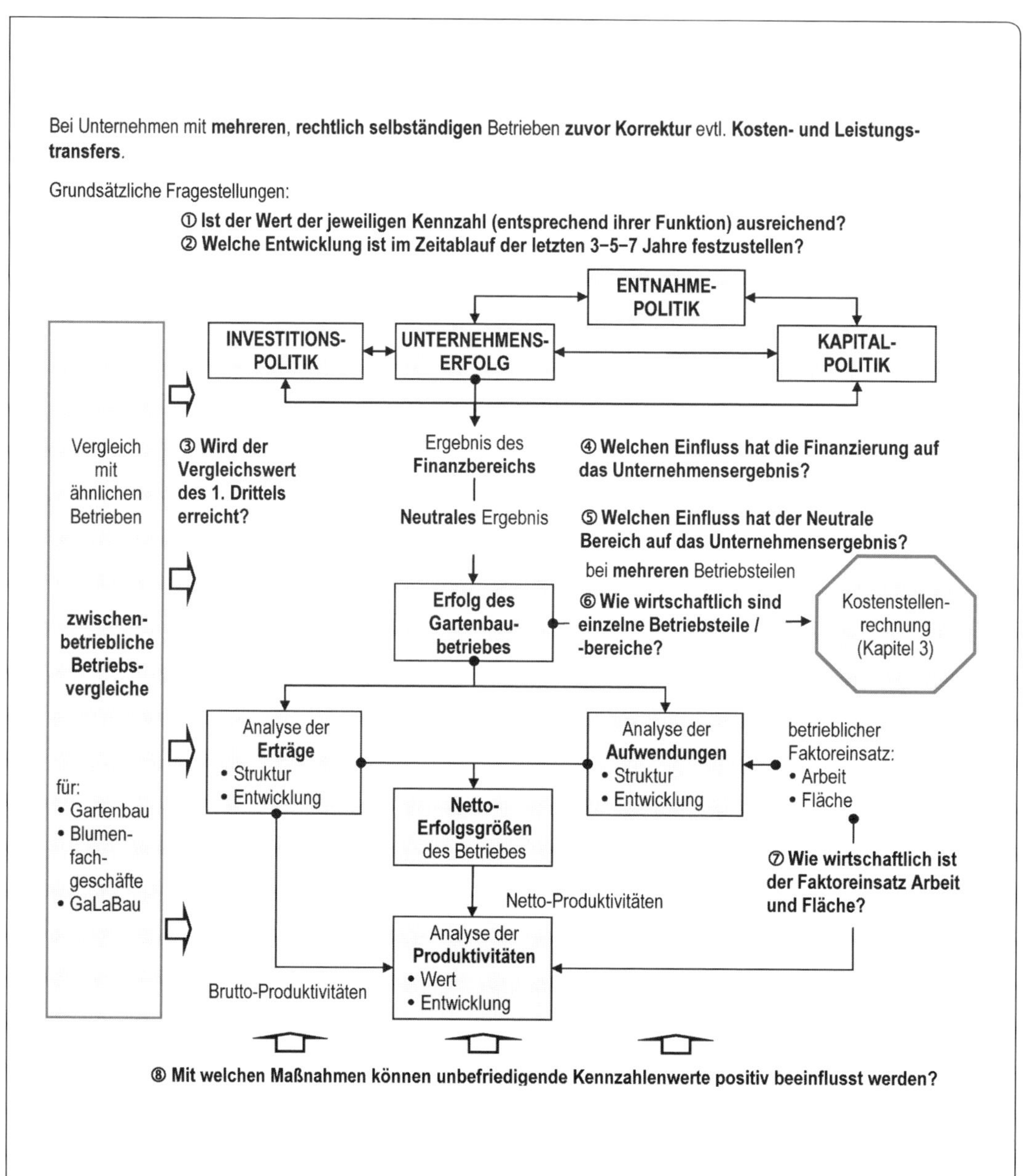

2.5.2 Zentrale Säulen und Analysebereiche

Im nächsten Schritt werden, praktisch als Vorab-Check, zentrale Säulen eines nachhaltig erfolgreichen Unternehmens einer Überprüfung unterworfen. Es sind dies:

- der Unternehmenserfolg,
- die Kapitalpolitik,
- die Entnahmepolitik.

Die Investitionspolitik eines Unternehmens ist im Rahmen einer Jahresabschlussanalyse wenn überhaupt, so nur bei längerem Betrachtungshorizont und auch dann nur unter Hinzuziehung ergänzender Informationen zu beurteilen. Der interessierte Leser sei an dieser Stelle deshalb auf das Kapitel 12 „Investitions-Controlling“ verwiesen.

Zur Beurteilung der ersten drei Säulen sind, wie vielfach von Praktikerseite gewünscht oder gefordert, nur eine Handvoll Kennzahlen erforderlich. Fällt diese Überprüfung bei sachgerechter, kritischer Beurteilung zur „vollsten“ Zufriedenheit aus und sind keine weiteren Verbesserungen gewünscht, können sich detailliertere und tiefergehende Analysen im Rahmen einer Jahresabschlussanalyse gegebenenfalls erübrigen.

Säule 1: Unternehmenserfolg

Welche Anforderungen muss der Unternehmenserfolg aus ökonomischer Sicht erfüllen? In Abbildung 3 sind hierzu wichtige Sachverhalte grafisch dargestellt.

Ein erwerbswirtschaftliches Unternehmen sollte nachhaltig einen Erfolg (Gewinn) in einer Höhe erzielen, der nach Abzug von Steuern folgende Funktionen angemessen sicherstellt:

- Bestreitung des Lebensunterhalts des Unternehmers und seiner Familie einschließlich nicht entlohnter mitarbeitender Familienarbeitskräfte,
- Absicherung bei Krankheit, Arbeitsunfähigkeit,
- Altersvorsorge,
- Aufbau eines außerbetrieblichen Vermögens, beispielsweise zur Abfindung möglicher weichender Erben im Fall einer Unternehmensübergabe sowie gegebenenfalls
- Aufbau betrieblichen Eigenkapitals zur Konsolidierung der Kapitalsituation und für betriebliche Wachstumsprozesse.

Sicherlich lässt sich im Einzelfall über die Höhe der aufgeführten Positionen diskutieren. Verzicht auf einzelne Komponenten gefährdet die langfristige Existenz des Unternehmens oder/und verlagert die Problematik auf spätere Zeiten bzw. die nachfolgende Unternehmer-

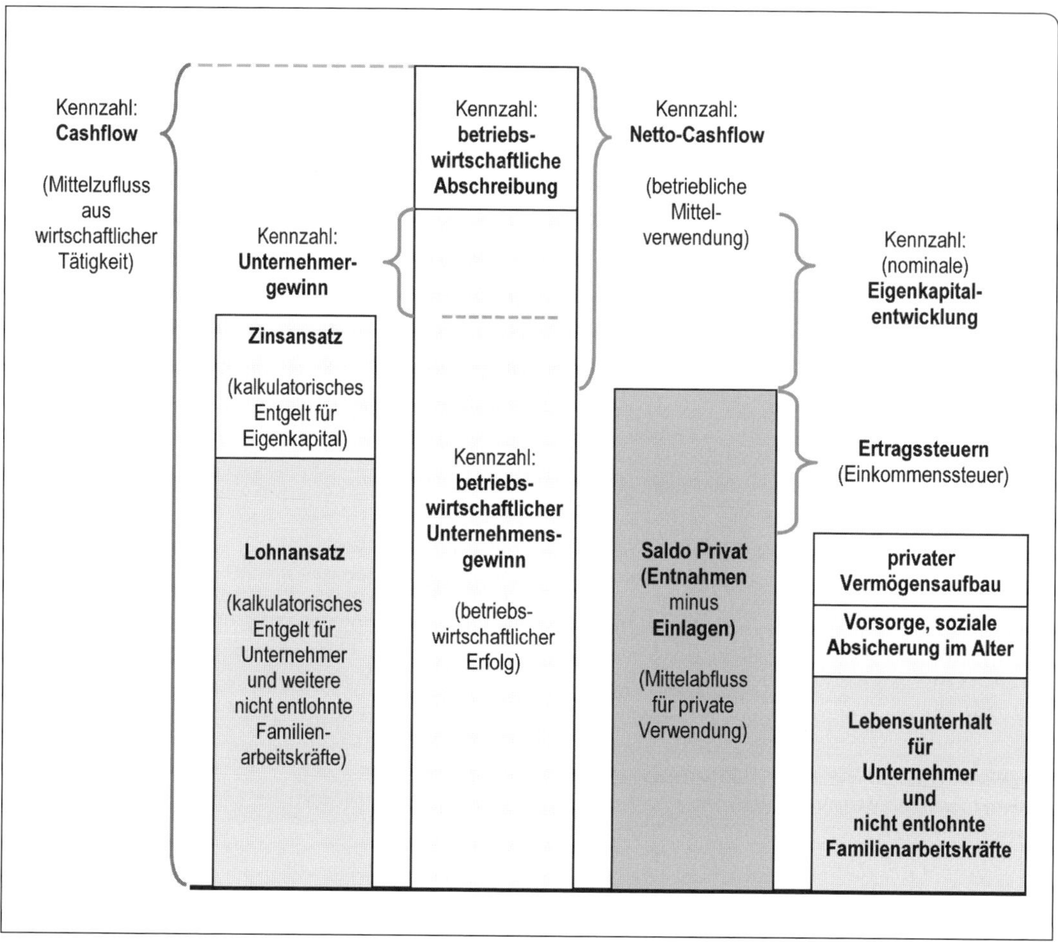

Abb. 3 Betriebswirtschaftlicher Erfolg und wichtige Zusammenhänge.

generation. Die Auflistung kann und sollte mit subjektiven Zahlen belegt werden. Ein Vergleich mit den bisher erzielten Gewinnen nach Steuern zeigt dann einen möglicherweise bestehenden weiteren Handlungsbedarf im betrieblichen Controlling mit detaillierteren Analysen zur Schwachstellenidentifikation.

Kennzahl: Betriebswirtschaftlicher Unternehmergewinn
Berechnung: Der betriebswirtschaftliche Unternehmergewinn berechnet sich aus dem betriebswirtschaftlichen Unternehmensgewinn abzüglich des Lohnansatzes und des Zinsansatzes für das Eigenkapital.

Der Unternehme**r**gewinn darf nicht mit dem Unternehmen**s**gewinn verwechselt werden!

Interpretation/Erläuterung: Der betriebswirtschaftliche Unternehmergewinn lässt auf den ersten Blick erkennen, ob der erzielte Erfolg für eine standardmäßige Entlohnung der Unternehmer-AK(s) und des Eigenkapitals ausreicht. Mindestforderung für den Unternehmerge-

winn ist hier eine „schwarze Null“. Allerdings ist zu berücksichtigen, dass mit dem auf Basis bescheidener Wertansätze kalkulierten Lohnansatz (und dem Zinsansatz) die o. g. Funktionen des Gewinns nur eingeschränkt abzudecken sind. Fällt die Betrachtung des Unternehmenserfolgs anhand der skizzierten Überlegungen als nicht zufriedenstellend aus, so ist eine weiter detaillierte Analyse zur Eingrenzung von betrieblichen Schwachstellen und zur Mobilisierung betrieblicher Potenziale dringend angeraten.
Fallbeispiel: Aufgrund der deutlich negativen Unternehmergewinne konnte in keinem Jahr ein angemessener Lohn- und Zinsansatz erwirtschaftet werden. Erschwerend fällt ins Gewicht, dass im Betrachtungszeitraum keine Verbesserung erkennbar ist, sondern im Gegenteil seit dem Jahr 2 eine kontinuierliche Verschlechterung festgehalten werden muss (siehe Tab. 2 auf Seite 29).

Säule 2: Kapitalpolitik
Die Kapitalpolitik eines Unternehmens äußert sich im Bestand an Fremdkapital (auch bezeichnet als Verbindlichkeiten (VBK) oder Schulden) und Eigenkapital (Differenz aus Vermögen und Fremdkapital), der Fristigkeit des Fremdkapitals und der Relationen einzelner Kapital-Komponenten zum Gesamtkapital. Sie wird beeinflusst vom Unternehmenserfolg und von der Entnahmepolitik.

Kennzahl: Eigenkapitalquote (in Prozent des Gesamtkapitals)
Berechnung: Die Eigenkapitalquote berechnet sich aus dem Quotient von Eigenkapital und Gesamtkapital multipliziert mit 100.
Interpretation/Erläuterung: Die Eigenkapitalquote drückt aus, wie viel Prozent des Gesamtkapitals Eigenkapital ist.

Grundsätzlich ist festzustellen und auch bei Interpretationen zu berücksichtigen, dass es sich beim Wert des Eigenkapitals um den Buchwert handelt, der in aller Regel nicht dem Verkehrswert entspricht. In der Fibu berechnet sich der Wert des Eigenkapitals als resultierende (Ergebnis) Größe aus dem betrieblichen Vermögen(swert) abzüglich des Fremdkapitals (Verbindlichkeiten, Schulden). Je nach (Be)Wert(ung) der Vermögensbestandteile ändert sich folglich der Stand des Eigenkapitals. Aus dem geschilderten Sachverhalt ist abzuleiten, dass beispielsweise der Interpretation einer Eigenkapitalverzinsung auf der Nachkommastelle wenig Aussagekraft beizumessen ist, da sie nicht auf dem realen Wert des Eigenkapitals basiert. Dennoch handelt es sich bei der Eigenkapitalquote um eine wichtige Kennzahl.

Unbeschadet von einer Einzelfallbetrachtung werden Verhältnisse zwischen Eigenkapital und Fremdkapital von 1 : 1 bis 1 : 3 als günstig bis akzeptabel oder unauffällig angesehen. Dies bedeutet Eigenkapitalquoten zwischen 50 % und 25 %. Als problematisch hingegen können unzweifelhaft Situationen bezeichnet werden, in denen in der Bilanz deutlich niedrigere Werte oder sogar kein positives Eigenkapital auf der Passivseite sondern negatives Eigenkapital oder Unterbilanz auf der Aktivseite ausgewiesen wird. Letzteres zeugt von nachhaltig höheren Entnahmen als erwirtschafteten Unternehmensgewinnen.

Fallbeispiel: Die Eigenkapitalquote ist als solide bis sehr gut zu beurteilen (siehe Tab. 2 auf Seite 29).

Kennzahl: kurzfristiges Fremdkapital (Struktur)

Berechnung: Von kurzfristigem Fremdkapital spricht man bei (Rest-) Laufzeiten von bis zu einem Jahr. In gartenbaulichen Unternehmen setzt sich das kurzfristige Fremdkapital im Wesentlichen aus folgenden unterschiedlichen Komponenten zusammen:

- kurzfristige Verbindlichkeiten gegenüber Kreditinstituten;
- Verbindlichkeiten aus Lieferungen und Leistungen.

Interpretation/Erläuterung: Kurzfristige Verbindlichkeiten bedürfen aus Liquiditäts- und Kostengründen sorgfältiger Beachtung. Aufgrund des kurzfristigen Charakters sind sie im Rahmen einer Jahresabschlussanalyse letztendlich nur unter Einbeziehung ergänzender Informationen hinreichend sicher zu beurteilen.

Komponente 1 „Kurzfristige Verbindlichkeiten gegenüber Kreditinstituten“ – Es handelt sich hierbei im Wesentlichen um Kontokorrent-Kredite. Allerdings gibt es auch die Form des eigentlich langfristigen Rückzahlungskredits, der am Ende der Kreditlaufzeit als voller Betrag zur Rückzahlung ansteht und damit im Rückzahlungsjahr auch zu den kurzfristigen Krediten gerechnet werden muss. Kontokorrent-Kredite fallen in gartenbaulichen Unternehmen zum Ausgleich von saisonal schwankenden Umsatzerlösen und regelmäßigen aber auch unregelmäßigen Auszahlungen an. Sie sind in der Regel teurer als langfristige Kredite. Problematisch ist es, trotz der genannten Einschränkung, wenn das Giro-Konto des Unternehmens bestenfalls erst am Ende der Hauptsaison ausgeglichen ist, sich aber ansonsten weite Zeiten des Jahres im Minus befindet und/oder im Fall eines von Jahr zu Jahr mehr oder weniger stetigen Anstiegs der kurzfristigen Verbindlichkeiten (gegenüber Kreditinstituten).

Tipp:
Lassen Sie sich von Ihrer Hausbank einmal den durchschnittlichen Stand ihres betrieblichen Giro-Kontos geben.

Komponente 2 „Verbindlichkeiten aus Lieferungen und Leistungen“ – Verbindlichkeiten aus (Waren-)Lieferungen und Leistungen können eine teuere oder aber auch günstige Kreditform sein. Die Grundlage hierfür ist ein bereits erfolgter Warenbezug. Wird ein evtl. eingeräumtes Skonto nicht genutzt, ergeben sich hieraus schnell Jahres-Zinssätze in deutlich zweistelliger Größenordnung, je nach Zahlungsziel, Skontofrist und Skontosatz. Räumt uns der Lieferant hinge-

gen kein Skonto ein, handelt es sich hier um kostenlose Kredite für den Zeitraum des Zahlungsziels.
Fallbeispiel: Die kurzfristigen Verbindlichkeiten zeigen bezüglich ihrer Höhe keinen Anlass für eine Gefährdung. Allerdings sollte man den (geringfügigen) Anstieg in den letzten Jahren im Auge behalten (siehe Tab. 2 auf Seite 29).

Säule 3: Entnahmepolitik
Unter (Privat-)Entnahmen ist die Überführung betrieblicher Wirtschaftgüter und/oder Geldmittel ins Privatvermögen zu verstehen. Aufmerksamkeit bedürfen dabei insbesondere Situationen, in denen nachhaltig, also über Jahre hinweg, mehr entnommen als erwirtschaftet wird, oder in denen außergewöhnlich hohe Summen entnommen werden. Wenig erfolgreiche Unternehmen verschlechtern nicht selten ihre Kapitalsituation zusätzlich durch überproportionale Entnahmen im Vorfeld von betrieblichen Übergaben. Dies ist letztendlich die verschleppte Konsequenz unbefriedigend niedriger Gewinne in der Vergangenheit, die o. g. Funktionen nicht erfüllen konnten.

Kennzahl: Saldo Privat (Einlagen minus Entnahmen)
Berechnung: Zur Berechnung des Saldos Privat werden von den Privat-Einlagen die Entnahmen in Abzug gebracht. Positive Werte kennzeichnen eine Zuführung von Eigenkapital ins Unternehmen. Negative Werte stehen für den Abfluss von Eigenkapital zur Verwendung für private Zwecke.
Interpretation/Erläuterung: Der Saldo Privat ist eine interessante Vergleichsgröße zum wirtschaftlichen Erfolg und zur Summe aus Lohn- und Zinsansatz.

Er sollte den erzielten Unternehmensgewinn nicht übersteigen, wobei die Summe aus Lohn- und Zinsansatz als gleichzeitiger Orientierungswert für den Saldo Privat und für ein Mindestziel des Unternehmensgewinns gelten kann.

Wichtig für die Auswirkung auf die Kapitalstruktur des Unternehmens ist der Vergleich von erwirtschaftetem Unternehmenserfolg und dem Saldo Privat. Dieser kommt durch die Kennzahl betriebliche Eigenkapitalentwicklung (nominal) klar zum Ausdruck.
Fallbeispiel: Der Saldo Privat liegt mit Ausnahme des Jahres 4 bei jährlich rund 50 Tsd. € (siehe Tab. 2 auf Seite 29). Mit hoher Wahrscheinlichkeit stehen damit nach Abzug der Ertragssteuern neben dem aktuellen Lebensunterhalt der Unternehmerfamilie keine Mittel für die soziale Absicherung und einen privaten Vermögensaufbau (siehe Abb. 3 auf Seite 34) zur Verfügung.

Kennzahl: betriebliche Eigenkapitalentwicklung (nominal)
Berechnung: Die (nominale) betriebliche Eigenkapitalentwicklung ergibt sich aus dem Zufluss eines Unternehmensgewinns abzüglich eines Abflusses des Saldos Privat.
Interpretation/Erläuterung: Fällt der Unternehmenserfolg geringer aus als der Entnahme-Saldo, ergibt sich daraus eine negative Eigenkapitalentwicklung. Dem Unternehmen wird folglich Substanz/Eigenkapital entzogen, die Kapitalstruktur verschlechtert sich. Dies ist grundsätzlich kritisch zu betrachten und zu beurteilen. Abgesehen von ausgesprochenen Einzelfällen ergibt sich daraus die Erfordernis einer ausführlicheren Schwachstellenanalyse.
Fallbeispiel: Aufgrund der auf die unbefriedigende Erfolgssituation weitgehend abgestimmten Privatentnahmen sind die Auswirkungen auf die Entwicklung des betrieblich gebundenen Eigenkapitals vergleichsweise gering, nur leicht negativ. Die Werte aus dem zwischenbetrieblichen Vergleich zeigen für das erfolgreichere Drittel aber mit einer deutlichen Zunahme des Eigenkapitals im Betrachtungszeitraum eine weitaus günstigere Situation (siehe Tab. 2 auf Seite 29).

Durch begrenzte Entnahmen gelingt es dem Unternehmer des betrachteten Gartenbaubetriebs, die Auswirkungen der unbefriedigenden Erfolgssituation auf das betrieblich gebundene Eigenkapital möglichst gering zu halten.

Zwischenfazit

Ergeben sich aus der Betrachtung von Unternehmenserfolg, der Kapital- und der Entnahmepolitik und soweit möglich der Investitionspolitik Anzeichen für einen weitergehenden Analysebedarf, ist wie nachfolgend skizziert weiter vorzugehen.

2.5.3 Einflüsse auf den Unternehmenserfolg

Exkurs: Unternehmen und Betrieb

Im Bereich der Agrar- und Gartenbauökonomie wird begrifflich zwischen Unternehmen und Betrieb unterschieden. Das Unternehmen ist dabei der übergeordnete Begriff. Der Unterschied zwischen dem Unternehmen (der Unternehmenssphäre) und dem Betrieb (der Betriebssphäre) besteht darin, dass alle Finanzerträge und -aufwendungen und alle neutralen Vorgänge aus dem betrieblichen Bereich ausgeklammert werden, also nicht zum Betrieb bzw. der Betriebssphäre zählen. Diese Unterscheidung setzt sich in den Ertrags- und Aufwandsgliederungen fort und führt dazu, dass je nach Betrachtungsebene – Unternehmen oder Betrieb – unterschiedliche betriebswirtschaftliche Begriffe und Erfolgsgrößen verwendet werden. Das Wissen um diese Sachverhalte ist für eine sachgerechte Interpretation betriebswirtschaftlicher Kennzahlen unverzichtbar. In Abbildung 4

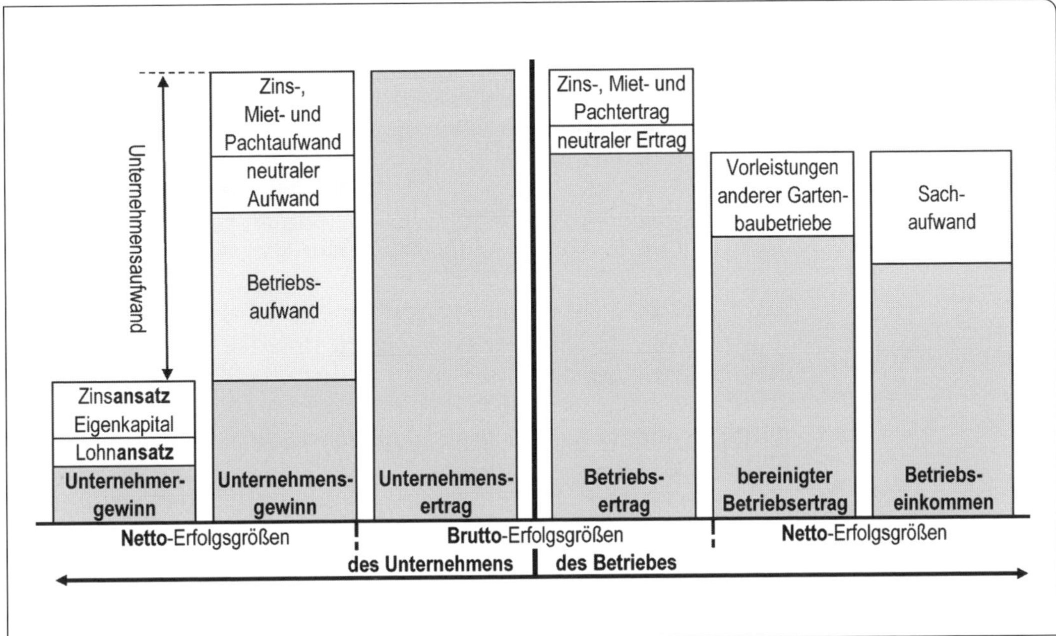

Abb. 4 Erfolgsgrößen von Betrieb und Unternehmen.

werden deshalb wichtige Größen für eine betriebswirtschaftliche Analyse grafisch dargestellt. Hieraus können dann Hinweise für die Berechnung einzelner Größen und über ihre Unterscheidung entnommen werden.

In etwa der Mitte der Abbildung 4 befinden sich die beiden Brutto-Erfolgsgrößen, nämlich der Unternehmensertrag und der Betriebsertrag. Sie unterschieden sich durch den Fremdkapital-, Miet- und Pachtertrag und den neutralen Ertrag.

Ausgehend vom Unternehmensertrag werden auf der linken Seite wichtige Erfolgsgrößen des Unternehmens in ihrer Berechnung dargestellt.

Das Gegenstück an betrieblichen Erfolgsgrößen ist der rechten Seite der Abbildung 4 zu entnehmen.

Zur Identifikation möglicher Schwachstellen werden nun vom betriebswirtschaftlichen Unternehmensgewinn schrittweise zunächst

- das Ergebnis des Finanzbereichs (Erträge abzüglich der Aufwendungen für Zinsen, Mieten und Pachten) und anschließend
- das neutrale Ergebnis (außerordentliche, zeitraumfremde und bereichsfremde Erträge abzüglich der entsprechenden Aufwendungen)

in Abzug gebracht. Hieraus ist zu erkennen, wie stark diese Bereiche das Gesamtergebnis beeinflussen (positiv oder negativ) und ob es sich hierbei um Stärken handelt oder eher um Schwachstellen, die gezielt mit speziellen Maßnahmen bearbeitet werden müssen.

Fallbeispiel:
Das Ergebnis des Finanzbereichs liegt in allen Jahren unter 10 Tsd. €. Die Entwicklung ist in den letzten vier Jahren leicht rückläufig. Insgesamt gehen von der Fremdkapitalbelastung damit für ein Unternehmen dieser Größe begrenzte Belastungen des Unternehmenserfolgs aus.

Das neutrale Ergebnis beträgt in allen Jahren 0 € und beeinflusst damit den Unternehmenserfolg nicht (siehe Tab. 2 auf Seite 29).

2.5.4 Einflüsse auf den Betriebserfolg

Im Weiteren wird der Frage nachgegangen, welche Einflussfaktoren auf den Betriebserfolg wirken.

Einfache oder komplexe Unternehmensstruktur

In einem komplexer strukturierten Gartenbauunternehmen wird sich der Betriebserfolg aus den Teilbeiträgen verschiedener Betriebe bzw. Betriebsbereiche zusammensetzen. Beispiel wäre hier die klassische Einzelhandelsgärtnerei mit den Betriebsbereichen Produktion, Einzelhandel und Dienstleistungen. Hier zeigt sich dann eine deutliche Grenze der klassischen Jahresabschlussanalyse. Diese hat im Gegensatz zu einer Kostenstellenrechnung bei Unternehmen mit mehreren Betriebsbereichen den gravierenden Nachteil, dass sie nur unternehmensweite Kennzahlen ausweist ohne eine bereichsbezogene Betrachtungsweise zu ermöglichen oder vorzunehmen. Offensichtlich ist dabei, dass beispielsweise Ergebnisse guter Betriebsbereiche durch diejenigen eher schlechter Betriebsbereiche kompensiert werden könnten und sich daraus folglich insgesamt nur durchschnittliche oder mittelmäßige Kennzahlenwerte ergäben. Der die Analyse Durchführende weiß dabei dann zudem nicht, in welchen Betriebsbereichen dringende Verbesserungsmaßnahmen erforderlich sind. Auch für eine Überprüfung eingeleiteter Verbesserungsmaßnahmen in einzelnen Betriebsbereichen bietet eine Jahresabschlussanalyse hier keine Hilfestellung.

Um komplexere Gartenbauunternehmen fundiert zu analysieren und zu optimieren, benötigt man also ergänzend zur Jahresabschlussanalyse das Controlling-Modul „Kostenstellenrechnung“ (Kap. 3).

Schwachstellen des Betriebs identifizieren und eingrenzen

Für die weitere Vorgehensweise wird ein vergleichsweise einfach strukturierter Betrieb unterstellt.

Vereinfachend kann natürlich auch in solchen Unternehmen zunächst eine klassische Jahresabschlussanalyse erfolgen, in denen zwar zwei oder vielleicht sogar drei verschiedene Betriebsbereiche vorliegen, wovon aber einer eine eindeutig dominierende Bedeutung besitzt. Allerdings sollte man sich sehr wohl der o. g. Einschränkungen der Aussagefähigkeit der Jahresabschlussanalyse bewusst sein.

Der Betriebserfolg wird beeinflusst von den Betriebserträgen und/oder den Betriebsaufwendungen. Insofern sind diese beiden Komponenten einer kritischen Prüfung zu unterziehen.

2.5.5 Analyse der Betriebserträge

Kennzahl: Betriebsertrag
Berechnung (siehe Abb. 4, Seite 39):
Der Betriebsertrag ergibt sich aus dem Unternehmensertrag abzüglich der Finanzerträge (Kapital-, Miet- und Pachterträge) und der neutralen Erträge (außerordentliche, zeitraumfremde, bereichsfremde). Er besteht im Wesentlichen aus den Umsatzerlösen zuzüglich sonstiger betrieblicher Erträge, meist kalkulatorischer Art für die private Inanspruchnahme betrieblicher Leistungen durch die Unternehmer (Privatanteile).

Interpretation/Erläuterung:
Die absolute Höhe der Betriebserträge lässt sich sehr schwer beurteilen.

Grundsätzlich besteht hierin ein Dilemma, das letztlich mit dem Instrument der Jahresabschlussanalyse nicht eindeutig geklärt werden kann. Zwar gibt es Indikatoren wie beispielsweise den Werbeaufwand, dessen Umfang aufzeigen kann, ob Umsatzpotenziale weitgehend ausgeschöpft oder eben bei weitem nicht ausgeschöpft sein werden. Auch kann man die erzielten Betriebserträge in Relation zu Flächen (Produktions- und/oder Verkaufsflächen) oder zu Arbeitskapazitäten setzen. Doch auch dies klärt letztendlich nicht eindeutig, ob zu geringe Erträge erwirtschaftet werden oder/und ob für die erzielbaren Erträge zu hohe Kapazitäten bereit gehalten werden.

Fallbeispiel:
Die Betriebserträge zeigen im Betrachtungszeitraum einen leicht ansteigenden Verlauf; in den letzen drei Jahren lag die Steigerung insgesamt aber nur bei 10 Tsd. €. Von der Höhe her liegt der Betriebsertrag deutlich unter dem der erfolgreicheren Vergleichsgruppe (erstes Drittel) (siehe Tab. 2 auf Seite 29).

Exkurs: Mögliche Ursachen unbefriedigender Betriebserträge
Begibt man sich auf die Suche nach möglichen Ursachen für unbefriedigende Betriebserträge (vereinfacht Umsatzerlöse), so setzen sich diese aus verkauften Stückzahlen multipliziert mit den jeweils erzielten Preisen zusammen. Anders ausgedrückt prüft man also, ob zu wenig verkauft und/oder zu geringe Preise erzielt oder gefordert wurden. Die nachfolgende Checkliste soll uns bei dieser Suche helfen. Es handelt sich hierbei um keine vollständige Liste. Ziel ist es anzuregen, sich mit den vielfältigen Ursachen unbefriedigender betrieblicher Erträge intensiver und auch unter Einbeziehung von betrieblichem Personal auseinander zu setzen.

Mögliche Ursachen unbefriedigender Betriebserträge (Checkliste)
Ursachengruppe „zu wenig verkauft“:
- starke Konkurrenz;
- zu geringe Kundenfrequenz;
- ungünstiger Standort bzw. Lage;
- schwierige Parkplatzsituation;
- ungünstige Verkaufseinrichtung bzw. Verkaufsstelle(n);
- Schwachstellen im Marketing;
- nicht berechnete Produkte bzw. kostenlose Zugaben.

Beispiele für Schwachstellen im Marketing:
- kommunikationspolitische Schwachstellen (Werbung, Verkaufsförderung, PR-Aktivitäten);
- produktpolitische Schwachstellen (Sortiment, Qualitäten);
- distributionspolitische Schwachstellen (Absatzwege, Verkaufsform – Bedienung, Teil-Selbstbedienung, Selbstbedienung).

Ursachengruppe „zu geringe Preise erzielt oder gefordert“:
- starke Konkurrenz;
- Schwachstellen im Marketing;
- entwicklungsbedürftiges betriebswirtschaftliches Problembewusstsein;
- verbesserungswürdige betriebswirtschaftliche Qualifikation;
- Kalkulationsdefizite;
- mangelndes Selbstbewusstsein.

Beispiele für Schwachstellen im Marketing:
- preispolitische Schwachstellen,
- Qualitätsprobleme.

2.5.6 Analyse von Netto-Erfolgsgrößen
Geeignetere Betrachtungsgrößen als die absoluten Erträge (Brutto-Erfolgsgröße) sind die Netto-Erfolgsgrößen des Betriebs (siehe Abb. 4 auf Seite 39). Auf den verschiedenen Stufen unterschiedlich ausfallende Bewertungen deuten darauf hin, welcher Einfluss der gerade zuletzt in Abzug gebrachten Aufwandsgröße zukommt.

Kennzahl: bereinigter Betriebsertrag
Berechnung (siehe Abb. 4, Seite 39):
Der bereinigte Betriebsertrag ergibt sich aus dem Betriebsertrag abzüglich der Vorleistungen anderer (Gartenbau-)Betriebe (Saat-, Pflanzgut, Rohware, gärtnerische und sonstige Handelsware, Leistungen von Subunternehmern).

Interpretation/Erläuterung:
Der bereinigte Betriebsertrag quantifiziert die (pflanzenbezogene) Wertschöpfung des Gartenbaubetriebes. Er verdeutlicht die Umsatzveränderung unter Berücksichtigung der Veränderung des Einsatzes für Waren und Pflanzenmaterial. Im Gegensatz zur Betrachtung des Betriebsertrags wird anhand dieser Größe klar erkennbar, ob Umsatzveränderungen nur oder zu einem großen Teil durch einen überproportionalen Wareneinsatz erreicht werden konnten.

Fallbeispiel:
Die Betrachtung des in den letzten vier Jahren praktisch gleichen bereinigten Betriebsertrags lässt erkennen, dass die Steigerungen beim Betriebsertrag vollständig durch einen erhöhten Waren- und Materialeinsatz aufgezehrt wurden (siehe Tab. 2 auf Seite 29).

Kennzahl: Betriebseinkommen
Berechnung (siehe Abb. 4, Seite 39):
Das Betriebseinkommen ergibt sich aus dem Betriebsertrag abzüglich des Sachaufwands. Dieser Sachaufwand ergibt sich aus dem (gesamten) Betriebsaufwand abzüglich des Lohnaufwands (für entlohnte Fremdarbeitskräfte); er umfasst also alle betrieblichen Aufwandspositionen, die nicht die Löhne und Gehälter betreffen.

Interpretation/Erläuterung:
Sind Betriebsertrag und Betriebseinkommen unterschiedlich zu beurteilen, liegt die Ursache im Sachaufwand. Das Betriebseinkommen wird auch zur Ermittlung der im Gartenbau üblichen klassischen Netto-Produktivitäten benötigt (Betriebseinkommen/Voll-AK bzw. Betriebseinkommen/Flächeneinheit).

Entsprechend seiner Berechnung sind vom Betriebseinkommen noch folgende Komponenten (Kostenpositionen) abzudecken:
- Lohnaufwand für entlohnte Arbeitskräfte;
- Lohnansatz für nicht entlohnte Unternehmer und Familienarbeitskräfte;
- Zinsaufwand für Fremdkapital und Zinsansatz für das Eigenkapital.

Fallbeispiel:
Auch beim Betriebseinkommen gelang es dem Unternehmen insbesondere in den letzten vier Jahren nicht deutliche Zuwächse zu erzielen, wie der geringfügige Anstieg von nur 5 Tsd. € klar zeigt (siehe Tab. 2 auf Seite 29).

Exkurs: Mehr Netto-Größen statt Brutto-Größen (im Controlling)
Ein Anliegen der Autoren ist es unter anderem, die Verwendung von Netto-Größen im Controlling sowohl in der Ausbildung als auch der Beratung und besonders auch in der Unternehmensführung stärker ins Blickfeld zu rücken. Netto-Größen entstehen, wenn von Ertragsgrößen geeignete Aufwandsgrößen in Abzug gebracht werden. Beispiele hierzu sind unter anderem der bereinigte Betriebsertrag, das Betriebseinkommen, aber auch die Handelsspanne oder der Deckungsbeitrag. Die bisher in der unternehmerischen Verwendung dominierende Brutto-Größe „Umsatz" – vereinfacht für Betriebsertrag – ist für Controlling-Zwecke nachweislich weniger geeignet, da ihre alleinige Betrachtung zu falschen Entscheidungen und Handlungen führen kann (vgl. hierzu beispielsweise nochmals die Erläuterungen zum bereinigten Betriebsertrag).

2.5.7 Analyse der Aufwendungen

Vergleichsweise detaillierte und umfangreiche Informationen stehen im Rahmen einer Jahresabschlussanalyse zu den Aufwendungen zur Verfügung. Als grundlegende Zielsetzungen einer Aufwandsanalyse lassen sich festhalten:

- die Schaffung und Förderung eines betriebswirtschaftlichen Problem- und Kostenbewusstseins bei Unternehmern und Mitarbeitern;
- die Förderung eines sparsamen Umgangs mit betrieblichen Mitteln und Ressourcen;
- eine Erhöhung des Erfolgs und der Wettbewerbsfähigkeit durch Mobilisierung/Nutzung innerbetrieblicher Einsparungspotenziale;
- eine disziplinierende Funktion für die Preispolitik und Kalkulation.

Zu empfehlen ist eine günstige, hierfür optimierte Ausgestaltung der betrieblichen Fibu mit einer:

- ausreichenden Gliederung speziell der Aufwandskonten (detaillierter, Controlling-orientierter Kontenplan);
- weitestgehenden Kontinuität des Kontenplans (gleiche Konteneinteilung über mehrere Jahre hinweg);
- sachgerechten Vorkontierung (gleiche Sachverhalte auf gleiche Konten);
- hinreichend genauen Erfassung der Bestände im Rahmen der Inventur.

Im ersten Schritt werden bei einer Aufwandsanalyse folgende Fragestellungen zu klären sein:
- Welche Bedeutung haben die einzelnen Aufwandspositionen bzw. Aufwandsgruppen?
- Welche Veränderungen sind bei den einzelnen Aufwandspositionen bzw. Aufwandsgruppen zu beobachten?

Im Modul „Kosten-Controlling“ erfolgt unter anderem eine detaillierte Kostenstruktur- und -entwicklungsanalyse. Da diese die gleichen Zielsetzungen verfolgt wie eine Aufwandsanalyse im Rahmen der Jahresabschlussanalyse wird hierzu auf das entsprechende Kapitel 5 verwiesen.

Ergänzende Informationen liefert im Rahmen einer Aufwandsanalyse die Prüfung und Beurteilung von:
- Aufwands-Aufwands-Relationen (prozentuale Anteile einzelner Aufwandspositionen an übergeordneten Aufwandsgruppen oder dem Betriebsaufwand insgesamt),
- Aufwands-Ertrags-Relationen (prozentuale Anteile einzelner Aufwandspositionen am Betriebsertrag),
- Aufwands-Faktoreinsatz-Relationen (z. B. Heizmaterialaufwand je m^2 heizbare Gewächshausfläche; Lohnaufwand je entlohnte Voll-AK),
- Beteiligung an einem zwischenbetrieblichen Vergleich mit Aufwands-Kennzahlen ähnlicher Unternehmen.

Letztendlich wird hierdurch versucht, die Angemessenheit bzw. Effizienz des Aufwandseinsatzes möglichst rational zu beurteilen und abzuwägen.

Fallbeispiel:
Stellvertretend für andere Aufwandspositionen soll an dieser Stelle nur der Lohnaufwand je entlohnte Voll-AK kommentiert werden (siehe Tab. 2 auf Seite 29). Er liegt im Fallbeispiel mit ca. 30 Tsd. € deutlich über dem Durchschnittswert des mittleren Drittels im zwischenbetrieblichen Vergleich und sogar noch über dem Vergleichswert des erfolgreicheren Drittels. Das vorliegende Unternehmen bezahlt seine Mitarbeiter also entweder überdurchschnittlich gut und/oder hat einen relativ hohen Anteil an festangestellten, möglicherweise hoch qualifizierten Mitarbeitern.

Werden aufgrund einer Aufwandsanalyse Maßnahmen zur Veränderung ausgewählter Aufwandspositionen geplant, kann nachfolgende Checkliste prüfend und unterstützend eingesetzt werden.

Checkliste zur Prüfung von aufwandsverändernden Maßnahmen/ Entscheidungen

Führt die geplante **Aufwandsverringerung**:

- bei anderen Aufwendungen zu einer Erhöhung?
- zu anderweitigen Belastungen oder Risiken?
- zu Qualitäts- und Leistungseinbußen?
- weder zu Einbußen noch zu Aufwandsverlagerungen?
- dazu, überproportionale Aufwendungen auf ein erforderliches Maß zurückführen?

Führt die geplante **Aufwandserhöhung**:

- zu überproportionalen Einsparungen bei anderen Aufwendungen?
- zu überproportionalen Erträgen, Verbesserungen oder Leistungssteigerungen?

2.5.8 Analyse von Produktivitäten

Bezieht man den Faktoreinsatz von Arbeit und Fläche auf Erfolgsgrößen, so ergeben sich Arbeits- bzw. Flächenproduktivitäten. Produktivitätskennzahlen sind einerseits sehr interessante Kennzahlen im Rahmen einer Jahresabschlussanalyse. Sie verdeutlichen den Erfolg der im Durchschnitt je Faktoreinheit erwirtschaftet werden konnte. Andererseits handelt es sich hierbei aber auch um sehr komplexe Kennzahlen, deren Werte von vielfältigen Ursachen beeinflusst werden.

In komplexer strukturierten Unternehmen ist eine bereichsbezogene Ermittlung der Produktivitäten im Rahmen einer Kostenstellenrechnung zu empfehlen (siehe Tab. 10 auf Seite 68).

Die Interpretation von Produktivitäten gestaltet sich darüber hinaus um so schwieriger, je komplexer das Unternehmen strukturiert ist und – speziell bei Flächenproduktivitäten – je unterschiedlicher die genutzten Produktionsflächen (Freiland, Folientunnel, Hochglas usw.) und die darauf produzierten Produktkategorien (Obst, Gemüse, Zierpflanzen, Baumschulpflanzen usw.) sind.

Dies gilt in besonderem Maße auch für die Nutzung von Produktivitätskennzahlen im Rahmen eines zwischenbetrieblichen Vergleichs.

Die folgenden Ausführungen konzentrieren sich deshalb bewusst auf den Einsatz von Arbeitsproduktivitäten in einfacher strukturierten Unternehmen.

Je nach Ausgangs- bzw. Erfolgsgröße werden in der Gartenbauökonomie Brutto- und Netto-Produktivitäten unterschieden, wobei die klassischen Brutto-Produktivitäten den Betriebsertrag als Ausgangsgröße und die klassischen Netto-Produktivitäten das Betriebseinkommen verwenden.

Arbeitsproduktivitäten

Für den Wert und die Beurteilung der Arbeitsproduktivitäten sind hinreichend präzise Angaben zur eingesetzten Arbeitskapazität (gemessen in Voll-AK) Grundvoraussetzung. Werden hier beispielsweise noch voll aktive „Altenteiler“ nicht berücksichtigt, ergeben sich daraus deutlich überhöhte Kennzahlenwerte.

Kennzahl: Betriebsertrag je Voll-AK (Arbeits-Brutto-Produktivität)
Berechnung: Wie die Bezeichnung der Kennzahl schon verrät, wird hierzu der Betriebsertrag dividiert durch die Anzahl Voll-AK.
Interpretation/Erläuterung: Der Betriebsertrag je Voll-AK bringt zum Ausdruck, wie produktiv die Arbeitskräfte in dem betreffenden Unternehmen eingesetzt werden; vereinfacht: wie viel Umsatz im Durchschnitt je Arbeitskraft erzielt wird.
Fallbeispiel: Die Werte der Arbeits-Brutto-Produktivitäten liegen deutlich unter denjenigen des erfolgreicheren Drittels im zwischenbetrieblichen Vergleich. Hier liegt eine gravierende Schwachstelle des vorliegenden Unternehmens (siehe Tab. 2 auf Seite 29).

Kennzahl: Betriebseinkommen je Voll-AK (Arbeits-Netto-Produktivität)
Berechnung: Bringt man vom Betriebsertrag den Sachaufwand (Betriebsaufwand minus Lohnaufwand) in Abzug, so erhält man das Betriebseinkommen, das dann noch zur Ermittlung dieser Kennzahl durch die Anzahl Voll-AK zu dividieren ist.
Interpretation/Erläuterung: Fallen die Beurteilungen von Arbeits-Brutto- und Arbeits-Netto-Produktivität unterschiedlich aus, so ist die Ursache im Sachaufwand zu suchen.

Unter Berücksichtigung der Hinweise zur Interpretation der Kennzahlen ergeben sich zur Beurteilung von Produktivitäten folgende Vergleichsmöglichkeiten:

- Innerbetrieblicher Entwicklungsvergleich (steigend – unverändert – sinkend); bei Produktivitätsveränderungen ist sorgfältig zu prüfen, ob ihre Ursachen in Kostenveränderungen (z. B. Wareneinsatz, Investitionen usw.) liegen und wie diese im Vergleich zu den erreichten Produktivitätsänderungen zu bewerten sind.
- Bewertung und Vergleich der Produktivitäten auf verschiedenen Stufen (Brutto-Netto); da sich bei den verschiedenen Produktivitätsstufen der Divisor nicht ändert, müssen evtl. unterschiedlich ausfallende Beurteilungen ihre Ursache in den jeweils von Stufe zu Stufe in Abzug gebrachten Aufwandsgruppen haben.
- Zwischenbetrieblicher Vergleich (besser – gleich – schlechter als in der Gruppe der Vergleichsbetriebe).

Fallbeispiel: Bei der Arbeits-Netto-Produktivität kann das vorliegende Unternehmen im zwischenbetrieblichen Vergleich zwar zur mittleren Gruppe aufschließen, der Abstand zum erfolgreicheren Drittel bleibt aber deutlich und zeigt damit Verbesserungspotenzial (siehe Tab. 2 auf Seite 29).

Exkurs: Ursachen unbefriedigender Arbeitsproduktivitäten
Um die Komplexität in der Suche nach den eigentlichen Ursachen aufzuzeigen, wird nachfolgend eine erweiterbare Checkliste zum Einsatz angeboten.

Mögliche Ursachen unbefriedigender Arbeitsproduktivitäten (Checkliste)
Ursachengruppe „niedriger Betriebsertrag“ (siehe Exkurs: Mögliche Ursachen unbefriedigender Betriebserträge auf Seite 42).
Ursachengruppe „hoher Sachaufwand“ (speziell bei unbefriedigender Arbeits-Netto-Produktivität): (siehe Analyse der Aufwendungen auf Seite 44 f. bzw. auch Kap. 5).
Ursachengruppe „zu hohe Arbeitskapazität“ (siehe auch Kap. 6):
- Hanglage oder verstreute Lage von betrieblichen Flächen;
- innerbetriebliche Infrastruktur und innerbetriebliches Transportsystem;
- Betriebs- und Arbeitsorganisation;
- Zusammensetzung und Qualifikation der Belegschaft;
- Arbeitsverfahren, Beschaffungs-, Produktions-, Absatz-, Verkaufsverfahren;
- Mechanisierung/Automatisierung;
- Zustand von Arbeitshilfsmitteln.

Ursachengruppe „mangelnde Leistung beispielsweise durch Defizite in der Mitarbeiterführung“:
- Qualifikation, Fort- und Weiterbildung;
- Führungsstil;
- Vorbildfunktion;
- Regelung von Kompetenz und Verantwortung;
- Entscheidungsfindung;
- Kommunikation;
- Betriebsklima;
- Identifikation mit Betrieb;
- Motivation und Demotivation;
- Entlohnung/Anerkennung;
- Kontrolle/Sanktionen;
- Mobbing/Bossing.

3 Kostenstellenrechnung

In der Gartenbauwirtschaft gibt es viele Unternehmen, die komplex strukturiert sind. Darunter sind beispielsweise solche zu verstehen, die neben einer Produktion noch über einen Einzel- oder Großhandelsbereich und vielleicht sogar noch über einen Dienstleistungsbereich verfügen, oder Unternehmen mit mehreren Produktions- oder Verkaufsstätten oder aber mit sehr unterschiedlichen Dienstleistungs- oder Kundengruppen wie beispielsweise Garten- und Landschaftsbaubetriebe. Für alle diese Unternehmenstypen ist eine Kostenstellenrechnung ein zentrales, unentbehrliches Modul im Controlling.

3.1 Problemstellung und Zielsetzungen

Erfordernis bereichsbezogener Wirtschaftlichkeiten und Kennzahlen

In den vorstehend skizzierten Unternehmen findet die betriebswirtschaftliche Jahresabschlussanalyse ihre Grenzen, insbesondere wenn die hierbei ermittelten unternehmensweiten Kennzahlen unbefriedigende Werte liefern. Hier benötigt man dann ergänzend eine Methode zur bereichsbezogenen Wirtschaftlichkeitsanalyse und zudem auch Kennzahlen auf Ebene von Unternehmensbereichen oder Kostenstellen. Anhand der Abbildung 5 auf Seite 50 soll diese grundsätzliche Notwendigkeit einer bereichsbezogenen Analyse am Beispiel des Betriebstyps Einzelhandelsgärtnerei nochmals kurz veranschaulicht und erläutert werden.

Es sind hier zwei Unternehmen gegenübergestellt, die einen identischen Unternehmensgewinn von 100 Tsd. € ausweisen. Ganz offensichtlich wird dieser Gewinn aber auf unterschiedliche Weise bzw. in unterschiedlichen Unternehmensbereichen erwirtschaftet. Während die erste Information – gleicher Gewinn – im Rahmen einer betriebswirtschaftlichen Jahresabschlussanalyse mit zwischenbetrieblichem Vergleich zu erzielen ist, erhält man Informationen über die Erfolgsbeiträge einzelner Unternehmensbereiche nur mit einer Kostenstellenrechnung. Sie liefert uns mit dem Ausweis von stärkeren und schwächeren Bereichen wichtige Hinweise für eine weitere Optimierung des gesamten Unternehmensergebnisses.

Grundlage für die Evaluierung durchgeführter Optimierungsmaßnahmen

Die **Notwendigkeit** einer **bereichsbezogenen Betrachtung** ergibt sich nicht nur für eine Schwachstellenanalyse, sondern auch für die **Kontrolle der Wirksamkeit durchgeführter Anpassungs- bzw. Kor-**

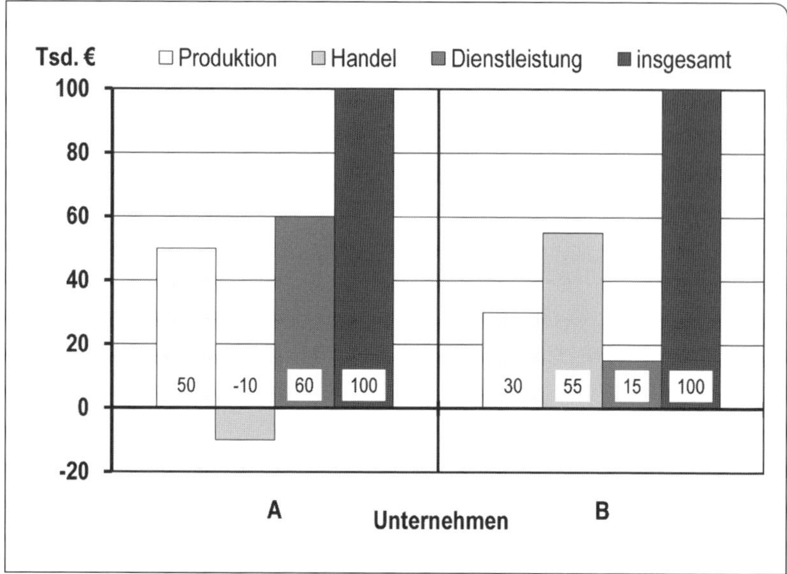

Abb. 5 Erfolgsbeiträge verschiedener Unternehmensbereiche zum Unternehmensgewinn am Beispiel von zwei Unternehmen.

rekturmaßnahmen. Fehlt hier nämlich eine regelmäßig durchgeführte Kostenstellenrechnung, so können die Auswirkungen nicht sicher den jeweiligen bereichsbezogenen Maßnahmen zugerechnet werden, da positive, erfolgreiche Maßnahmen in einem Bereich durch ungünstige, evtl. auch zufällige, Entwicklungen in anderen betrieblichen Bereichen möglicherweise kompensiert oder sogar überkompensiert werden können. Auf Unternehmensebene ist dann unter Umständen keine positive Entwicklung festzustellen, was zu der Fehleinschätzung verleiten kann, die betreffende bereichsbezogene Maßnahme hätte keine Wirkung gezeigt oder wäre falsch.

Bereichsbezogene Kosten und Kostensätze
Die angesprochene komplexe Unternehmensstruktur hat auch Auswirkungen auf die betriebsindividuelle Kostenrechnung und das Kostenrechnungskonzept. Wie in folgenden Kapiteln noch gezeigt wird, haben sich in den verschiedenen Unternehmensbereichen unterschiedliche Kalkulationsverfahren bewährt. Hierfür sind zunächst alle Kosten und Leistungen nach Unternehmensbereichen bzw. Kostenstellen getrennt zu erfassen, in geeigneter Weise zusammenzustellen und gegebenenfalls zu Kostensätzen weiter zu verrechnen.

Definition: Kostenstellen
Kostenstellen sind ganz allgemein definiert als Orte der Kostenentstehung. Je nach Ausrichtung eines Unternehmens kann dieses unterschiedlich strukturiert und in Kostenstellen eingeteilt werden. Häufig wird man hierbei eine Aufteilung nach Funktionsbereichen (z. B. Pro-

duktion, Handel, Dienstleistungen) oder nach räumlich abgegrenzten Bereichen (z. B. verschiedene Produktions- oder Verkaufsstätten) vornehmen.

Beispiele: In einer Einzelhandelsgärtnerei könnten die unterschiedlichen Unternehmensbereiche Produktion, Einzelhandel/Floristik und Dienstleistungen als Kostenstellen festgelegt werden. Im Einzelfall sind gegebenenfalls aber auch andere, detailliertere Einteilungen denkbar. Im Fall eines Produktionsbetriebes wären dies beispielsweise verschiedene Produktionsstätten, in einem Handelsbetrieb verschiedene Verkaufsstellen/Filialen und in einem Dienstleistungsbetrieb verschiedene Geschäftsfelder wie z. B. Friedhofsgartenbau, Garten- und Landschaftsbau, Innenraumbegrünung und -pflege, Überwinterungsservice usw. Hilfreich ist bei der Einteilung generell eine Festlegung auf möglichst klar trennbare und unterschiedliche Unternehmens- bzw. Verantwortungsbereiche.

Denkbar ist auch eine noch stärkere Aufgliederung. So könnte beispielsweise im GaLaBau auch jede Baustelle als separate Kostenstelle geführt werden.

3.2 Datengrundlage sowie Kosten- und Leistungsbegriffe

Obwohl die Anforderungen an die betriebliche Datengrundlage und -erfassung auf den ersten Blick als sehr umfassend erscheinen, sollten Betriebsleiter von komplexer strukturierten Unternehmen aufgrund ihrer Bedeutung im betrieblichen Controlling-System nicht davor zurückschrecken eine Kostenstellenrechnung einzuführen. Der Erkenntnisgewinn und Nutzen überwiegt hier in aller Regel die erforderlichen Aufwendungen. Hier liegen eindeutig noch ungenutzte Potenziale zur Optimierung des Unternehmenserfolgs.

3.2.1 Datengrundlage und Konzept

Grundsätzlich besteht im Rahmen einer Kostenstellenrechnung die Zielsetzung, alle Kosten und Leistungen eines Unternehmens nach eingerichteten Kostenstellen getrennt zusammen zu stellen. Wichtig sind die Festlegung geeigneter Kostenstellen und eine schwerpunktbezogene Vorgehensweise. Entsprechend der gewählten Gliederung in Kostenstellen ist dann ein passendes Konzept für die Erfassung der erforderlichen Daten zu entwickeln. Hierbei kommt es darauf an, besonders die bedeutenden Kosten- und Leistungspositionen schnell zu erkennen und aus Gründen der Genauigkeit der Ergebnisse diese soweit möglich schon unmittelbar bei ihrer Entstehung kostenstellengenau zu erfassen und zu dokumentieren. Je höher der Betrag der jeweiligen Position ist, desto wichtiger ist dies. Hierbei ist natürlich auch das Wirtschaftlichkeitsprinzip zu wahren; es sollten also die zusätzlichen Kosten dieser bereichsbezogenen Erfassung der Bedeutung der betreffenden Kostenposition und dem Nutzen oder Erkenntnisgewinn angemessen sein.

In der Abbildung 6 wird in der oberen Hälfte dargestellt, welche Positionen für eine Kostenstellenrechnung möglichst kostenstellengenau benötigt werden, woher sie kommen und wie bzw. mit welchen Hilfsmitteln und EDV-Programmen sie erfasst werden können. Die untere Hälfte der Abbildung weist dann auf eine wichtige Zielsetzung der Kostenstellenrechnung hin, durch Verbesserungen in betrieblichen

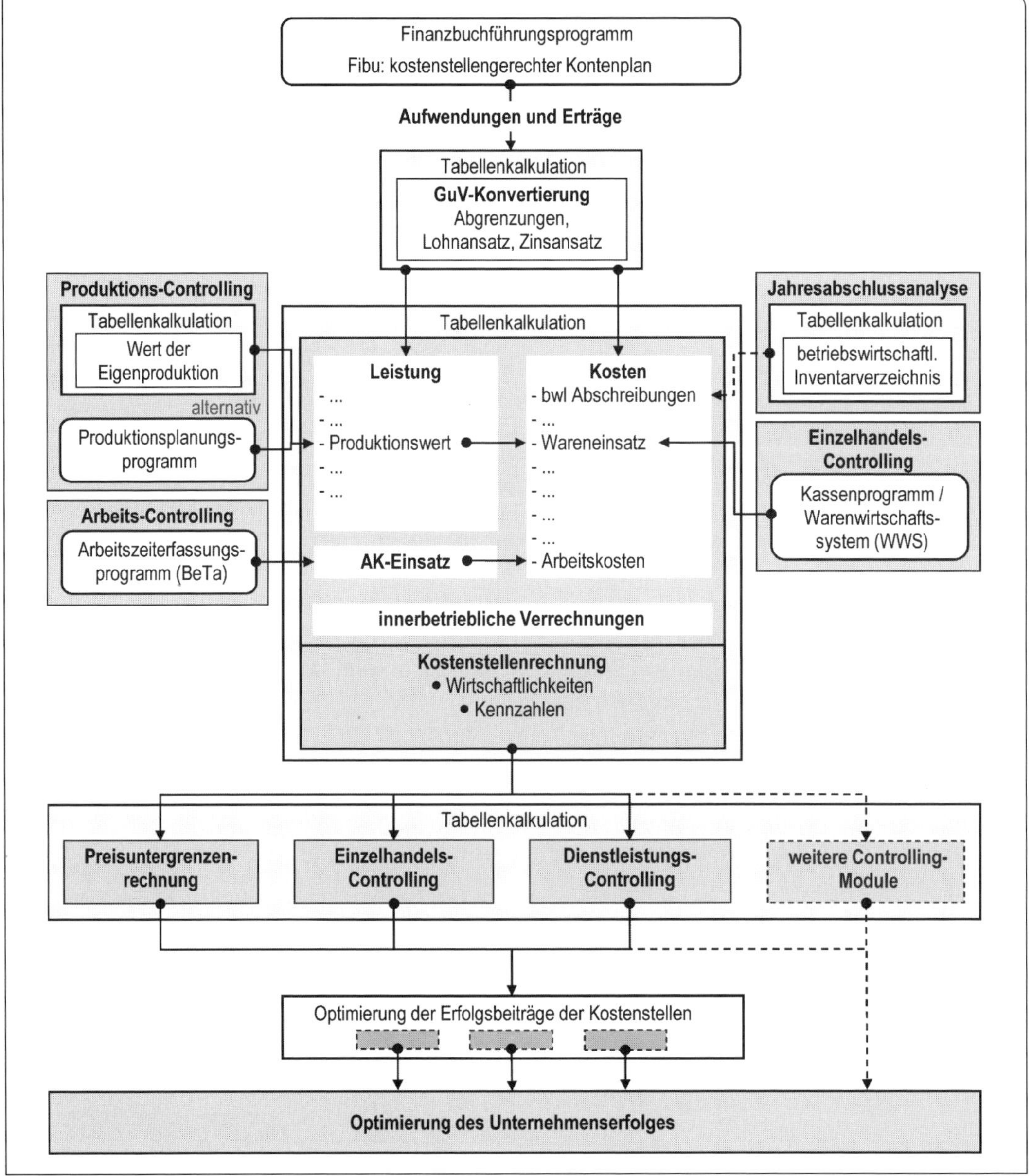

Abb. 6 Konzept für eine Kostenstellenrechnung.

Teilbereichen auf eine Optimierung des gesamten Unternehmensergebnisses hinzuwirken. Sie zeigt dabei auch die weitere Zielsetzung für andere Controlling-Module, die Kosten- und Leistungspositionen nach Kostenstellen getrennt zur Verfügung zu stellen.

Die in der Abbildung 6 ausgewiesenen erforderlichen Daten werden nun im Folgenden entsprechend dem Kostenrechnungskonzept des Unternehmens und den Erfordernissen einer Kostenstellenrechnung zusammengestellt.

Exkurs: Abgrenzung von Aufwendungen und Erträgen zu Kosten und Leistungen

Ermittlung der Kosten: Zunächst erfolgen notwendige Abgrenzungen zwischen der Fibu und der Kostenrechnung. Hierbei werden zur Ermittlung der Kosten von den Aufwendungen laut Fibu

- die neutralen Aufwendungen (betriebsfremd, zeitraumfremd, außerordentlich) entfernt,
- die steuerlichen Abschreibungen durch die betriebswirtschaftlichen Abschreibungen ersetzt sowie
- sogenannte Zusatzkosten wie Lohnansatz und Zinsansatz für das Eigenkapital

hinzugefügt.

Ermittlung der Leistung: Vergleichbar der Vorgehensweise bei den Aufwendungen werden zur Ermittlung der Leistung die Erträge um die neutralen Erträge (betriebsfremd, zeitraumfremd, außerordentlich) gekürzt.

Diese Vorgehensweise der Vornahme von Abgrenzungen gilt in gleicher Weise auch für das Kapitel 5 „Kosten-Controlling".

Erfassung ausgewählter Kosten- und Leistungspositionen

Die nachfolgende Auflistung weist die verschiedenen Datenbereiche aus, für die im Rahmen einer Kostenstellenrechnung ein betriebliches Erfassungskonzept zu entwickeln ist:

- Direktkosten (den Produkten und Dienstleistungen direkt zurechenbar);
- Arbeitskosten;
- Bereichskosten (den Kostenstellen unmittelbar zurechenbar);
- restliche Kosten;
- innerbetriebliche Verrechnungen;
- Leistungen (Außen- und Innenleistung).

Für ausgewählte Kosten- und Leistungspositionen werden im Folgenden Vorschläge zur kostenstellengerechten Erfassung vorgestellt. Grundsätzliches Ziel ist es dabei, die Daten bereits dann, wenn sie anfallen, in dem entsprechend erforderlichen Detaillierungsgrad und mit Zuordnung zu einer Kostenstelle in geeigneter Weise zu dokumentieren. Eine vergleichsweise günstige Organisationsform besteht darin, dies bei möglichst vielen Kosten bereits im Rahmen der betrieblichen Fibu abzuwickeln. Hierzu ist eine entsprechende Anpassung des betrieblichen Kontenplans erforderlich und eine sorgfältige Vorkontierung im Betrieb. Insofern kommt einer in dieser Hinsicht optimierten Fibu eine wichtige Rolle zu. Bei Bedarf lassen sich die erforderlichen Detaildaten aber auch außerhalb der Fibu verwalten.

3.2.2 Direktkosten

Direktkosten sind Kosten, die in unmittelbarem Zusammenhang mit der Erzeugung, dem Handel und der Vermarktung von Produkten und Dienstleistungen anfallen und diesen (im Prinzip) direkt zurechenbar sind. Grundsätzlich dürften bei der Erfassung von Direktkosten nur bei wenigen Positionen Probleme einer kostenstellengerechten Zuordnung bestehen. Ein Beispiel für Direktkosten, die in vielen Fällen vergleichsweise einfach erfasst und den Kostenstellen zugerechnet werden können, sind die **Materialkosten** für ein Produkt oder eine Dienstleistung. Etwas aufwändiger gestaltet sich die bereichsbezogene Erfassung **der Kosten des Wareneinsatzes** in Unternehmen mit einem Handelsbereich. Hier sollte gegebenenfalls der Einsatz eines entsprechend leistungsfähigen Warenwirtschaftssystems erwogen werden. Nicht übersehen werden darf dabei, dass es sich beim Wareneinsatz um eine der bedeutendsten Kostenposition handelt, in vielen gartenbaulichen Unternehmen unter Einbeziehung des Wertes der eigenproduzierten Ware (Produktionswert) sogar um die bedeutendste. Sicher gibt es aber betriebliche Situationen, in denen zunächst auf ein Warenwirtschaftssystem für Zwecke einer Kostenstellenrechnung noch verzichtet werden kann, beispielsweise wenn Waren in getrennten Kommissionen für einzelne Filialen beschafft werden und die Lieferung aus einer gegebenenfalls vorhandenen Eigenproduktion hinreichend genau dokumentiert wird. Günstig hierfür ist eine gewisse räumliche Trennung der verschiedenen Kostenstellen.

Bei den Direktkostenpositionen **Strom**, **Wasser** und **Heizmaterial** ist die genaue und verursachungsgerechte Erfassung und Zuordnung entweder mit einem unverhältnismäßig hohen Aufwand verbunden oder nur schwierig zu realisieren. Eine praktikable Lösung für Strom und Wasser kann in vielen Fällen die Verteilung über eine Schlüsselgröße (beispielsweise die Fläche) auf die Kostenstellen oder die Verschiebung dieser Direktkostenpositionen zu den restlichen Kosten sein.

Die Erfassung und Verteilung von Heizmaterialkosten ist ein spezielles Problem von Unternehmen mit beheizten Produktions- oder Vermarktungsflächen. Für Zwecke der Kostenstellenrechnung ist abzuwägen, ob eine vergleichsweise einfache, anteilige Verteilung anhand der beheizten Flächen der Kostenstellen im jeweiligen Fall brauchbare Ergebnisse bringt.

Zur Ermittlung der (geplanten) Heizmaterialkosten in einem Unterglasbetrieb gibt es verschiedene Berechnungsmöglichkeiten im Rahmen von Produktionsplanungsprogrammen oder separaten Heizkostenkalkulationsmodellen. Diese greifen entweder auf meteorologische Durchschnittsdaten zurück oder erfordern einen Zugriff auf Datenbanken mit aktuellen meteorologischen Daten. Zudem sind unter anderem für eine genaue(re) Heizmaterialkostenberechnung und -verteilung ergänzende, ganz spezifische Daten über die beheizten Räume, deren Standort und Umgebung erforderlich, sodass in der Realität eines praktischen Gartenbauunternehmens diese Erfassung und Verteilung für Zwecke der Kostenrechnung mit erheblichen Problemen und Ungenauigkeiten behaftet ist (siehe Kap. 7).

3.2.3 Arbeitskosten

Die Kosten des Arbeitseinsatzes – meist wie die Kosten des Wareneinsatzes ebenso eine der bedeutendsten Kostenpositionen – sind entsprechend der zeitlichen Beanspruchung der Arbeitskräfte durch die jeweiligen Kostenstellen und deren Arbeits-Kosten bzw. Kostensätze (Euro je geleisteter Akh) bereichsbezogen zu ermitteln. Dies gestaltet sich in Abhängigkeit von der Unternehmenssituation und der Kostenstelleneinteilung sowie dem Einsatz von Hilfsmitteln mehr oder weniger aufwändig.

Sind die betrieblichen Aufgaben und der Einsatz der Arbeitskräfte weitgehend konsequent nach Kostenstellen getrennt – gibt es also Arbeitskräfte, die beispielsweise nur in der Produktion, nur im Handel oder nur in der Dienstleistung beschäftigt sind – können die jeweiligen bereichsbezogenen Lohnaufwendungen (bare Arbeitskosten) durch entsprechende Auswertungen aus der Lohnbuchhaltung gewonnen werden. Diese sind dann noch um Anteile des Lohnansatzes (kalkulatorische Arbeitskosten) für nicht entlohnte Unternehmer und weitere nicht entlohnte Familienarbeitskräfte zu ergänzen.

Überall dort, wo eine komplexere Kostenstelleneinteilung vorliegt und/oder Arbeitskräfte keine eindeutigen und ausschließlichen Zuordnungen zu diesen Kostenstellen haben, wird eine kostenstellengenaue Erfassung der geleisteten Arbeitsstunden der Arbeitskräfte erforderlich. Diese durchaus ansprechende Aufgabe ist jedoch sehr rationell mit geeigneten Zeiterfassungssystemen zu bewerkstelligen.

Nach Erfahrungen der Autoren hat sich hierzu das Programm BeTa (Staatliche Forschungsanstalt für Gartenbau Weihenstephan an der Hochschule Weihenstephan-Triesdorf; http://www.hswt.de/fgw/wissenspool/software/eigene-produkte/beta-und-ergaenzungsprogramme/beta-6.html) bewährt (siehe Kap. 6.3).

Die **baren Arbeitskosten** der einzelnen Kostenstellen erhält man in diesem Fall dann aus der Multiplikation der jeweiligen geleisteten Arbeitskraftstunden der entlohnt Beschäftigten mit dem Lohnaufwand je geleisteter Akh.

Zur Unterstützung steht hier die Tabellenkalkulations-Anwendung **CiG_Arbeitskapazität-&-Kostensätze.xlsx** unter www.ulmer.de, Webcode 3294008, zum Download zur Verfügung.

In gleicher Weise ergeben sich die **kalkulatorischen Arbeitskosten** je Kostenstelle durch Multiplikation der geleisteten Arbeitskraftstunden der nicht entlohnten Arbeitskräfte mit dem Lohnansatz je geleisteter Akh.

Die Unterscheidung in bare und kalkulatorische Kosten wird in vorliegendem Datenerfassungskonzept bereits vor dem Hintergrund vorgenommen, die im Rahmen der Kostenstellenrechnung bereichsgenau gesammelten Kosten auch für den Einsatz der Methode der Preisuntergrenzenrechnung adäquat zur Verfügung zu stellen (siehe Kap. 9).

Die üblicherweise als Gemeinkosten bezeichneten weiteren Kostenpositionen lassen sich in zwei (Unter)Gruppen einteilen, die **Bereichskosten** und die **restlichen Kosten**.

3.2.4 Bereichskosten

Bereichskosten sind Kosten, die bei entsprechender Ausgestaltung des betrieblichen Datenerfassungskonzeptes den Kostenstellen nach dem Verursachungsprinzip weitgehend eindeutig zugeordnet werden können. Ein Beispiel für die Bereichskosten sind die **betriebswirtschaftlichen Abschreibungen** (bwl AfA). Sie nehmen in Abhängigkeit von der Investitionspolitik und der Unternehmensentwicklung sicherlich eine unterschiedliche Bedeutung ein, liegen in gartenbaulichen Unternehmen mittlerer Größenordnung aber nicht selten in Höhe eines deutlich fünfstelligen €-Betrags. Insofern kommt ihrer genauen kostenstellengerechten Ermittlung und Zuordnung auch eine entsprechende Bedeutung zu.

Neben der Abschreibung können auch weitere Kosten von bereichsbezogen eingesetzten Wirtschaftsgütern, wie z. B. Instandhaltung und Reparaturen, als Bereichskosten behandelt werden.

Als Hilfsmittel kann hier die Tabellenkalkulations-Anwendung **CiG_Inventarverzeichnis.xlsx** empfohlen werden, in der alle Wirtschaftsgüter des Anlagevermögens nach Kostenstellen geordnet und gruppiert aufgeführt werden. Diese Tabellenkalkulations-Anwendung steht unter www.ulmer.de, Webcode 3294008, zum Download zur Verfügung.

Durch die Einrichtung und Nutzung eines nach Kostenstellen gegliederten, betriebswirtschaftlichen Inventarverzeichnisses ergeben sich neben der Berechnung und kostenstellengerechten Zuordnung der betriebswirtschaftlichen Abschreibungen auch Vorteile bei der Verteilung der Zinskosten und Zuordnung der Reparatur- und Instandhaltungskosten.

3.2.5 Restliche Kosten

In der Gruppe der restlichen Kosten werden alle Positionen und Beträge gesammelt, deren kostenstellengenaue Erfassung entweder nicht möglich oder nicht sinnvoll ist. Hierin sind auch bisher nicht verteilte bzw. nicht verteilbare Direktkosten, Arbeitskosten sowie Bereichskosten zu berücksichtigen. Diese restlichen Kosten müssen dann anhand geeigneter Verteilungsschlüssel auf die Kostenstellen zugerechnet werden. Nachdem diese Vorgehensweise zwar praktikabel, letztlich aber immer angreifbar ist, da die Verteilung in Abhängigkeit vom gewählten Verteilungsschlüssel unterschiedliche Ergebnisse zur Folge haben kann, sollte der Anteil dieses Kostenblocks an den Gesamtkosten möglichst niedrig sein. In Fallstudien gelang es, diesen Anteil auf 10 bis 15 % der Gesamtkosten zu drücken. Diese Größenordnung soll deshalb als Orientierungs- bzw. Zielwert dienen.

3.2.6 Innerbetriebliche Verrechnungen

Innerbetriebliche Verrechnungen treten als Kosten- und als Leistungsverrechnung auf.

Verrechnung von Kosten:
Werden Materialien oder betriebliche Kapazitäten (Fläche, Arbeit, Maschinen, Kraftfahrzeuge usw.) in einer bestimmten Kostenstelle geführt und in nicht unerheblichem Umfang in einer anderen Kostenstelle eingesetzt, so ist dieser Einsatz zu bewerten und als Kostentransfer in der Kostenstellenrechnung zu berücksichtigen.
Beispiel: Nutzung eines Kraftfahrzeugs der Kostenstelle Produktion durch die Kostenstelle Dienstleistung.

Verrechnung über den Kostensatz je gefahrenem bzw. je zurechenbarem Kilometer (zur Berechnung siehe z. B. Tab. 17 auf Seite 106). Gegebenenfalls ist auch eine Verrechnung über die Nutzungsdauer (beispielsweise Einsatzstunden bei Maschinen) geeignet. Der Umfang der Nutzung ist in geeigneter Form hinreichend genau zu erfassen (Fahrtenbuch, Excel-Liste usw.).

Innerbetriebliche Verrechnungen sind gegebenenfalls auch für die (zeitlich befristete) Nutzung von Flächen- oder Arbeitskapazitäten über entsprechend kalkulierte betriebliche Kostensätze vorzunehmen.

Verrechnung von Leistungen:
Werden von einzelnen Kostenstellen Produkte erstellt, die in anderen Betriebsbereichen zur Leistungserstellung verwendet werden, so ist

dies bei der produzierenden Kostenstelle als (Innen-)Leistung zu bewerten und in der abnehmenden Stelle als (zusätzliche) Kosten. **Beispiel:** Betriebsteil Produktion liefert in den Betriebsteil Einzelhandel/Floristik Pflanzen.

Die Erfassung der Leistung des Betriebsteils Produktion (Pflanzenlieferung aus Eigenproduktion) erfolgt über den **Produktionswert** (siehe auch Kap. 8) und ist in geeigneter Form hinreichend genau zu erfassen (Excel-Liste, Warenwirtschaftssystem usw.) (siehe auch Kap. 10).

Exkurs: Produktionswert

Der Wert der Eigenproduktion nimmt eine besondere Stellung ein. Für die herstellende Kostenstelle (z. B. Produktion) ist er die quantifizierte Leistung. Für die verwendende Kostenstelle (z. B. Handel oder Dienstleistung) ist er hingegen als Bestandteil des Wareneinsatzes eine Kostenposition. Der Wert der Eigenproduktion ist in gartenbaulichen Unternehmen insbesondere in nicht ausschließlichen Produktionsbetrieben meist nur unzureichend bekannt.

Abhilfe ist hier zu schaffen:

- bei Einsatz eines Warenwirtschaftssystems durch Aufnahme bzw. Einbuchung der produzierten Produkte zum Fertigstellungszeitpunkt oder
- bei Einsatz einer EDV-gestützten Produktionsplanung durch den Wert des jeweiligen Anbauprogramms bzw. alternativ durch eine einfache Excel-Liste, in der alle Kulturen/Sätze mit ihrer Menge und dem Wert aufgelistet sind (siehe Kap. 8).

Wichtig ist für ein brauchbares Ergebnis des Wertes der Eigenproduktion die angemessene Festsetzung der jeweiligen Preise (Wert = Preise × Mengen). Hier sind in der Regel nicht kostenrechnungsorientierte Herstellungskosten (kostenorientierte Preise) sondern marktorientierte Großhandelspreise vergleichbarer Produkte in vergleichbaren Qualitäten in Ansatz zu bringen.

3.2.7 Leistungen

Leistungen, also betriebliche Erträge, die im Sinne einer Außenleistung (Umsatzerlöse) des Unternehmens durch die einzelnen Kostenstellen erbracht werden, sind bereits aus steuerlichen Gründen in der Fibu zu dokumentieren. Sie können in der Regel mit einer Kasse bzw. einem Kassenprogramm und bei der Fakturierung bereichsbezogen erfasst und in der Fibu ebenfalls nach Kostenstellen getrennt verbucht werden. Auch hierfür bietet sich ein kostenstellengerechter betrieblicher Kontenplan an mit einer für diesen Fall entsprechenden Untergliederung der Ertrags- bzw. Erlöskonten.

3.3 Methode der Kostenstellenrechnung

Im Folgenden soll am Beispiel einer Einzelhandelsgärtnerei ein Konzeptvorschlag und die Vorgehensweise bei der Erstellung einer Kostenstellenrechnung erläutert werden.

Die Abbildung 7 stellt die verschiedenen Schritte einer Kostenstellenrechnung mit Wirtschaftlichkeitsanalyse der betrachteten Unternehmensbereiche in einem Ablaufschema dar.

Abb. 7 Ablaufschema einer Kostenstellenrechnung.

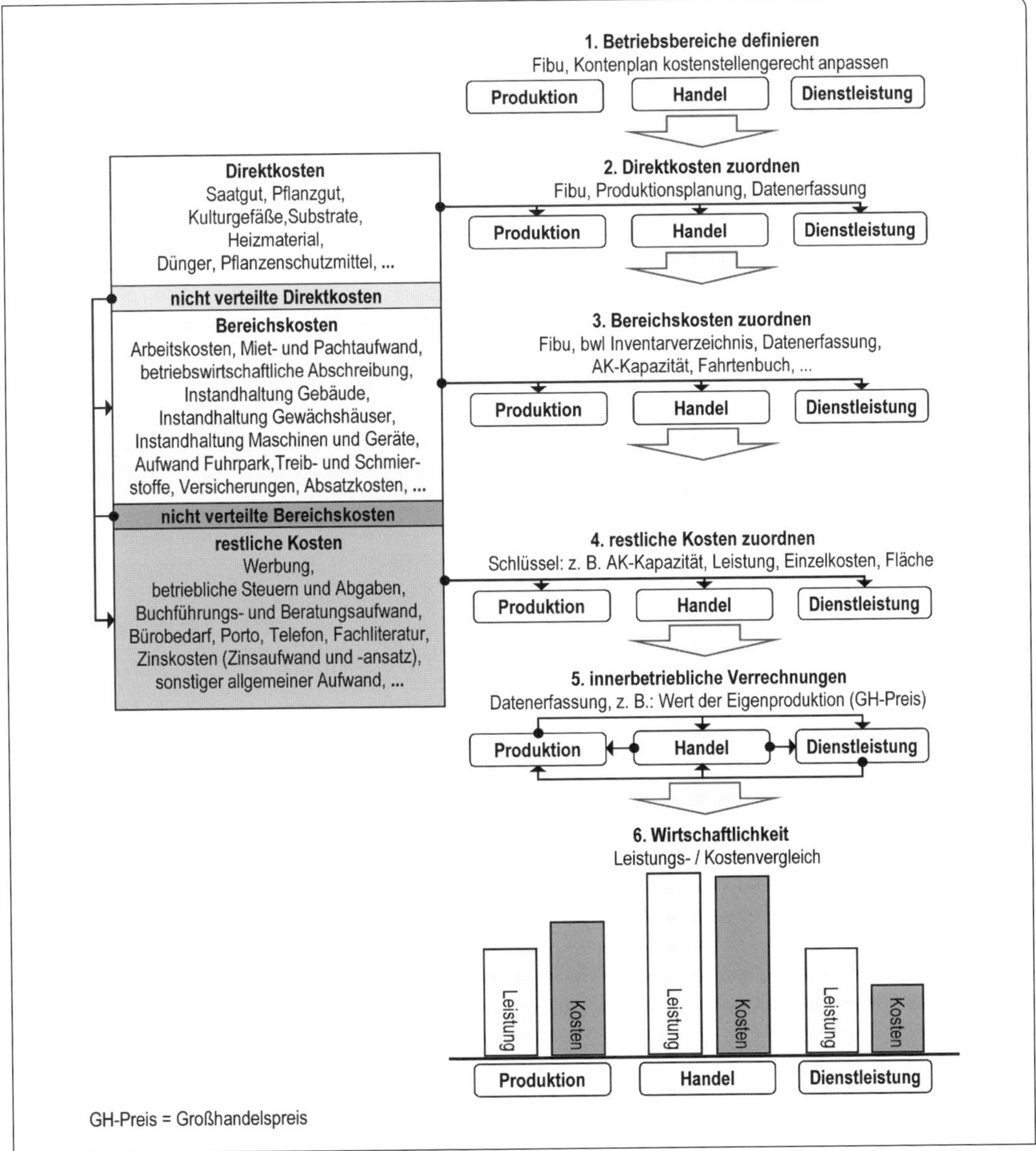

1. Schritt: Kostenstellen (Unternehmensbereiche) festlegen
Im ersten Schritt ist das Unternehmen in geeigneter Weise in Kostenstellen einzuteilen, in vorliegendem Fall also in die Produktion, den Handel und die Dienstleistungen.

Direktkosten, die im zweiten Schritt nicht auf die Kostenstellen verteilt werden können, werden in die nächste Kostengruppe, die Bereichskosten übertragen.

2. Schritt: Direktkosten zuordnen
Anschließend sind im zweiten Schritt die Direktkosten der Produkte und Dienstleistungen den jeweiligen Kostenstellen zuzuordnen. Im Fall des Betriebsteils Produktion sind das beispielsweise die Direktkosten der Pflanzenerzeugung, also Positionen wie Saatgut, Pflanzgut, Kulturgefäße und Substrate, Pflanzenschutz- und Düngemittel, Heizmaterial und sonstige, unmittelbar mit der Produktion verbundene Kosten.

Bereichskosten, die im dritten Schritt nicht auf die Kostenstellen verteilt werden können, werden in die nächste Kostengruppe, die restlichen Kosten übertragen.

3. Schritt: Bereichskosten zuordnen
Kosten, die auf Ebene einer Kostenstelle eindeutig zugeordnet werden können, werden als Bereichskosten bezeichnet und im dritten Schritt den verschiedenen Kostenstellen zugerechnet. Beispiele hierfür können sein, bei entsprechender Ausgestaltung des Datenerfassungskonzeptes, Positionen wie die betriebswirtschaftlichen Abschreibungen, Miet- und Pachtaufwendungen, Kosten für Fuhrpark, Reparaturen und Instandhaltungen von Gebäuden und Maschinen, Arbeitskosten, Absatzkosten, gegebenenfalls auch Versicherungen und weitere kostenstellenspezifische Positionen.

4. Schritt: Restliche Kosten zuordnen
Alle verbleibenden, bisher nicht zuzuordnenden Kosten, müssen im vierten Schritt über geeignete Verteilungsschlüssel auf die Kostenstellen übertragen werden.

5. Schritt: Innerbetriebliche Verrechnungen
Für Leistungen und Kosten, die einzelne Unternehmensbereiche für andere erbringen, müssen im fünften Schritt innerbetriebliche Verrechnungen vorgenommen werden. Das könnte z. B. eine Bereitstellung von Arbeitskräften sein. In Einzelhandelsgärtnereien wird hier auch oder insbesondere die Leistung des Betriebsteils „Produktion“ (Bereitstellung von Fertigware für andere Betriebsbereiche) zu erfassen und zu bewerten sein.

6. Schritt: Wirtschaftlichkeitsermittlung
Als sechster und letzter Schritt wird abschließend ein Vergleich der Wirtschaftlichkeit der eingeteilten Unternehmensbereiche durchgeführt.

Dieses Ablaufschema sollte in mehrfachem Durchlauf bearbeitet werden. Ausgehend von einer häufig vorzufindenden unsicheren Datenbasis mit subjektiven, groben Schätzungen ist schrittweise und schwerpunktbezogen eine Fundierung und Verbesserung der Datengrundlage und damit der ermittelten Ergebnisse zu empfehlen.

Aus Gründen der Vergleichbarkeit der Ergebnisse und der Überprüfbarkeit von Optimierungsmaßnahmen sollte die Methodik und Vorgehensweise, beispielsweise auch die verwendeten Schlüsselgrößen zur Ermittlung der Wirtschaftlichkeiten zumindest für einen ausreichenden Betrachtungszeitraum gleich gehalten werden.

3.4 Fallbeispiel zur Kostenstellenrechnung

Durchführung und EDV-Hilfsmittel

Die Kostenstellenrechnung sollte in komplex strukturierten Unternehmen in unmittelbarem Anschluss an die betriebswirtschaftliche Jahresabschlussanalyse erfolgen. Die hierbei ergänzend ermittelten Wirtschaftlichkeiten und spezifischen Kennzahlen der verschiedenen Unternehmensbereiche sind wichtige Bestandteile einer zeitnahen und fundierten betriebswirtschaftlichen Analyse.

Gleichzeitig werden – möglichst frühzeitig im Geschäftsjahr – für Zwecke der betrieblichen Kostenrechnung nach Kostenstellen/Unternehmensbereichen strukturierte Zusammenstellungen der Leistungen und der Kosten, gegebenenfalls unterschieden nach baren und kalkulatorischen Bestandteilen benötigt.

Folgende Tabellenkalkulations-Anwendungen stehen für das Controlling-Modul „Kostenstellenrechnung" unter www.ulmer.de, Webcode 3294008, zur Verfügung:

- **CiG_Konvertierung-GuV-Daten.xlsx** – zur Aufbereitung der GuV-Daten für die Zwecke der Kostenrechnung;
- **CiG_Inventarverzeichnis.xlsx** – für eine nach Kostenstellen getrennten Berechnung der betriebswirtschaftlichen Abschreibung;
- **CiG_Kostenstellenrechnung.xlsx** – zur (eigentlichen) Durchführung der Kostenstellenrechnung und Ermittlung der Wirtschaftlichkeiten der verschiedenen Kostenstellen sowie Berechnung ausgewählter Kennzahlen und der kostenstellenbezogenen Kostenstruktur.

Die aufgezeigte Methodik wird nun in den Tabellen 3 bis 9 am Beispiel einer Einzelhandelsgärtnerei mit den (Haupt-)Kostenstellen

„Produktion“ (P), (Einzel-)„Handel“ (H) und „Dienstleistung“ (D) vorgestellt. Zur vorübergehenden Aufnahme und Sammlung von Kostenpositionen, die nicht unmittelbar auf diese Kostenstellen zu verteilen sind, wird eine (Hilfs-)Kostenstelle „Allgemeiner Betrieb“ (allg. B) eingeführt.

Die genannten Tabellen zeigen jeweils nur einen verkürzten Ausschnitt aus der Tabellenkalkulations-Anwendung **CiG_Kostenstellenrechnung.xlsx**. Sie sind als Grundlage zu betrachten, die an ein beliebiges gartenbauliches Unternehmen mit mehreren Geschäftsbereichen/Kostenstellen und dessen Datenverfügbarkeit individuell angepasst werden kann.

3.4.1 Verteilung der Direktkosten

Die Tabelle 3 zeigt die Direktkostenverteilung für das vorliegende Fallbeispiel. Von den insgesamt gut 300 Tsd. € Direktkosten sind ca. 67 Tsd. € der Kostenstelle „Produktion“ (P), 220 Tsd. € der Kostenstelle „Handel“ (H) und nur gut 1 Tsd. € der Kostenstelle „Dienstleistungen“ (D) im ersten Schritt unmittelbar zuzuordnen. Es verbleibt ein Betrag von knapp 12 Tsd. € an Direktkosten, der auf der Hilfskostenstelle „Allgemeiner Betrieb“ (allg. B) gesammelt und von dort den restlichen Kosten zugeschlagen wird.

Soll die Kostenstellenrechnung gleichzeitig auch die Grundlage für Kostenträgerrechnungen in den Kostenstellen liefern, so ist bei ihrer Erstellung und Dateneingabe besonders zu beachten, welche Direktkosten in welchem Umfang bei den Produkten und Dienstleistungen (Kostenträgern) bereits kostenträgergenau erfasst und verfügbar sind (siehe Kap. 7 und 8) und welche Direktkosten bzw. Anteile davon zu den restlichen Kosten (Gemeinkosten) geschlagen und zusammen mit diesen noch über Schlüsselgrößen und Kostensätze auf die Kostenträger verteilt werden müssen.

3.4.2 Verteilungsschlüssel zur Kostenumlage

In der Tabelle 4 sind beispielhaft verschiedene Verteilungsschlüssel zusammengestellt, die im Rahmen einer Kostenstellenrechnung zur Kostenumlage Verwendung finden können. Grundsätzlich sollte bei der Wahl eines Verteilungsschlüssels sorgfältig abgewogen werden, ob dieser ein geeigneter Indikator für die zu verteilende Kostengröße ist. Da jede Verteilung über einen Schlüssel eine Beeinflussung des Ergebnisses mit sich bringt, sollte die zur Verteilung anstehende Kostensumme zuvor soweit möglich und wirtschaftlich minimiert werden.

Tab. 3: Verteilung der Direktkosten

	Einheit	Jahr:	Kostenstelle			
		6	P	H	D	allg. B
Direktkosten insgesamt	**€**	**300.478**	**67.420**	**219.807**	**1.391**	**11.860**
(vor innerbetrieblicher Verrechnung)	%		22,4	73,2	0,5	3,9
Heizmaterial (direkt)	€	24.567	24.567			0
Strom (direkt)	€	3.500	2.500			1.000
Wasser (direkt)	€	500	250	200		50
Direktkosten der Produktion						
Saat-, Pflanzgut, Rohware	€	31.762	31.762			0
Dünger, Pflanzen-, Bodenbehandlungsmittel	€	2.612	2.612			0
...	€					
sonstiger Spezialaufwand Eigenproduktion	€	10.810				10.810
Direktkosten Handel						
Wareneinsatz Saat- und Pflanzgut	€	1.451		1.451		0
Wareneinsatz Schnittblumen	€	89.544		89.544		0
Wareneinsatz Topfpflanzen	€	48.946		48.946		0
...	€					
sonstiger Spezialaufwand Handel	€	42.507		42.507		0
Direktkosten Dienstleistungen						
Ware für Dienstleistungen	€	1.391			1.391	0
...	€					
P = Produktion; H = Handel; D = Dienstleistung; allg. B = allgemeiner Betrieb						

Tab. 4: Verteilungsschlüssel (Auswahl)

	Einheit	Jahr:	Kostenstelle			
		6	P	H	D	allg. B
beheizte Fläche	**Brutto-m²**	**3.650**	**2.550**	**800**	**300**	
	%	100,0	69,9	21,9	8,2	0,0
Kultur-Fläche	**Brutto-m²**	**3.850**	**3.550**		**300**	
(inkl. Freiland)	%	100,0	92,2	0,0	7,8	0,0
entlohnte Arbeitskräfte	**Voll-AK**	**8,5**	**2,5**	**4,1**	**1,9**	
	%	100,0	29,6	48,5	21,9	0,0
nicht entlohnte Arbeitskräfte	**Voll-AK**	**1,5**	**0,2**	**0,5**	**0,5**	**0,3**
	%	100,0	13,3	33,3	33,3	20,0
km-Laufleistung	**km**	**19.605**	**2.460**	**4.595**	**12.550**	
	%	100,0	12,5	23,4	64,0	0,0
Summe Aktiva	Euro	**649.951**	215.047	284.936	77.948	72.020
(ohne Finanzanlagen und aRAP)	%	100,0	33,1	43,8	12,0	11,1
Leistung nach innerbetrieblicher	**€**	**886.768**	**150.274**	**571.639**	**164.855**	
Verrechnung (Ln)	%	100	17	64	19	
P = Produktion; H = Handel; D = Dienstleistung; allg. B = allgemeiner Betrieb; aRAP = aktive Rechnungsabgrenzungsposition						

3.4.3 Verteilung der Arbeitskosten

In dem vorliegenden Unternehmen belaufen sich die Arbeitskosten in dem betrachteten Jahr auf insgesamt rund 324 Tsd. €. Davon entfallen etwa 256 Tsd. € auf entlohnt beschäftigte Arbeitskräfte. Für nicht entlohnte Unternehmer- oder Familienarbeitskräfte wird ein Lohnansatz in Höhe von 68 Tsd. € berechnet. Diese Beträge werden nun in der Tabelle 5 anhand des in Tabelle 4 ausgewiesenen Arbeitseinsatzes auf die jeweiligen Kostenstellen verteilt. Damit entfallen etwa 85 Tsd. € auf die Kostenstelle Produktion, 147 Tsd. € auf den Handel und knapp 79 Tsd. € auf den Bereich Dienstleistungen. Für allgemeine betriebliche Tätigkeiten der Unternehmer werden ungefähr 14 Tsd. € der entsprechenden Hilfskostenstelle „Allgemeiner Betrieb" (allg. B) zugewiesen. Dieser Betrag wird in der Folge den restlichen Kosten zugeschlagen und von dort über den gewählten Verteilungsschlüssel auf die Kostenstellen umgelegt.

3.4.4 Verteilung der sonstigen Bereichskosten

Die Tabelle 6 weist die sonstigen (baren und kalkulatorischen) Bereichskosten aus. Auch hierunter finden sich Positionen, die sich in der Praxis den Kostenstellen vergleichsweise einfach zuordnen lassen. Beispiele sind **Reparaturen und Instandhaltung**, **Fuhrpark** oder **Abschreibungen**, Letzteres, falls ein nach Kostenstellen getrenntes Inventarverzeichnis geführt wird. Darüber hinaus sind in der Tabelle 6 mit einer Summe von gut 60 Tsd. € aber auch viele Positionen ausgewiesen, die sich einer **verursachungsbasierten Verteilung auf die Kostenstellen entziehen**. Sie werden hier auf der Hilfskostenstelle „allg. B" gesammelt und von dort auf die restlichen Kosten übertragen.

Tab. 5: Verteilung der Arbeitskosten

	Einheit	Jahr:	Kostenstelle			
		6	P	H	D	allg. B
Arbeitskosten insgesamt	€	**323.761**	**84.704**	**146.734**	**78.684**	**13.639**
	%	100	26,2	45,3	24,3	4,2
bare Arbeitskosten	€	**255.566**	**75.611**	**124.002**	**55.952**	**0**
Löhne und Gehälter	€	210.741				
Soziale Abgaben und Aufwendungen	€	44.825				
über **Schlüssel „entlohnte AK"**	€	255.566	75.611	124.002	55.952	0
kalkulatorische Arbeitskosten	€	**68.195**	**9.093**	**22.732**	**22.732**	**13.639**
Lohnansatz	€	68.195				
über **Schlüssel „nicht entlohnte AK"**	€	68.195	9.093	22.732	22.732	13.639
P = Produktion; H = Handel; D = Dienstleistung; allg. B = allgemeiner Betrieb						

3.4.5 Verteilung der restlichen Kosten

In Tabelle 7 werden alle Kostenpositionen zusammengeführt, die bisher nicht auf die verschiedenen Kostenstellen verteilt werden konnten. Sie werden in der Folge mittels Schlüsselung den Unternehmensbereichen zugeordnet. In vorliegendem Fallbeispiel geschieht dies in Anlehnung an das Tragfähigkeitsprinzip über den Schlüssel Ln (Leistung nach innerbetrieblicher Verrechnung).

Tab. 6: Verteilung der sonstigen Bereichskosten

	Einheit	Jahr:	Kostenstelle			
		6	P	H	D	allg. B
sonstige Bereichskosten insgesamt	€	**148.686**	**26.431**	**48.029**	**14.193**	**60.033**
zuordenbar (nach Aufzeichnungen)	%	100	17,8	32,3	9,5	40,4
bare sonstige Bereichskosten	€	**81.210**	**17.290**	**10.537**	**5.220**	**48.164**
Fuhrparkkosten	€	3.331				
über **Schlüssel „km-Laufleistung"**	€	3.331	418	781	2.132	0
Instandhaltung Gebäude	€	937				937
Instandhaltung Gewächshäuser	€	1.168				1.168
Instandhaltung Maschinen, Geräte	€	8.122				8.122
Werbung	€	5.880				5.880
Absatzkosten	€	0				0
...	€					
kalkulatorische sonstige Bereichskosten	€	**67.476**	**9.141**	**37.492**	**8.974**	**11.869**
betriebswirtschaftliche Abschreibung	€	45.563				
Verteilung (direkt)	€	45.563	1.891	27.885	6.346	9.441
Zinsansatz	€	21.913				
über **Schlüssel „Summe Aktiva"**	€	21.913	7.250	9.607	2.628	2.428
P = Produktion; H = Handel; D = Dienstleistung; allg. B = allgemeiner Betrieb						

Tab. 7: Verteilung der restlichen Kosten

	Einheit	Jahr:	Kostenstelle			
		6	P	H	D	allg. B
restliche Kosten insgesamt	€	**85.532**	**14.473**	**55.182**	**15.877**	
Verteilung über Schlüsselgrößen	%	100	16,9	64,5	18,6	
gewählter **Verteilungsschlüssel „Leistung nach innerbetrieblicher Verrechnung"**						
bare restliche Kosten	€	**60.024**	**10.157**	**38.725**	**11.142**	
Direktkosten (Rest)	€	11.860				
bare Arbeitskosten (Rest)	€	0				
bare sonstige Bereichskosten (Rest)	€	48.164				
gewählter **Verteilungsschlüssel „Leistung nach innerbetrieblicher Verrechnung"**						
kalkulatorische restliche Kosten	€	**25.508**	**4.316**	**16.457**	**4.735**	
kalkulatorische Arbeitskosten (Rest)	€	13.639				
kalk. sonstige Bereichskosten (Rest)	€	11.869				
P = Produktion; H = Handel; D = Dienstleistung; allg. B = allgemeiner Betrieb						

Nach dem „Tragfähigkeitsprinzip" werden in der Kostenrechnung – im Gegensatz zum „Verursachungsprinzip" – die Kostenträger (Produkte oder Dienstleistungen; gegebenenfalls auch die Kostenstellen) im Rahmen einer Kostenträgerrechnung (bzw. Kostenstellenrechnung) in Abhängigkeit von ihrer Leistung (sfähigkeit) mit den restlichen Kosten (Gemeinkosten) belastet. Je höher die Leistung eines Kostenträgers, desto mehr restliche Kosten werden ihm zugerechnet. Maßgröße hierfür könnte eine Netto-Erfolgsgröße sein, also beispielsweise die Direktkostenfreie Leistung oder der Deckungsbeitrag.

Nach dem „Verursachungsprinzip" werden in der Kostenrechnung jedem Kostenträger (gegebenenfalls auch jeder Kostenstelle) diejenigen Kosten zugeordnet, die von ihm (bzw. von ihr) verursacht wurden. Grundsätzlich ist dies sicherlich, soweit möglich, das dominierende bzw. zu bevorzugende Prinzip bei der Kostenträgerrechnung (bzw. Kostenstellenrechnung).

3.4.6 Innerbetriebliche Verrechnung des Kosten-Leistungs-Transfers

Wie bereits an anderer Stelle erläutert, müssen im Rahmen einer Kostenstellenrechnung auch alle wesentlichen Kosten- und Leistungstransfers zwischen den Kostenstellen erfasst und in die Berechnung einbezogen werden.

Die Tabelle 8 weist für das vorliegende Fallbeispiel einen Produktionswert von ca. 146 Tsd. € an eigenproduzierten Produkten (Leistung der Kostenstelle Produktion, bewertet zu Großhandelspreisen) und

Tab. 8: Innerbetriebliche Verrechnung

	Einheit	Jahr:	Kostenstelle			Bemerkung
		6	P	H	D	
Produktion						
eigenerzeugte Produkte	€	**von KS**	145.500	X	X	**kalkulatorische Leistung**
	€	**zu KS**	X	130.045	15.455	**Mehr**kosten
Handel						
eigenerzeugte Produkte	€	**von KS**	X	25.565	X	**kalkulatorische Leistung**
	€	**zu KS**		X	25.565	**Mehr**kosten
Ergebnis der innerbetrieblichen Verrechnung						
kalkulatorische Leistung	€	171.065	145.500	25.565	0	
Mehrkosten	€	171.065	0	130.045	41.020	
Kostenminderung	€	0	0	0	0	
Ergebnis	€	**0**	**145.500**	**-104.480**	**-41.020**	

P = Produktion; H = Handel; D = Dienstleistung; KS = Kostenstelle

seine Verteilung auf die Betriebsbereiche „Einzelhandel“ und „Dienstleistungen“ aus (Kosten für diese beiden Kostenstellen). Gleichzeitig ist hier mit ca. 26 Tsd. € ein weiterer Transfer erfasst, dessen Hintergrund die Erstellung von Gestecken für den Bereich „Dienstleistung“ durch den Bereich „Einzelhandel/Floristik“ ist.

3.5 Auswertung und Interpretation

3.5.1 Wirtschaftlichkeit der Kostenstellen

Im letzten Schritt erfolgt nun in Tabelle 9 die Gegenüberstellung von Kosten und Leistungen für das Unternehmen insgesamt und seine verschiedenen Kostenstellen. Der mit Abstand wirtschaftlichste Unternehmensbereich ist in vorliegendem Fallbeispiel mit +14 Tsd. € die Dienstleistung. Der Produktion fehlen für ein ausgeglichenes Ergebnis noch ca. 43 Tsd. €. Sie ist damit der am stärksten defizitäre Bereich. Auch der Kostenstelle „Einzelhandel/Floristik“ fehlt mit etwas mehr als 28 Tsd. € noch ein erheblicher Betrag für ein ausgeglichenes Bereichsergebnis

3.5.2 Kennzahlen der Kostenstellen

Am Beispiel einiger ausgewählter Kennzahlen werden in der Tabelle 10 neben dem wirtschaftlichen Ergebnis noch Produktivitäten nach Kostenstellen getrennt ausgewiesen. Wie hieraus beispielsweise zu entnehmen ist, weist der Bereich Dienstleistungen mit 70 Tsd. € Leistung je Voll-AK zwar eine eher bescheidenen Arbeits-Brutto-Produktivität aus während er bei der Arbeits-Netto-Produktivität gemes-

Die ausgewiesenen Kennzahlen lassen sich in Abhängigkeit von der Unternehmensausrichtung und -situation bei Bedarf weiter ergänzen.

Tab. 9: Leistung – Kosten – Wirtschaftlichkeit

	Einheit	Jahr:	Kostenstelle		
		6	P	H	D
Leistung (inkl. innerbetriebliche Verrechnungen)					
Leistung insgesamt	**€**	**886.768**	**150.274**	**571.639**	**164.855**
Leistung (vor innerbetrieblicher Verrechnung)	€	715.703	4.774	546.074	164.855
innerbetriebliche Verrechnung					
kalkulatorische Leistung	€	171.065	145.500	25.565	0
Kosten (inkl. innerbetriebliche Verrechnungen)					
Kosten insgesamt	**€**	**945.264**	**192.775**	**601.423**	**151.066**
Kosten (vor innerbetrieblicher Verrechnung)	€	774.199	192.775	471.378	110.046
innerbetriebliche Verrechnung					
Mehrkosten	€	171.065	0	130.045	41.020
Kostenminderung	€	0	0	0	0
Wirtschaftlichkeit (inkl. innerbetriebliche Verrechnungen)					
Wirtschaftlichkeit	**€**	**-57.254**	**-42.525**	**-28.495**	**13.766**
P = Produktion; H = Handel; D = Dienstleistung					

Tab. 10: Kennzahlen nach Kostenstellen (Auswahl)

	Einheit	Jahr:	Kostenstelle		
		6	P	H	D
Erfolg					
Wirtschaftlichkeit (inkl. innerbetriebl. Verrechnung)	€	-57.221	-42.776	-28.112	13.666
Arbeitsproduktivität					
Arbeits-Brutto-Produktivität (modifiziert)	€ / Voll-AK	89.122	55.657	124.269	70.151
Arbeits-Netto-Produktivität (modifiziert)	€ / Voll-AK	26.788	15.529	25.787	39.298
Flächenproduktivität					
Flächen-Brutto-Produktivität (modifiziert)	€ / Brutto-m²	101	27	476	366
Flächen-Netto-Produktivität (modifiziert)	€ / Brutto-m²	30	7	99	205

Brutto-Produktivitäten = **Leistung** bezogen auf Arbeit oder Fläche
Netto-Produktivitäten = **Direktkostenfreie Leistung** bezogen auf Arbeit oder Fläche
(modifiziert) = berechnet aus Kosten- und Leistungspositionen inkl. innerbetrieblicher Verrechnungen
P = Produktion; H = Handel; D = Dienstleistung; Brutto-m² = Fläche inkl. anteiliger Wegefläche

sen in Direktkostenfreie Leistung (DL) je Voll-AK mit 39 Tsd. € den eindeutig besten Wert erzielt.

3.5.3 Kostenstruktur der Kostenstellen

Eine Kostenstellenrechnung ermöglicht in komplex strukturierten Unternehmen sowohl eine Analyse der Bedeutung und Entwicklung einzelner Kostenpositionen oder Kostengruppen wie auch ihre Planung getrennt nach Kostenstellen und liefert so wichtige Detail-Informationen für ein Kosten-Controlling (siehe Kap. 5).

Wie in späteren Kapiteln noch gezeigt wird, sind für Kalkulationen in den verschiedenen Kostenstellen (Unternehmensbereichen) häufig auch unterschiedliche Methoden und Verfahren einzusetzen. Deshalb ist es zunächst wichtig, die Kosten der einzelnen Kostenstellen getrennt zu ermitteln und zu strukturieren, bevor diese dann mit verschiedenen Methoden auf die Kostenträger (Produkte und Dienstleistungen) verteilt werden (siehe Kap. 7, 9, 10 und 11).

Die Tabelle 11 zeigt als ein Beispiel eine strukturierte Kostenzusammenstellung und eine getrennte Ermittlung der Kosten nach baren und kalkulatorischen Kostenbestandteilen, wie sie zur Durchführung einer Preisuntergrenzenrechnung (siehe Kap. 9) als Grundlage erforderlich ist.

3.5.4 Allgemeiner Nutzen der Kostenstellenrechnung

In komplex strukturierten Unternehmen lassen sich durch den Einsatz der Kostenstellenrechnung wichtige Informationen für ein auf ein optimiertes Unternehmensergebnis ausgerichtetes bereichsbezogenes Controlling gewinnen. Der Nutzen kann in folgenden Sachverhalten skizziert werden:

Tab. 11: Kostenstruktur nach Kostenstellen

	Einheit	Jahr:	Kostenstelle			
		6	P	H	D	allg. B
Direktkosten (vor innerbetrieblicher Verrechnung)	€	300.478	67.420	219.807	1.391	11.860
Direktkosten (inkl. innerbetriebl. Verrechnung)	**€**	**471.543**	**67.420**	**349.852**	**42.411**	**11.860**
Arbeitskosten	**€**	**323.761**	**84.704**	**146.734**	**78.684**	**13.639**
bare Arbeitskosten	€	255.566	75.611	124.002	55.952	0
kalkulatorische Arbeitskosten	€	68.195	9.093	22.732	22.732	13.639
sonstige Bereichskosten	**€**	**148.686**	**26.431**	**48.029**	**14.193**	**60.033**
bare sonstige Bereichskosten	€	81.210	17.290	10.537	5.220	48.164
kalkulatorische sonstige Bereichskosten	€	67.476	9.141	37.492	8.974	11.869
restliche Kosten	**€**	**85.532**	**14.494**	**55.137**	**15.901**	
bare restliche Kosten	€	60.024	10.172	38.693	11.159	
kalkulatorische restliche Kosten	€	25.508	4.323	16.444	4.742	
Kosten insgesamt	**€**	**943.990**	**193.050**	**599.751**	**151.189**	

P = Produktion; H = Handel; D = Dienstleistung; allg. B = allgemeiner Betrieb

- **Versachlichung emotionaler Diskussionen über Ursachen für unbefriedigenden Erfolg durch bereichsbezogene Wirtschaftlichkeitsermittlung.** An dieser Stelle sei vor möglichen, voreiligen Fehlschlüssen gewarnt, z. B. Betriebsteile mit defizitärem Ergebnisbeitrag kurzerhand aufzugeben, solange sie noch einen positiven Beitrag zur Abdeckung nicht einsparbarer Kosten liefern.
- **Bewussteres, rationaleres und bereichsbezogenes Entscheiden und Handeln durch Schaffung von Problembewusstsein, Transparenz und bereichsbezogener Überprüfbarkeit.**
- **Optimierung des Unternehmensergebnisses durch bereichsbezogene Schwachstellensuche und -behebung sowie Mobilisierung betrieblicher Potenziale und Reserven.** Um den Erfolg ergriffener Maßnahmen erkennen und bestmöglich beurteilen zu können, wird empfohlen, neben einer gleichen Vorgehensweise bei der Ermittlung der Wirtschaftlichkeiten für die Vergleichsjahre auch jeweils identische Verteilungsschlüssel zu verwenden.
- **Frühwarnsystem.** Durch frühzeitiges, detailliertes Aufzeigen von Veränderungen der Wirtschaftlichkeit einzelner Kostenstellen sind Gefahren und negative Entwicklungen erkennbar, noch bevor sie sich auf Unternehmensebene deutlicher auswirken.
- **Bereitstellung wichtiger Daten und Ergebnisse für andere Controlling-Module.** Die nach Kostenstellen getrennte Zusammenstellung von Kosten und Faktoreinsätzen (Arbeit, Flächen-, Kfz- und Maschinennutzung usw.) ist grundlegende Voraussetzung für die Anwendungen von unterschiedlichen Kalkulationsverfahren in einzelnen Kostenstellen wie z. B. eine Deckungsbeitragsrechnung, eine Aufschlags(atz)kalkulation oder eine Preisuntergrenzenrechnung.

- **Unterstützung bereichsbezogener Investitionsentscheidungen.** Durch eine Kostenstellenrechnung besteht in Unternehmen mit verschiedenen Unternehmensbereichen im Rahmen einer Investitionsrechnung die Möglichkeit bei unterschiedlichen Investitionsalternativen die knappen verfügbaren Mittel für Investitionsprojekte in den Unternehmensbereichen einzusetzen, in denen sie die höchste Wirtschaftlichkeit erwarten lassen.
- **Förderung effizienter und wirtschaftlicher Nutzung betrieblicher Kapazitäten und Ressourcen.** Da in aller Regel von knappen betrieblichen Ressourcen wie Arbeit, Fläche oder Kapital auszugehen ist, trägt die Kenntnis der Wirtschaftlichkeit der verschiedenen Unternehmensbereiche auch zu einer möglichst effizienten und produktiven Nutzung dieser Kapazitäten bei.
- **Unterstützung des unternehmensinternen Wettbewerbs.** Werden im Unternehmen die Verantwortungsbereiche und Entscheidungskompetenzen der Mitarbeiter kostenstellenbezogen definiert, so ergibt sich daraus die Chance, die Kostenstellenrechnung und Wirtschaftlichkeitsanalyse als Instrument zur Förderung eines fruchtbaren unternehmensinternen Wettbewerbs zu nutzen.

4 Unterjährige Erfolgskontrolle

Fiebern Sie bei sportlichen Großereignissen vor dem Fernseher mit Ihren Idolen mit? Gibt es eine vergleichbar sportliche Komponente auch im Geschäftsleben?

Aber ganz in Ernst: Wo lesen Unternehmer zwischendurch ab, wie sie im Rennen liegen? Haben sie eine Richtschnur, eine betriebliche „Zwischenzeit“, einen Halbzeitstand?

Die monatlichen Saldenlisten und die **kurzfristige Erfolgsrechnung (KER)** aus der Finanzbuchführung könnten diese Funktion übernehmen. Eine Erklärung für Veränderungen und Unregelmäßigkeiten ist meist schnell zur Hand. Wetterkapriolen gehören zu den Lieblingsthemen mancher Gärtner.

Mit etwas Geschick und Erfahrung lassen sich externe Einflüsse von beginnenden betrieblichen Problemen unterscheiden und ein scharfes Bild der Betriebsentwicklung zeichnen, das Basis zielgerichteter und zeitnaher unternehmerischer Entscheidungen sein kann.

Vorbemerkung
Eine unterjährige Erfolgskontrolle greift in erster Linie nicht auf die im Jahresabstand anfallenden Basisdaten einer Jahresabschlussanalyse zurück, sondern versucht, einen eigenen, in zeitlich engeren Abständen erstellten Datenbestand zur Analyse heranzuziehen. Grundsätzlich könnten anhand der monatlich vorliegenden Daten aus den Saldenlisten des Steuerbüros wesentliche Teile der Jahresabschlussanalyse monatlich durchgeführt werden. Der damit verbundene Aufwand sollte dabei nicht bagatellisiert werden. Eine unterjährige Analyse sollte mit Blick auf den zusätzlichen Aufwand immer das konkrete Ziel bzw. Anliegen und die bereits unterjährig verfügbaren Datenbestände im Auge behalten.

4.1 Problemstellung und Zielsetzungen

Unter Verwendung der im laufenden Jahr in regelmäßigen Zeitabständen anfallenden Daten können Berechnungen durchgeführt werden, die gegenüber der Jahresabschlussanalyse einen durchschlagenden Vorteil aufweisen: die Zeitnähe.

Obwohl also die unterjährige Erfolgskontrolle in ihrer Struktur sehr stark an die Jahresabschlussanalyse angelehnt ist, kann sie nicht zwangsläufig als Abschlussanalyse in kürzeren Zeitabständen verstanden werden. Einerseits sind nicht alle erforderlichen Daten unterjährig verfügbar, andererseits verfolgt die Analyse doch andere Ziele und kann ihre eigenen Stärken entwickeln, die sie von der Jahresabschlussanalyse unterscheiden.

Kurze Auswertungsintervalle
Eine Auswertung in kurzen Zeitintervallen wird ihr Hauptaugenmerk auf Kennzahlen richten, die rasch veränderlich sind und deren Veränderung besondere Aufmerksamkeit erfordert.

Zeitnähe
Die kurzen Betrachtungszeiträume bringen es mit sich, dass beginnende Probleme und Auswirkungen externer Einflüsse (z. B. Wetter) kurzfristig kaum unterschieden werden können. Erst durch die Betrachtung mehrerer Zeitabschnitte und erkennbarer Trends sowie durch einen Vergleich mit der aktuellsten Jahresabschlussanalyse lassen sich fundierte Aussagen treffen.

Datenvollständigkeit und -genauigkeit
Manche Daten werden in der Buchführung nicht zwingend zeitnah erfasst bzw. berechnet wie etwa Fremdkapitalzinsen oder AfA. Manche Aufwände fallen im Betrieb kontinuierlich an, treten aber in der Buchführung nur punktuell mit vergleichsweise großen Beträgen in Erscheinung (z. B. Heizöl, diverse Quartals- und Jahresabrechnungen usw.). Die Veränderung von Warenbeständen wird nur am Jahresschluss gebucht. All diese Verzerrungen sind je nach Zielsetzung und Verwendung der Auswertung entsprechend zu berücksichtigen.

Frühwarnsystem zum Erkennen negativer Entwicklungen
Manche Entwicklungen treten schleichend ein und werden von parallel verlaufenden Vorgängen wie etwa saisonalen Schwankungen oder besonderen Ereignissen (Unglücksfälle, Fehlleistungen, Krankheit, Wetterkapriolen, Engpässe bei Ressourcen usw.) überlagert. Dahinter verborgene, längerfristige Entwicklungen treten, wenn überhaupt, erst verspätet als Ursache hervor.

Eine Auswahl aussagekräftiger Kennzahlen aus den wichtigsten Analysebereichen kann wie ein weitmaschiges Netz von Messpunkten frühzeitig auf schwer erkennbare Veränderungen aufmerksam machen. Die im Kapitel 2 vorgestellte Jahresabschlussanalyse kann als derartiges Netz verstanden werden, das an die Erfordernisse einer unterjährigen Beobachtung anzupassen ist. Im folgenden Fallbeispiel einer unterjährigen Erfolgskontrolle ist dieses Konzept in der Praxisanwendung dargestellt.

Controlling erfüllt seine Aufgabe nicht nur im Aufzeigen von Fehlentwicklungen, sondern kann genauso gut dazu beitragen vorhandene Stärken und positive Trends zu erkennen.

Erfolgskontrolle an konkreten Veränderungsmaßnahmen
Konkrete Maßnahmen der Veränderung kosten Geld und erfordern Motivation. Das Bewusstsein „auf dem richtigen Weg zu sein“, wirkt

auf alle Beteiligten motivierend und mobilisiert weitere Kräfte. Andernfalls wird frühzeitig eine Kurskorrektur ermöglicht.

Fehlt bei konkreten Veränderungsschritten eine zeitnahe Rückmeldung über Erfolgsfortschritte, ist mit kontraproduktiven Auswirkungen zu rechnen:

- Die Motivation der betroffenen Mitarbeiter zur Veränderung reißt ohne zeitnahe Rückmeldung ab.
- In den laufenden Prozess kann nicht gezielt eingegriffen werden, wenn dessen Auswirkungen nicht bekannt sind.
- Die Kosten von Veränderungsmaßnahmen fallen ohne zeitnahe Rückmeldungen über einen längeren Zeitraum an, ohne den daraus resultierenden Effekt zu kennen.

Zur Kontrolle konkreter Maßnahmen empfiehlt es sich meist, weitere aussagekräftige Kennzahlen auszuwählen und zumindest eine Aufgliederung auf Kostenstellenebene anzustreben. Dazu wird unter Umständen die Aufschlüsselung der Daten in der Buchführung nicht ausreichen. Eine detailliertere Erfassung kann entweder über die Errichtung entsprechender Unterkonten in der Buchführung oder über separate Nebenaufzeichnungen erfolgen. In konkreten Fällen ist auch eine detaillierte Aufschlüsselung der Erlöse und bestimmter Aufwände zweckdienlich.

Handeln statt Warten
Eine Beobachtung in kurzen Zeitintervallen erleichtert es dem Unternehmer, auch auf unklare Problemsituationen zu reagieren. „Auf gut Glück" kann versucht werden, erkennbaren Fehlentwicklungen zu begegnen, noch bevor deren Ursache und Wirkungsweise restlos geklärt ist. Die zeitnah ermittelten Kennzahlen geben einen ersten Aufschluss darüber, ob sich der gewünschte Effekt einzustellen beginnt.

4.2 Vorbereitung und Datengrundlage

Grundsätzlich ist danach zu trachten, zuerst das Potenzial bestehender Datenquellen auszuschöpfen, bevor neue, aufwändige Datenerfassungsroutinen geschaffen werden. Aufzeichnungen, die aus steuerlichen Gründen vorgeschrieben sind, liegen in der Regel in guter Qualität zu festgesetzten Terminen zeitnah vor.

Aber auch die Leistungserfassung in Baustellenberichten und Auftragsbüchern, die Fakturierungsunterlagen, das Warenwirtschaftssystem, das Kassensystem, die Lohnverrechnung oder die Produktionsplanung können wertvolle unterjährige Datenbestände zur Verfügung stellen.

Durch die Monatsintervalle bei der Umsatzsteuer- und der Lohnberechnung ergibt sich, dass ein wesentlicher Teil des Datenbestandes in Monatsabschnitte gegliedert ist. Es liegt also auf der Hand, unterjährige Erfolgskontrolle in der Regel in Monatsschritten oder einem Vielfachen davon (Zweimonatsschritte, Quartalsschritte) anzulegen.

4.2.1 Monatliche Saldenlisten und Kurzfristige Erfolgsrechnung (KER)

Von vielen Steuerberatungskanzleien wird monatlich eine sogenannte Kurzfristige Erfolgsrechnung (KER) erstellt. Sie fußt auf folgender Systematik:

+ Betriebsleistung (~Umsatz)
− Vorleistungen (Wareneinsatz, Fremdleistungen)
= **Rohüberschuss**
− Personalaufwand
= Rohgewinn
− laufender bzw. allgemeiner Betriebsaufwand
= **Betriebserfolg**
− Finanzergebnis (Zinsensaldo)
= **Ordentlicher Unternehmenserfolg**
+ Außerordentliche Erträge
− Außerordentlicher Aufwand
= **Gewinn vor Steuern**

Es ist leider traurige Wahrheit, dass je nach Branche, Land und Lehrmeinung für (annähernd) gleiche betriebswirtschaftliche Inhalte unterschiedliche Begriffe verwendet werden. Das hat schon so manchem interessierten Praktiker dauerhaft die Lust an der Betriebswirtschaft verdorben. Die oben benutzten Begriffe finden sich in den meisten Auswertungen der Steuerbüros, decken sich allerdings nicht mit den in diesem Buch verwendeten Ausdrücken.

Für den Praktiker irreführend wirkt, dass mit der KER der Eindruck vermittelt wird, einen echten Betriebserfolg bzw. Gewinn vor sich zu haben. Tatsächlich fehlen im laufenden Betriebsaufwand die aktuell richtigen Abschreibungen. Außerdem ist die Finanzgebarung meist unvollständig, wenn Zinsen erst am Quartals- oder Jahresende erfasst werden. Und bei der Erfassung der Betriebsleistung und der Vorleistungen sind Bestandsveränderungen nicht berücksichtigt.

Daten aus der Saldenliste der Gewinn- und Verlustrechnung

Für die Datenerfassung in einem aussagekräftigen Controlling-System ist die KER zu wenig detailliert gegliedert. Hier eignen sich nur die monatlichen Saldenlisten aller Aufwands- und Ertragskonten.

Um das Optimum an Aussagekraft herausholen zu können, lohnt es sich, die Finanzbuchführung über das vorgeschriebene Maß hinaus zu gliedern. Das trifft in erster Linie auf die **Erlöse**, den **Wareneinsatz** und den **Einsatz an Produktionsmitteln** zu. Davor ist zu prüfen, ob eine differenziertere Darstellung eventuell über alternative Aufzeichnungsbestände, z. B. Warenwirtschaftssystem, Kassensystem usw. zu erlangen ist. Im konkreten Bedarfsfall ist auf eine kostenstellengenaue Datengliederung zu achten.

Daten aus der Saldenliste der Bilanz
Manche Konten der Bilanz wie z. B. Kreditkonten, Anlagevermögen, Rechnungsabgrenzungen, Rücklagen, Privatanteile und Privatverbrauch werden nicht verlässlich auf dem aktuellen Stand gehalten, da in der Praxis die dazu gehörigen Buchungen nur in relativ langen Zeitabständen vorgenommen werden. Hier ist gemeinsam mit dem Buchungsbüro zu prüfen, wie weit eine ausreichende Datenaktualität herstellbar ist. Andernfalls ist zu entscheiden, ob ein Fortschreiben des letzten gesicherten Wertes für die Auswertung eine hinreichende Genauigkeit und Aussagekraft aufweist.

4.2.2 Ergänzende Daten

Wie bei der Jahresabschlussanalyse sind zur Errechnung aussagekräftiger Kennzahlen einige weitere betriebliche Daten notwendig. Monatlich sollten Angaben zu den **Arbeitskapazitäten** und zu den **Flächenkapazitäten** erfasst werden.

Für die Berechnung des Lohnansatzes liegt im aktuellen Jahr kein Standardwert vor. Behelfsweise wird eine jährliche Anpassung in der Höhe der Lohnabschlüsse bzw. von +2 bis +3 % ausgehend vom letzten vorliegenden Standardwert vorgeschlagen.

In den meisten Fällen ist die Abschreibung in den monatlichen Saldenlisten nicht ausgewiesen. Sie wird erst mit dem Jahresabschluss berechnet. Gelegentlich wird stattdessen eine vorläufige AfA angeführt, wohl in den meisten Fällen eine Fortschreibung der bisherigen AfA, die in der Regel problemlos übernommen werden darf. Natürlich besteht auch die Möglichkeit, mit Hilfe eines eigenen betriebswirtschaftlichen Inventars die aktuelle AfA selbst zeitpunktgenau zu ermitteln.

Beim Zinsansatz ist zu berücksichtigen, dass ein aktueller Wert des Eigenkapitals erst über eine aktualisierte AfA zu berechnen ist. Es kann aber mit einer Fortschreibung des Wertes aus dem letzten Jahresabschluss gearbeitet werden.

Folgende Tabellenkalkulations-Anwendungen stehen für das Controlling-Modul „Unterjährige Erfolgskontrolle“ unter www.ulmer.de, Webcode 3294008, zum Download zur Verfügung:

- **CiG_Unterjährige-Erfolgskontrolle-Daten.xlsx**, für die Dateneingabe und
- **CiG_Unterjährige-Erfolgskontrolle-Ergebnis.xlsx**, für die Datenauswertung und Darstellung der Ergebnisse.

Exkurs: Wareneinsatz
Der Wareneinsatz ist meist einer der bedeutendsten Kostenfaktoren. Er hat daher einen entscheidenden Einfluss auf den Betriebserfolg. Außerdem ist er mit vielen verschiedenen Aspekten des Managements verknüpft, etwa mit Marketing, Verkaufstechnik, Mitarbeiterführung, Warenpräsentation, Lagerhaltung, Abstimmung der Eigenproduktion oder Einkaufspolitik. Das macht ihn zu einem der interessantesten Beobachtungsobjekte des unterjährigen Controllings.

Der Wareneinsatz an Produktionsmittel im Bereich der Produktion darf auf keinen Fall mit dem Wareneinsatz des Handelsbereichs verwechselt oder vermischt gebucht werden. Grundsätzlich ist gerade in diesem Bereich eine gewissenhafte Vorkontierung durch eine mit dem Wareneinkauf vertraute Person – am besten gleich bei Rechnungseingang – wichtigste Voraussetzung für verlässliche Datenbestände.

Exkurs: Bestandsinventur
In monatlichen Intervallen Bestände zu erfassen wird auch in vielen gut organisierten Betrieben wegen des erheblichen Aufwands unterlassen. EDV-gestützte Bestands- und Lagerverwaltungssysteme bieten hier einen erheblichen Vorteil. Es geht aber nicht ausschließlich um das Warenlager. Noch nicht abgerechnete Baustellen im GaLaBau, Pflanzenbestände und Energievorräte in der Produktion sind ebenfalls bedeutende Posten, die berücksichtigt werden sollten.

Für die Auswertung ist allerdings nicht die akribische Erfassung der Bestände relevant, sondern die Darstellung der Bestandsveränderung gegenüber dem vorangegangenen Erfassungszeitpunkt. In Fällen, in denen mit großer Sicherheit davon ausgegangen werden kann, dass die Veränderung gering ist, kann auf eine Erfassung verzichtet werden. Auch dort, wo sich Veränderungen sehr rasch egalisieren (Bestand an Kleinmaterial, Hilfsstoffen usw.) erübrigt sich in der Regel eine Erfassung.

4.3 Methode und Bestandteile einer unterjährigen Erfolgskontrolle

4.3.1 Probleme bei der Vergleichbarkeit der Ergebnisse

Die Gartenbaubranche ist in vielerlei Hinsicht saisonalen Schwankungen unterworfen, die sowohl auf Erlöse als auch auf Kosten, Ressourcenauslastung und alle damit verknüpften Kennzahlen erheblichen Einfluss haben. Weder der Wareneinsatz noch der Arbeitseinsatz erfolgt kontinuierlich. Auch die Erlöse kommen nicht gleichmäßig herein. Sie erfolgen abhängig von Kultur und Saison in einem unterschiedlich langen Zeitabstand zu den dazu gehörenden Kosten. Relativ konstant verläuft hingegen der Jahresrhythmus mit seinen Spitzen und Tälern. Die Unregelmäßigkeiten verursachen in der Interpretation der einzelnen Zeitabschnitte erhebliche Probleme. Das erzwingt spezielle Vorgangsweisen.

Vergleich gleichgelagerter Zeitabschnitte
In der Gartenbaubranche ist der Vergleich verschieden gelagerter Zeitabschnitte (z. B. April mit Mai) kaum aussagekräftig. Es kann also nur z. B. der April 20xx mit April 20xy verglichen werden. Dabei können erhebliche Unterschiede zutage treten, die etwa auf den Wetterverlauf zurückzuführen sind. In der Interpretation ist in diesem Fall der Focus primär darauf zu richten, wie mit den veränderten Rahmenbedingungen umgegangen werden konnte. Wie weit ist es gelungen, den Einsatz von Arbeit, Material und Ware an die veränderten Gegebenheiten anzupassen? Die Stärke der Darstellung in Einzelmonaten ist das plakative Herausstreichen von Veränderungen.

Die Betrachtung kurzer Zeitabschnitte bringt in der Interpretation erhebliche Probleme mit sich, da sie keine Auskunft darüber gibt, ob Veränderungen als Eintagsfliegen oder als Beginn eines Trends gesehen werden können. Das öffnet dem Suchen nach billigen Ausreden häufig Tür und Tor.

Aufsummieren der Monate ab Jahresbeginn
Von Steuerberatungsbüros werden in der kurzfristigen Erfolgsrechnung (KER) die Monate vom Jahresbeginn weg bis zum aktuellen Monat addiert und die Summenwerte mit den entsprechenden Summen der Vorjahresabschnitte verglichen. Kurzfristige Ausreißer sind damit weitgehend auszugleichen. Die Stärke dieser Darstellung liegt darin, Trends erkennbar zu machen. Der Nachteil besteht darin, dass zu Jahresbeginn die relativen Unterschiede sehr groß ausfallen können und von Monat zu Monat immer kleiner erscheinen. Außerdem sind die Werte in absoluten Beträgen von Monat zu Monat deutlich unterschiedlich und weder untereinander noch mit den Jahreswerten vergleichbar. Daher ist in dieser Darstellungsform die Arbeit mit Relativwerten (in Prozent einer Bezugsgröße) einfacher zu handhaben.

Jahressumme als Gleitjahr
Eine andere Möglichkeit ist, die jeweils zwölf letzten Monatsbeträge aufzusummieren. Dadurch erhält man bei jeder Auswertung miteinander vergleichbare Absolutgrößen, die einem Jahreswert entsprechen. Auch die Veränderungen bei Relativwerten erscheinen immer gleich groß. Ein weiterer Vorteil ist, dass die so gewonnenen Ergebnisse mit Einschränkungen auch als Prognose eines Jahresergebnisses gelesen werden können. Der Nachteil ist, dass auch respektable Veränderungen auf Monatsbasis gemessen am Jahreswert meist recht klein erscheinen. Außerdem verlangt die Methode eine konsequente Datenerfassung über einen längeren Zeitraum hinweg.

4.3.2 Erstellen der Vergleiche

Für Vergleiche in Zeitreihen ist es erforderlich, zumindest die Monatsdaten der beiden unmittelbar vorangegangenen Jahre in die Berechnung eingegeben zu haben. Das gilt natürlich nicht nur für die Daten aus der Finanzbuchführung, sondern auch für die erforderlichen Nebendaten.

Die Tabelle 12 zeigt die Ergebnisse eines Beispielsbetriebes in einer unterjährigen Auswertung mit Ende April. Hier sind sowohl die Ergebnisse des Monats April im Vergleich der Jahre 1 bis 3 als auch die Summe der Monate Januar bis einschließlich April der betreffenden Jahre dargestellt. Dabei treten erhebliche Unterschiede zutage. Einer Einsparung an Handelsware steht eine Ausweitung des Produktionsaufwands gegenüber. Außerdem ist der Lohnaufwand zwischen Januar und März deutlich gestiegen, im April aber gleich wie in den letzten Jahren.

Tab. 12: Ausgewählte Ergebnisse (Einzelmonat und kumuliert)

Gewinn- und Verlustrechnung	Einheit	Monatseinzelergebnisse			Aktuelle Entwicklung in Tsd. €
		Apr. Jahr 1	Apr. Jahr 2	Apr. Jahr 3	
Betriebsertrag	€	66.700	53.802	53.311	0
Betriebsaufwand	€	59.265	53.976	50.627	-3
Spezialaufwand Eigenproduktion	€	5.389	6.456	9.887	3
Spezialaufwand Handel	€	40.290	27.760	23.258	-5
Lohnaufwand	€	7.087	8.404	7.821	-1
Arbeitskosten	€	10.774	11.542	11.064	0
allgemeiner Betriebsaufwand	€	6.499	11.355	9.661	-2
Betriebseinkommen	€	14.522	8.230	10.504	2
Reinertrag	€	3.748	-3.312	-560	3

	Einheit	Summe ab Jahresbeginn bis ...			Aktuelle Entwicklung in Tsd. €
		Apr. Jahr 1	Apr. Jahr 2	Apr. Jahr 3	
Betriebsertrag	€	99.632	100.629	91.635	-9
Betriebsaufwand	€	118.622	113.764	119.910	6
Spezialaufwand Eigenproduktion	€	9.751	11.945	21.225	9
Spezialaufwand Handel	€	69.865	60.686	47.777	-13
Lohnaufwand	€	19.347	21.106	26.293	5
Arbeitskosten	€	20.770	24.509	29.928	5
allgemeiner Betriebsaufwand	€	19.660	20.027	24.615	5
Betriebseinkommen	€	357	7.971	-1.982	-10
Reinertrag	€	-20.414	-16.537	-31.910	-15

4.3.3 Kostenplanung

Zusätzlich besteht in der Tabellenkalkulations-Anwendung **CiG_Unterjährige-Erfolgskontrolle-Daten.xlsx** die Möglichkeit, für das aktuelle Jahr vorausplanend Zielwerte festzulegen. In der Berechnung wird das Ist-Ergebnis mit den vorgegebenen Zielwerten der Planung verglichen, und Abweichungen werden explizit ausgewiesen. Eine große Stärke unterjährigen Controllings ist, entschiedenes unternehmerisches Handeln zu unterstützen und über den Erfolg gesetzter Maßnahmen zeitnah Rückmeldung geben zu können. Der beabsichtigte Erfolg unternehmerischen Handelns wird im Plan in Zahlen niedergeschrieben, um später mit dem eingetretenen Ergebnis verglichen zu werden.

Die Kostenplanung umfasst daher wesentlich mehr als eine Auflistung von gewünschten und erhofften Optimalwerten. Sie ist als Auseinandersetzung mit realistischen Verbesserungsmaßnahmen zu verstehen und beinhaltet immer den Ausgangswert, das angepeilte Ziel, die zu setzenden Maßnahmen, die zu erwartenden Kosten und Wechselwirkungen.

Als Zahlengrundlage wird die Auswertung einer vergleichbaren Periode herangezogen. Bei Anwendung der Gleitjahr-Methode kann das die letzte verfügbare Jahresabschlussanalyse sein, da bei dieser Methode immer mit Jahreswerten agiert wird. Bei anderen Vergleichsmethoden muss für jede Zeitperiode eine eigene Berechnung erstellt werden.

Außerdem sind weitere zu erwartende Veränderungen aufzunehmen, die nicht im Zusammenhang mit konkreten Projekten stehen, wie etwa Preis- und Lohnsteigerungen. In der Tabellenkalkulations-Anwendung **CiG_Unterjährige-Erfolgskontrolle-Daten.xlsx** besteht die Möglichkeit, maximal vier verschiedene Projekte sowie allgemeine Veränderungen aufzunehmen. Als Berechnungsbasis wird in dieser Anwendung der Mittelwert der letzten drei Jahresabschlüsse verwendet.

Hinweis:
Die Grundlagen der Kostenplanung sind in Kapitel 5 dargestellt.

Die Tabelle 13 zeigt ein Beispiel einer Kostenplanung mit zwei Veränderungsmaßnahmen. Nicht benötigte Positionen sind in den Tabellen ausgeblendet. Anhand der unterjährigen Erfolgskontrolle kann jederzeit der Fortschritt der Veränderungsmaßnahmen beobachtet werden. Der untere Teil der Tabelle stellt dies mit Ende August des (laufenden) dritten Jahres dar. Die im oberen Bereich ersichtliche Kostenplanung wurde auf Basis von Ganzjahresdaten erstellt. Für eine unterjährige Auswertung werden die angepeilten Veränderungen auf Monatsschritte interpoliert.

Im Zahlenbeispiel der Tabelle 13 geht es um folgende Projekte:

Projekt 1: Dach
Die Überdachung einer Freiverkaufsanlage lässt eine Umsatzsteigerung von 60 Tsd. € erwarten. Der Wareneinsatz wird mit 25 Tsd. € nicht im gleichen Ausmaß steigen, da mit weniger wetterbedingten Verderb zu rechnen ist. Die Investition führt zu einer Erhöhung der AfA um jährlich 6 Tsd. € und zu 300 € mehr Zinsaufwand. Die Maßnahme soll ohne zusätzlichen Personalaufwand betrieben werden können.

Tab. 13: Zwischenergebnis zweier geplanter Veränderungsmaßnahmen

Dateneingabe Gewinn- und Verlustrechnung	Einheit	Anpassung allgemein	Projekt 1 Dach	Projekt 2 Tunnel	Differenz	Plan Jahr 3
Gewinn laut GuV	**€**	**-9.970**	**28.700**	**8.000**	**26.730**	**30.773**
Erträge						
Zinserträge	€	30			30	30
Umsatzerlöse	€	25.000	60.000		85.000	400.464
sonstige Erträge	€				0	829
Summe	**€**	**25.030**	**60.000**	**0**	**85.030**	**401.323**
Aufwendungen						
Zinsaufwand inkl. Nebenkosten ...	€		300		300	8.335
Löhne und Gehälter	€	30.000			30.000	117.735
Saat-, Pflanzgut, Rohware	€			2.000	2.000	28.746
Heizmaterial	€	5.000			5.000	15.167
gärtnerische Handelsware	€		25.000	-10.000	15.000	128.967
AfA (steuerlich) ohne Sonder-AfA	€		6.000		6.000	19.614
sonstige Aufwendungen	€				0	51.985
Summe	**€**	**35.000**	**31.300**	**-8.000**	**58.300**	**370.549**

Zwischenergebnis Gewinn- und Verlustrechnung	Einheit	Plan Jahr 3	Plan bis Aug. Jahr 3	Ergebnis bis Aug. Jahr 3	Differenz
Gewinn laut GuV	**€**	**30.773**	**21.863**	**26.811**	**4.948**
Erträge					
Zinserträge	€	30	20	0	-20
Umsatzerlöse	€	400.464	372.131	368.758	-3.373
sonstige Erträge	€	829	829	245	-584
Summe	**€**	**401.323**	**372.979**	**369.003**	**-3.976**
Aufwendungen					
Zinsaufwand inkl. Nebenkosten ...	€	8.335	8.235	8.652	417
Löhne und Gehälter	€	117.735	107.735	98.636	-9.099
Saat-, Pflanzgut, Rohware	€	28.746	28.079	31.444	3.365
Heizmaterial	€	15.167	13.501	10.657	-2.843
gärtnerische Handelsware	€	128.967	123.967	118.166	-5.801
AfA (steuerlich) ohne Sonder-AfA	€	19.614	17.614	17.614	0
sonstige Aufwendungen	€	51.985	51.985	57.022	5.037
Summe	**€**	**370.549**	**351.116**	**342.192**	**-8.924**

GuV = Gewinn- und Verlustrechnung; AfA = Abschreibung (Absetzung für Abnutzung)

Projekt 2: Tunnel
Im Sommer soll ein bislang ungenutzter Folientunnel mit Schnittblumen für den Detailabsatz im eigenen Geschäft gefüllt werden. Es wird kein Umsatzzuwachs erwartet, da Zukauf durch Eigenproduktion substituiert wird. Der Wareneinsatz soll um 10 Tsd. € geringer werden. Der Aufwand an Produktionsmitteln (Jungpflanzen, Saatgut) wird um 2 Tsd. € steigen. Beim Lohnaufwand wird keine Zunahme angenommen. Zusätzlicher Heizaufwand ist nicht zu erwarten.

Die Anpassung sieht vor, dass eine Lohnerhöhung von 30 Tsd. € gegeben wird, die über eine aus einer Preisanpassung resultierenden Umsatzsteigerung von 25 Tsd. € nur teilweise aufgefangen werden kann.

Beim Heizmaterial wird von einer Preissteigerung im Ausmaß von 5 Tsd. € ausgegangen.

Mit August konnte das angepeilte Ziel deutlich übertroffen werden, da sowohl beim Personalaufwand als auch beim Handelswareneinsatz über das Ziel hinaus eingespart werden konnte. Aber auch andere Positionen, die mit den Maßnahmen nichts zu tun haben, können das Ergebnis deutlich beeinflussen, wie etwa im oben gezeigten Fall die Instandhaltung oder die Treibstoffkosten.

4.4 Fallbeispiel zur unterjährigen Erfolgskontrolle

4.4.1 Dateneingabe

Datengrundlage sind im Wesentlichen die Monatssalden der einzelnen Konten der Buchführung. Diese müssen vom Buchungsbüro ausgedruckt oder als Tabellenkalkulations-Datei geliefert werden. Für eine einfache und möglichst fehlerfreie Dateneingabe sollten die Saldenlisten bereits in einem Tabellenkalkulationsformat vorliegen. Andernfalls fällt zusätzliche Eingabearbeit an und das Fehlerrisiko steigt. Da von den meisten Buchungsbüros verschiedene Darstellungsarten angeboten werden, ist es zweckmäßig, sich auf eine Form festzulegen, in der **Einzelmonatsergebnisse aller belasteten Konten** dargestellt sind.

Vor Beginn der Auswertung müssen die Monatsdaten der zwei unmittelbar zurückliegenden Jahre 1 und 2 aufgearbeitet und in die Datei eingegeben werden. Außerdem sind die Daten der GuV entsprechend zu konvertieren (siehe Kap. 2). Auch mit den ergänzenden Daten, die nicht aus den Saldenlisten übernommen werden können, ist gleich zu verfahren. Das sind im Wesentlichen die Arbeitskraftzahlen sowie verfeinerte Daten des Waren- und Materialeinsatzes. Für die Eingabe der Bestandsveränderungen ist ebenfalls Raum vorgesehen.

4.4.2 Auswertungsschema

Sind die Daten aus den Vorjahren und die Kostenplanung für das aktuelle Jahr eingegeben, so kann mit der eigentlichen Auswertung begonnen werden. In der Tabellenkalkulations-Anwendung **CiG_Unterjährige-Erfolgskontrolle-Daten.xlsx** steht für die monatliche Eingabe der aktuellen Daten das Tabellenblatt **Jahr 3** zur Verfügung.

Ist die Eingabe der monatlichen Daten abgeschlossen, wird das gesamte Tabellenblatt **Werte** kopiert und mittels Wertekopie in die Tabellenkalkulations-Anwendung **CiG_Unterjährige-Erfolgskontrolle-Ergebnis.xlsx** in das dafür vorgesehene Tabellenblatt **Werte** übertragen.

4.5 Auswertung und Interpretation

4.5.1 Auswahl aussagekräftiger Kennzahlen

In der Tabellenkalkulations-Anwendung **CiG_Unterjährige-Erfolgskontrolle-Ergebnis.xlsx** kann aus einem großen Sortiment verschiedener Kennzahlen ausgewählt werden. Wie bereits mehrfach erwähnt, sind nicht alle davon gleich gut für einen unterjährigen Vergleich geeignet. Zur laufenden Beobachtung der Entwicklung fällt der erste Blick darauf, ob sich im Verhältnis zwischen bereinigtem Betriebsertrag, Betriebseinkommen und Reinertrag Veränderungen ergeben. Mit diesen drei Zahlen wird die Auswirkung von Material- und Personaleinsatz im Verhältnis zum Betriebsertrag sichtbar. Im Anschluss daran sind Produktivitätskennzahlen eine zusätzliche Informationsquelle, um erkennbare Veränderungen besser deuten zu können. Eine weitere wichtige Analyse ist der Vergleich zwischen Ist- und Planzahlen. Hier wird deutlich, ob die angepeilten Maßnahmen den erwarteten Erfolg aufweisen. Die Erläuterung zu den berechneten Kennzahlen befindet sich im Kapitel 2.5. Dort finden sich auch wertvolle Hinweise zur Interpretation.

4.5.2 Darstellung von Zeitreihen und Trends

Weist die unterjährige Erfolgskontrolle eine plötzliche Veränderung aus, so kann daraus nur selten ein direkter Rückschluss auf die Ursache gezogen werden. Gerne wird der Verursacher in den leicht beobachtbaren externen Rahmenbedingungen (Wetter, Wettbewerb usw.) gesucht. Schleichend beginnende interne Probleme werden damit überdeckt und erst verspätet bemerkt.

An mehrjährigen Zeitreihen sind der Trend und die Dynamik der Problembereiche gut erkennbar. Damit wird meist offenbar, dass zu den angesprochenen Rahmenbedingungen kein enger Zusammenhang bestehen kann. Mit der Darstellung in Form von Diagrammen, die in Excel leicht herstellbar sind, lassen sich die Aussagen wesentlich deutlicher herausheben.

Die Abbildung 8 weist die Ergebnisse eines Fallbeispiels anhand ausgewählter Kennzahlen aus. Die Werte sind im **Gleitjahr-Modus** dargestellt.

Exkurs: Outsourcing
Unter dem modernen Begriff „Outsourcing" wird verstanden, spezielle Leistungen nicht mehr im eigenen Betrieb zu erbringen, sondern als Dienstleistung oder veredelte Ware zuzukaufen. Diese Maßnahme hat Einfluss auf spezielle Fragestellungen in der Kennzahlenauswertung. Wird etwa Arbeit in Form von veredelten Produkten oder Dienstleistungen von Fremdunternehmen zugekauft, so sollen Lohnkosten substituiert werden. Dadurch wechselt der Aufwand von einer Betrachtungsgruppe in eine andere. Der Lohnaufwand sollte sinken, während der Aufwand für Dienstleistungen Dritter oder Wareneinsatz steigt. Ein direkter Vergleich wird erschwert. Erst auf Höhe des Reinertrags kann mit ausreichender Sicherheit erkannt werden, ob die Maßnahme erfolgreich war.

Abb. 8 Ausgewählte Erfolgskennzahlen im Jahresablauf.

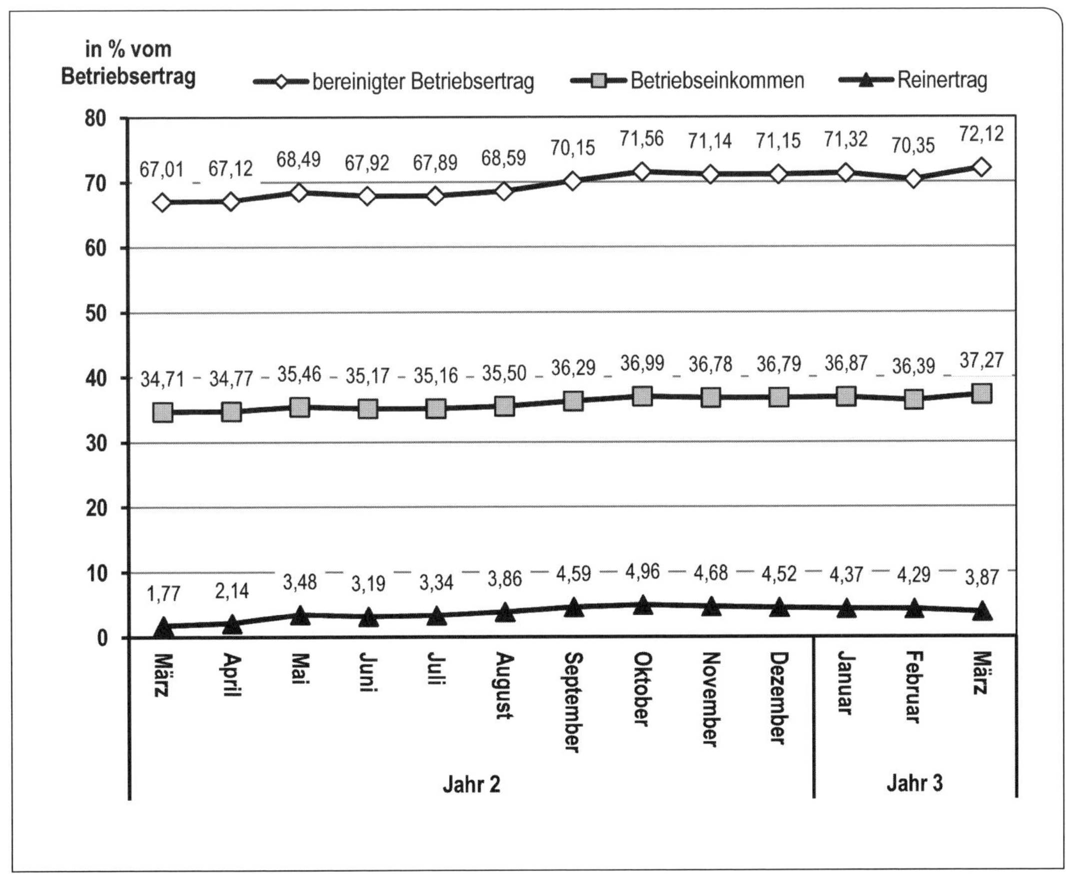

Ein ähnliches Interpretationsproblem besteht, wenn ein Investitionsgut durch Miete, Leasing oder Dienstleistung ersetzt wird. In diesem Fall werden die kalkulatorischen Kosten Abschreibung und Zinsansatz für das Eigenkapital zu den baren Kostenpositionen Miete, Leasing oder Dienstleistungen Dritter. Das hat Auswirkungen bis hin zur Kostenkalkulation und der Preisuntergrenzenrechnung.

4.5.3 Laufende Positionsbestimmung: Bin ich auf Kurs?

Die unterjährige Erfolgskontrolle ist selbstverständlich auch ohne den zusätzlichen Vergleich mit einer Planvorgabe funktionsfähig. Doch gerade dieses zusätzliche Kontrollmoment erlaubt es, neue Detailziele zu formulieren und in kurzen Zeitabständen den Weg zur Zielerreichung zu verfolgen. Das ist ein entscheidender Vorteil im Management und zwar:

- als Hilfestellung bei der Formulierung konkreter, messbarer Ziele;
- als Maß für die Zielerreichung;
- um unerwünschte Nebenwirkungen und erfreuliche Zusatzeffekte bei der Umsetzung von Veränderungsmaßnahmen aufzudecken;
- als unterstützendes Material für Mitarbeitergespräche, um in laufenden Projekten den Zwischenstand der Zielerreichung kommunizieren zu können.

Handlungsbereites und handlungsfähiges Management benötigt möglichst zeitnahe Erfolgskontrolle, um zielgerichtet planen, handeln und korrigieren zu können.

5 Kosten-Controlling

Das Kosten-Controlling leistet einen wichtigen Beitrag zum Erfolg und zur Konkurrenzfähigkeit eines Unternehmens. Je besser ein Unternehmen seine Kosten im Griff hat, umso konkurrenzfähiger kann es sich auf dem Markt positionieren.

In Abhängigkeit von der Unternehmensstruktur und -ausrichtung geht es im Kosten-Controlling unter anderem auch darum, geeignete Kostenrechnungssysteme und -methoden für verschiedenste betriebliche Entscheidungssituationen einzusetzen. Besonders wichtig ist es hierbei, sich auf die jeweils entscheidungsrelevanten Kosten zu konzentrieren. Im Einzelnen werden neben der Kostenstellenrechnung (siehe Kap. 3) folgende **Kostenrechnungsmethoden** vorgestellt:
- DL-Rechnung (Direktkostenfreie Leistung) als Vertreter der Teilkostenrechnung (siehe Kap. 7);
- Preisuntergrenzenrechnung als Vertreter der Vollkostenrechnung (siehe Kap. 9);
- Aufschlagskalkulationen (siehe Kap. 10 und 11).

5.1 Problemstellung und Zielsetzungen

Warum ist eine betriebsindividuelle Kostenrechnung erforderlich?

Der in der Praxis zu beobachtende Rückgriff auf betriebsfremde Kostensätze (pauschale oder Standard-Kostensätze) bei Kalkulationen für betriebliche Produkte und Dienstleistungen erbringt betriebsfremde Ergebnisse und ist somit für eine erfolgsorientierte Unternehmensführung wenig hilfreich.

Eine betriebsindividuelle Kostenrechnung erfasst und dokumentiert die tatsächliche Kostensituation und -entwicklung des jeweiligen Unternehmens und schafft damit Kostentransparenz über offensichtliche, aber auch versteckte Kosten. Dies ist wiederum unverzichtbare Grundlage für die Entwicklung eines Kostenbewusstseins, sowohl bei der Unternehmensleitung wie auch bei den Mitarbeitern. Wer um die Kostensituation und -entwicklung und die kostenrelevanten Konsequenzen seiner Handlungen und Entscheidungen weiß, wird dies in einem höheren Maß entsprechend im betrieblichen Alltag berücksichtigen. Kostentransparenz ist hier vielfach bereits der erste Schritt zu geeigneten Maßnahmen für eine Verbesserung der Kostensituation.

Grundsätzlich ist auch in der Kostenrechnung, wie schon bei der Jahresabschlussanalyse festzustellen, dass mit zunehmender Zeitnähe der Wert der hierbei erarbeiteten Ergebnisse und die Möglichkeit einer unmittelbaren Nutzung und Umsetzung von Anpassungs- und Optimierungsmaßnahmen steigt. Dies bedeutet, dass eine Analyse der

Kostenstruktur und -entwicklung sowie eine Kostenplanung und -kontrolle in engem zeitlichen Zusammenhang mit einer Jahresabschlussanalyse vorliegen sollten.

Nachfolgend werden einige wichtige Zielsetzungen aufgeführt, die mit dem Kosten-Controlling und einem betriebsindividuellen Kostenrechnungskonzept verfolgt werden:

- sparsamer(er) Umgang mit betrieblichen Mitteln;
- Grundlage für preispolitische Entscheidungen;
- Optimierung der Wirtschaftlichkeit betrieblicher Produkte und Dienstleistungen;
- wirtschaftliche Nutzung betrieblicher Kapazitäten;
- Grundlage für wirtschaftliche Investitionsentscheidungen;
- Optimierung der Wirtschaftlichkeit des Unternehmens und seiner Bereiche (Kostenstellen).

Zusammenfassend liefert das Kosten-Controlling auf Basis möglichst aktueller und betriebsindividueller Daten für eine Vielzahl betrieblicher Entscheidungen eine unverzichtbare Datengrundlage und ermöglicht es hierdurch – hinsichtlich der Optimierung des Unternehmenserfolgs – betriebliche Entscheidungen besser zu fällen. Es hilft dabei, vorhandene Einsparungspotenziale bestmöglich zu nutzen und versorgt die Entscheidungsträger mit grundlegenden Daten, die für realistische, betriebsindividuelle Kalkulationen erforderlich sind.

Der Schwerpunkt der nachfolgenden Ausführungen besteht nun darin aufzuzeigen, wie bei der Einführung eines betriebsindividuellen Kosten-Controllings vorzugehen ist und welche Hilfsmittel dazu eingesetzt werden können. Dies geschieht bewusst am Beispiel des vergleichsweise komplexen Unternehmenstyps Einzelhandelsgärtnerei. Kostenrechnungskonzepte für einfacher strukturierte Unternehmen sind deutlich unkomplizierter und hiervon leicht abzuleiten.

Nach einer kurzen Einführung in die erforderliche Datengrundlage und Vorstellung des Kostenrechnungskonzeptes sind zunächst einige wichtige Kosten-Begriffe zu klären, die für das Verständnis des vorliegenden Kapitels von Bedeutung sind. Im Anschluss daran werden an einem Fallbeispiel wichtige Komponenten des Kosten-Controllings für Unternehmen der Gartenbauwirtschaft vorgestellt.

5.2 Datengrundlage und Kostenbegriffe

5.2.1 Datengrundlage und Konzept

Ein an den tatsächlichen betrieblichen Gegebenheiten ausgerichtetes Kostenrechnungskonzept stellt gewisse Anforderungen an die betriebliche Datenbasis. Der für eine betriebsindividuelle Kostenrechnung erforderliche Datenbedarf ist dabei abhängig von den gewünschten Bestandteilen des jeweiligen Kostenrechnungskonzeptes und dieses wiederum von der Unternehmenskonstellation und der Problemsituation. Das Modul „Kosten-Controlling“ ist auch deshalb von zentraler Bedeutung, da es wichtige Informationen und Kostenansätze für verschiedene andere Controlling-Module bereitstellt.

Die Kostenrechnung baut weitgehend auf der gleichen Datenbasis auf wie die Kostenstellenrechnung (siehe Kap. 3) und die Jahresabschlussanalyse (siehe Kap. 2).

In der Aufbereitung der GuV-Daten mit Hilfe der Konvertierungsdatei ergeben sich mögliche Unterschiede zur Jahresabschlussanalyse. Während für die Jahresabschlussanalyse eine stärkere Aggregation der Daten erfolgte und ausreichend war, sind für die verschiedenen Zielsetzungen einer betrieblichen Kostenrechnung zum Teil detailliertere Daten in veränderten Zusammenstellungen und Gruppierungen erforderlich.

In der Abbildung 9 wird ein Konzept für den vergleichsweise komplizierten Unternehmenstyp Einzelhandelsgärtnerei skizziert. Es lässt sich in die drei klassischen Bestandteile einer Kostenrechnung gliedern, nämlich die Kostenartenrechnung, die Kostenstellenrechnung und die Kostenträgerrechnung. Als wichtige Komponenten des Kosten-Controllings sind dem dargestellten Konzept eine **Kostenstruktur- und -entwicklungsanalyse** sowie eine **Kostenplanung und -kontrolle** zu entnehmen.

Die Kostenträgerrechnungen selbst werden in den jeweils ausgewiesenen Kapiteln detaillierter vorgestellt.

Speziell für komplexer strukturierte Unternehmen wie für das hier vorliegende Beispiel einer Einzelhandelsgärtnerei ist ergänzend eine **Kostenstellenrechnung** in das Kostenrechnungskonzept zu integrieren (siehe Kap. 3). Wichtiges Ziel hierbei ist es, die Kosten und Leistungen des Unternehmens nach Kostenstellen getrennt zu sammeln und zu verrechnen und auch innerbetriebliche Verrechnungen, falls erforderlich, durchzuführen.

Einfacher strukturierte Unternehmen können sich bei der Konzeption ihres Kostenrechnungskonzeptes an der kostenstellenbezogenen (spaltenweisen) Darstellung der Abbildung 9 orientieren.

Wie der Abbildung 9 weiter zu entnehmen ist, sind für Kostenträgerrechnungen in den verschiedenen Kostenstellen des Beispielsunternehmens unterschiedliche Methoden und Vorgehensweisen vorgesehen. Hierfür sind im vorliegenden Modul „Kosten-Controlling“ bereits entsprechende Vorkehrungen wie eine geeignete Strukturierung und Gruppierung der jeweiligen Kosten zu treffen. So ist als weiterer Bestandteil des Kosten-Controllings festzulegen, welche Kostenpositionen den in der jeweiligen Kostenstelle produzierten Produkten und Dienstleistungen verursachungsgerecht zugerechnet werden können und welche Kostenpositionen im Rahmen einer Vollkostenrechnung nur mit Hilfe von Schlüsselgrößen bzw. Aufschlagsätzen auf die Kostenträger zu verteilen sind.

Zusammenfassend lassen sich am Beispiel einer Einzelhandelsgärtnerei folgende Grundbestandteile eines betriebsindividuellen Kosten-

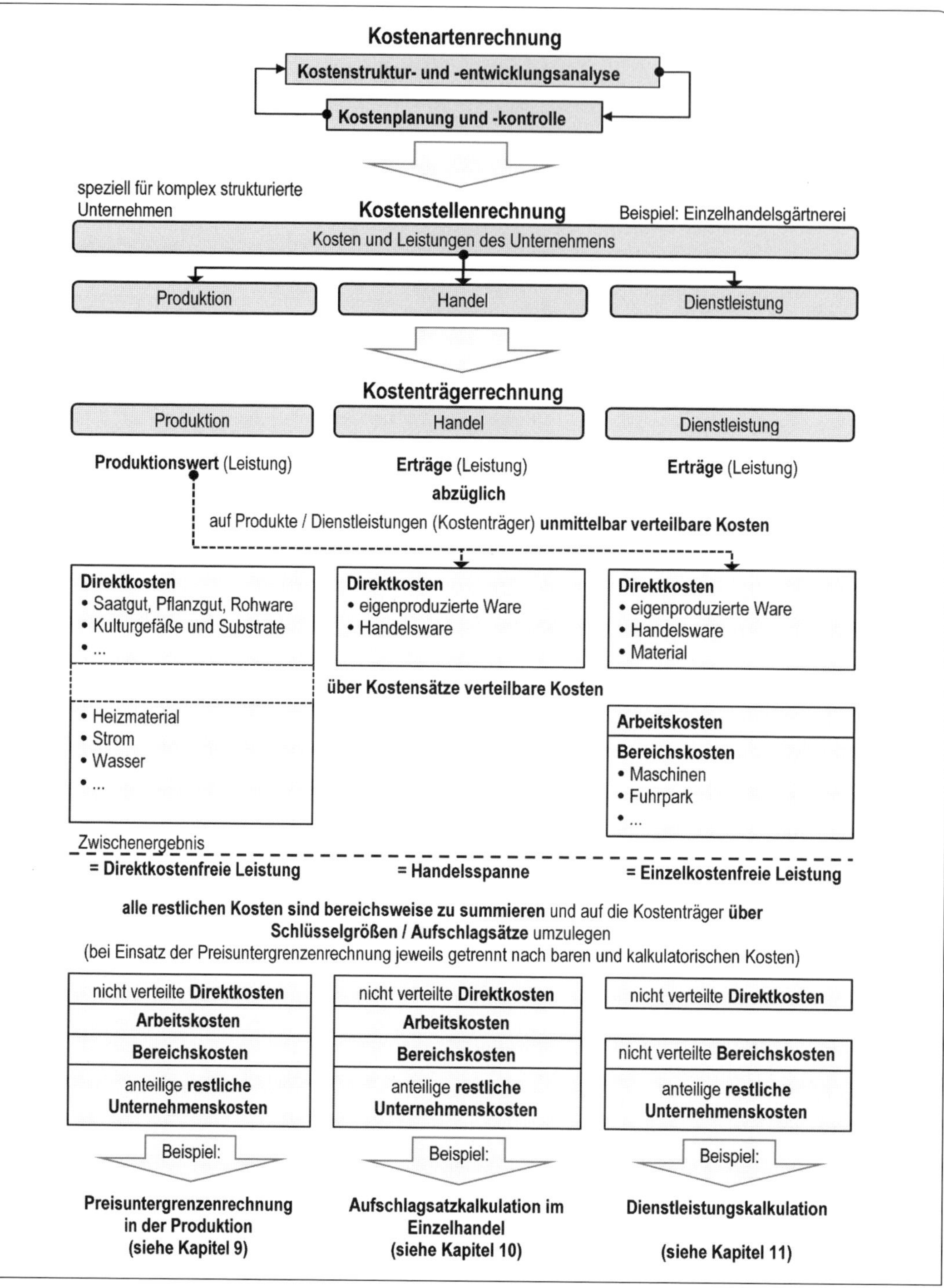

Abb. 9 Kostenrechnungskonzept am Beispiel einer Einzelhandelsgärtnerei.

rechnungskonzeptes für Unternehmen der Gartenbauwirtschaft festhalten:
- eine Kostenstruktur- und -entwicklungsanalyse (siehe Kap. 5.3);
- eine Kostenplanung und -kontrolle (siehe Kap. 5.4);
- eine Kostenstellenrechnung (siehe Kap. 3)
- eine entsprechende Kostengruppierung für eine **Teilkostenrechnung** (siehe Kap. 7), eine **Preisuntergrenzenrechnung** (siehe Kap. 9) sowie **Aufschlagskalkulationen** im Einzelhandel (siehe Kap. 10) und für Dienstleistungen (siehe Kap. 11), jeweils in einer **Vor- und einer Nachkalkulation**.

Nachfolgend sind zunächst einige in der Abbildung 9 verwendeten Begriffe zum besseren Verständnis nochmals kurz erläutert.

5.2.2 Kosten und Leistung

Kosten sind der bewertete Verbrauch von Gütern und des Arbeitseinsatzes zur Erstellung und zum Absatz betrieblicher Produkte und Dienstleistungen. Berechnet werden die Kosten, indem man vom Unternehmensaufwand die neutralen Aufwendungen (betriebsfremd, zeitraumfremd, außerordentlich) abzieht, die steuerlichen Abschreibungen durch die betriebswirtschaftlichen ersetzt und kalkulatorische Kostenpositionen hinzuaddiert, die keine Aufwendungen im Sinn der Finanzbuchführung darstellen (Lohnansatz, Zinsansatz) (siehe Kap. 3).

Zur Abgrenzung von Aufwendungen und Erträgen zu Kosten und Leistungen siehe den entsprechenden Exkurs in Kapitel 3.2.1 auf Seite 53.

Eine weitere mögliche Kostenposition sind die kalkulatorischen Wagnisse. Sie können zur Berücksichtigung der latent vorhandenen Unternehmensrisiken in Ansatz gebracht werden, entweder als separate Kostenposition oder zusammen mit dem Zielgewinn im Aufschlag für Wagnis und Gewinn.

Leistung(en) ist das Gegenstück zu den Kosten. Die Leistung ergibt sich aus dem Unternehmensertrag abzüglich der neutralen Erträge (betriebsfremd, zeitraumfremd, außerordentlich). Der Unternehmensertrag setzt sich dabei zum überwiegenden Teil aus den baren Umsatzerlösen und den zum Teil unbaren sonstigen Erträgen zusammen.

Die Kosten sind nun je nach Zweck in unterschiedliche – meist sich paarweise ergänzende – Kostengruppen zu gliedern.

5.2.3 Direktkosten und restliche Kosten

Direktkosten sind Kosten, die unmittelbar mit der Erstellung und Vermarktung von Produkten und Dienstleistungen eines Unternehmens entstehen. Beispiele hierfür sind in einem gartenbaulichen

Produktionsbetrieb: Saatgut, Jungpflanzen, Rohware, Dünger, Pflanzenschutzmittel, Energie, Wasser, Töpfe, Substrate, Verpackungsmaterial.

Restliche Kosten sind alle nicht anderweitig bezeichneten verbleibenden Kosten, die meist nicht unmittelbar den Kostenträgern (Produkten und Dienstleistungen) zugeordnet werden können.

5.2.4 Einzelkosten und Gemeinkosten

Einzelkosten umfassen neben den Direktkosten zusätzlich noch variable Arbeitskosten (Saison-Arbeitskräfte), Lohnkosten für Spezial-Arbeitskräfte und Kapitalkosten für Spezialmaschinen.

Gemeinkosten sind das Gegenstück zu den Einzelkosten, also alle Kosten mit Ausnahme der Einzelkosten. Beispiele hierfür sind: Bürobedarf, Buchführungs- und Beratungskosten, Abfallbeseitigung, Werbung, Versicherungen, fixe Arbeitskosten.

Diese sich ergänzende Form der Definition soll darauf hinweisen, dass bei einer Anwendung und Übertragung in die Praxis beispielsweise alle Kosten, die nicht bereits bei den Einzelkosten berücksichtigt werden (können), obwohl sie dem Charakter nach eigentlich hierzu gehören, dann bei den Gemeinkosten zu erfassen sind.

Arbeitskosten haben zwar meist den Charakter von Einzelkosten. Vielfach fehlen in den Betrieben aber fundierte Aufzeichnungen über den produkt- bzw. leistungsbezogenen Einsatz der Arbeitskräfte, weshalb die Arbeitskosten dann nicht als Einzelkosten verrechnet werden können, sondern als Gemeinkosten zu behandeln sind.

Kosten können, wie beispielsweise die Gemeinkosten, weiter auch nach ihrer unmittelbaren Zahlungswirksamkeit in bare und kalkulatorische Bestandteile untergliedert werden.

5.2.5 Bare und kalkulatorische Gemeinkosten

Bare Gemeinkosten sind alle Gemeinkosten mit Ausnahme der kalkulatorischen Gemeinkosten. Sie sind bei der Entstehung meist gleichzeitig mit einem Zahlungsmittelstrom verbunden.

Zu den **kalkulatorischen Gemeinkosten** gehören in der Regel der Lohnansatz als ein Bestandteil der Arbeitskosten, der Zinsansatz für das Eigenkapital, die betriebswirtschaftlichen Abschreibungen und, wenn diese Position zum Einsatz kommt, auch die kalkulatorischen Wagnisse.

In der Regel heißt, dass es hiervon auch Ausnahmen gibt, beispielsweise wenn fundierte betriebliche produkt- und dienstleistungsbezogene Arbeitszeitdaten vorliegen und die Arbeitskosten deshalb als Einzelkosten behandelt werden (sollen).

Kosten können nicht nur in bare und kalkulatorische Bestandteile gegliedert werden, sondern auch bezüglich ihrer Veränderlichkeit variabel sein oder Fixkostencharakter besitzen.

5.2.6 Variable Kosten und fixe Kosten

Variable Kosten verändern sich unmittelbar mit dem Umfang der Erstellung und des Absatzes von Produkten und Dienstleistungen.

Fixkosten hingegen verändern sich hierdurch nicht. Sie bleiben zumindest in einem gewissen Intervall des Produktionsumfangs konstant.

5.2.7 Kostenrechnungsbestandteile

Klassische Bestandteile einer Kostenrechnung sind die Kostenarten-, die Kostenstellen- und die Kostenträgerrechnung.

Die Kostenartenrechnung ist meist der erste Schritt beim Aufbau einer Kostenrechnung.

In der **Kostenartenrechnung** werden die einzelnen Kostenpositionen erfasst und gegebenenfalls zu ähnlichen Kostenarten aggregiert (siehe Kap. 5.3).

Beispiel: verschiedene Energieträger zur Heizung (Gas, Öl, Koks, Hackschnitzel usw.) zu Heizmaterialkosten

Die Kostenstellenrechnung ist meist der zweite Schritt beim Aufbau einer Kostenrechnung.

In der **Kostenstellenrechnung** werden die einzelnen Kostenpositionen getrennt nach den Orten der Kostenentstehung erfasst bzw. zugeordnet (siehe Kap. 3).

Beispiel: alle Kosten des Bereichs Produktion in der Kostenstelle Produktion.

In der **Kostenträgerrechnung** werden die Kosten den betrieblichen Produkten und Dienstleistungen (Kostenträger) zugerechnet. Sie greift dabei auf die Ergebnisse der Kostenarten- und Kostenstellenrechnung zurück. **Kostenträger** sind hier alle **Produkte** und **Dienstleistungen**, die vom Unternehmen zum Verkauf bestimmt sind bzw. die Umsatzerlöse erzielen.

Beispiele für Kostenträgerrechnungen sind die DL-Rechnung oder die Deckungsbeitragsrechnung als Vertreter der Teilkostenrechnung, die Preisuntergrenzenrechnung oder die Aufschlags(atz)kalkulation als Vertreter der Vollkostenrechnung.

5.2.8 Kostenrechnungssysteme

Je nach dem Umfang der verrechneten Kosten spricht man bei Durchführung einer Kostenträgerrechnung von einer Teilkostenrechnung oder einer Vollkostenrechnung. Die Wahl – Teil- oder Vollkostenrechnung – hängt dabei von der jeweiligen Entscheidungssituation ab, also davon, ob alle Kosten entscheidungsrelevant sind oder lediglich ein Teil davon.

Teilkostenrechnung

Von einer Teilkostenrechnung spricht man, wenn nur ausgewählte (entscheidungsrelevante) Kosten in die Berechnung mit einbezogen werden. Sie ist folglich für Entscheidungsprobleme geeignet, die nur bestimmte Kostenpositionen beeinflussen, während andere Kostenpositionen von der Entscheidung nicht verändert werden, also bezüglich der Entscheidung als fix zu betrachten sind. Ein klassischer Vertreter der Teilkostenrechnung ist die Deckungsbeitragsrechnung oder die Berechnung der Direktkostenfreien Leistung (siehe Kap. 7).

Entscheidungsproblem 1: Auftragsannahme bei (noch) freien Produktionskapazitäten (Fläche und Arbeit) – Sind für einen zusätzlichen Auftrag noch freie Produktionsflächen und freie Arbeitskapazitäten verfügbar, die kurzfristig nicht einsparbar sind und deshalb bezüglich der Entscheidung Fixkostencharakter besitzen, so sind nur die Kosten entscheidungsrelevant, die sich durch die Auftragsannahme verändern. Hier wäre also eine Teilkostenrechnung zur Entscheidungsfindung geeignet.

Vollkostenrechnung

Bei einer Vollkostenrechnung werden **alle Kosten** berücksichtigt. In der Form einer Kostenträgerrechnung werden dazu alle Kosten auf die Kostenträger verrechnet. Die von den Produkten und Dienstleistungen unmittelbar verursachten Einzelkosten bzw. Direktkosten sind diesen Kostenträgern meist vergleichsweise einfach zuzurechnen. Anlass zur Kritik kann die Verteilung (Umfang und Vorgehensweise) der Gemeinkosten bzw. restlichen Kosten bieten. Ein für den Gartenbau geeigneter Vertreter der Vollkostenrechnung ist die Preisuntergrenzenrechnung (siehe Kap. 9).

Entscheidungsproblem 2: Auftragsannahme bei neu zu schaffenden Produktionskapazitäten (Fläche und Arbeit) – Sind für einen zusätzlichen Auftrag Produktionsflächen und Arbeitskapazitäten neu zu beschaffen, so sind die gesamten Kosten entscheidungsrelevant, die sich durch die Auftragsannahme verändern, also auch die neuen Kosten für Fläche und Arbeit. Hier wäre also eine Vollkostenrechnung zur Entscheidungsfindung geeignet.

Im Folgenden werden verschiedene Bestandteile eines Kostenrechnungskonzeptes für Unternehmen der Gartenbauwirtschaft vorgestellt. Aus diesen Teil-Modulen ist, wie am Beispiel der Abbildung 9 auf Seite 88 skizziert, ein auf das jeweilige Unternehmen und seine Struktur passendes Konzept zusammenzustellen.

Ein Anliegen des Autors ist auch hier wieder der Hinweis auf die vielfältigen Verbindungen, die sich zwischen den einzelnen Controlling-Modulen ergeben. Sie ermöglichen es, Daten, die für mehrere Module erforderlich sind, rationell zwischen einander auszutauschen und damit die Synergieeffekte eines Controlling-System-Ansatzes zu nutzen.

Wichtig ist an dieser Stelle auch, die Notwendigkeit und die Bedeutung einer Vor- und einer Nachkalkulation heraus zu stellen. Dies geschieht aus der Erkenntnis, dass für Vorkalkulationen häufig (sehr) optimistische Annahmen getroffen werden, die durch die dann eintretenden realen Verhältnisse nicht immer erfüllt werden.

5.3 Kostenstruktur- und -entwicklungsanalyse

5.3.1 Problemstellung und Zielsetzungen

Ohne genaue Kenntnis der Kostenstruktur und -entwicklung fehlen wichtige Ansatzpunkte zur Optimierung der Kostensituation und -belastung im Unternehmen. Nicht erkannte Probleme entziehen sich in den meisten Fällen einer schnellen Lösung. Schwachstellen wie überhöhte Kosten werden nicht rechtzeitig registriert, Einsparungspotenziale nicht genutzt und letztendlich wichtige Maßnahmen zur Sicherung der Wettbewerbsfähigkeit des Unternehmens nicht eingeleitet.

Auch für eine Reihe weiterer Entscheidungsprobleme wie beispielsweise bei Investitionsüberlegungen sind fundierte, zeitnahe und betriebsspezifische Informationen der Kostenstruktur- und -entwicklungsanalyse erforderlich.

Der Kostenstruktur- und -entwicklungsanalyse liegen folgende Zielsetzungen zugrunde:

- Information über die Bedeutung von Kostenpositionen und Kostengruppen und ihre Entwicklung;
- Identifikation von Schwachstellen und Einsparungspotenzialen;
- Initiierung und Förderung eines Problem- und Kostenbewusstseins bei Unternehmern und Mitarbeitern;
- Initiierung von Optimierungsmaßnahmen;
- Basis für die Kostenplanung des laufenden Jahres.

5.3.2 Vorbereitung und Datengrundlage

Im Rahmen einer Kostenstruktur- und -entwicklungsanalyse werden sowohl ausgewählte Einzelpositionen wie auch Kostengruppen hinsichtlich ihrer Bedeutung und Entwicklung betrachtet und überprüft.

Die Arbeitskosten werden aufgrund ihrer Sonderstellung aus der sonst üblichen Systematik der Trennung in Einzelkosten und Gemeinkosten herausgelöst und getrennt behandelt.

Eine mögliche Gruppierung von Kostenpositionen orientiert sich dabei an den Bedürfnissen des betrieblichen Kostenrechnungskonzeptes. Standardmäßig werden folgende Kostengruppen ausgewiesen:

- Direktkosten bzw. Einzelkosten (gegebenenfalls mit Untergruppen Produktion, Handel, Dienstleistung);
- Arbeitskosten (bare und kalkulatorische);
- restliche Kosten bzw. Gemeinkosten (bare und kalkulatorische).

Für besondere Zwecke, z. B. für Kalkulationen, können weitere Kostengruppen zusammengestellt werden, wie z. B. Fuhrpark- bzw. Kfz-Kosten, Maschinenkosten und Flächenkosten.

Die Aufteilung in bare und kalkulatorische Kosten geschieht in vorliegendem Beispiel in Vorbereitung auf eine Preisuntergrenzenrechnung.

Die getrennte Abrechnung von Fuhrpark- bzw. Kfz-Kosten und der Maschinenkosten ist beispielsweise besonders interessant für GaLaBau-Unternehmen oder allgemein im Rahmen von Dienstleistungskalkulationen (siehe Kap. 11).

Umfang und Betrachtungszeitraum

Zu einer sachgerechten Analyse der Kostenstruktur und -entwicklung sind neben den Daten des gerade abgeschlossenen Jahres auch die der Vorjahre erforderlich. Empfohlen wird hier ein Betrachtungszeitraum – wie schon bei der Jahresabschlussanalyse – von mindestens drei, besser noch fünf bis sieben Jahre. Nur hierdurch sind wichtige Erkenntnisse über schleichende, andauernde Kosten-Entwicklungen zu gewinnen und werden Kostenveränderungen durch kurzfristige, eher zufällige Einflüsse angemessen relativiert.

5.3.3 Fallbeispiel zur Kostenstruktur- und Kostenentwicklungsanalyse

Durchführung und EDV-Hilfsmittel

Zur Bearbeitung der grundlegenden Bestandteile des Kostenrechnungskonzeptes und hier speziell zur Durchführung einer Kostenstruktur- und Kostenentwicklungsanalyse stehen folgende Tabellenkalkulations-Anwendungen unter www.ulmer.de, Webcode 3294008, zum Download zur Verfügung:

- **CiG_Konvertierung-GuV-Daten.xlsx** – zur Aufbereitung der Datengrundlage, Ermittlung des Lohnansatzes für nicht entlohnte Unternehmer- und Familien-Arbeitskräfte, des Zinsansatzes für das Eigenkapital sowie der betriebswirtschaftlichen Abschreibungen, sowie
- **CiG_Kostenrechnung.xlsx** – unter anderem zur Auswertung der Kostenstruktur und -entwicklung.

Die Tabelle 14 zeigt einen Ausschnitt aus der Tabellenkalkulations-Anwendung **CiG_Konvertierung-GuV-Daten.xlsx**. In ihr werden die Daten des Kontennachweises der GuV mit Hilfe spezifischer Codes in einer für die Zielsetzungen der jeweiligen betrieblichen Kostenrechnung geeigneten Form zusammengestellt und angeordnet. Das Ergebnis dieser Zusammenstellung ist dann als Wertekopie in das dafür vorgesehene Tabellenblatt **GuV-Werte** der Tabellenkalkulations-Anwendung **CiG_Kostenrechnung.xlsx** zu übertragen.

5.3.4 Auswertung und Interpretation

Zur Auswertung der Kostenstruktur und -entwicklung sind in der Tabellenkalkulations-Anwendung **CiG_Kostenrechnung.xlsx** vielfältige Möglichkeiten vorgesehen, beispielsweise hinsichtlich:

- des Detaillierungsgrades (einzelne Kostenpositionen oder Kostengruppen),
- des Betrachtungszeitraums (Zeitreihe, Einzeljahr, Vergleich zweier Jahre) oder
- der Werte (absolute Werte, Prozentwerte oder Rangfolgen).

In Tabelle 15 ist für das Beispielsunternehmen eine Kostenstruktur- und Kostenentwicklungsanalyse von Kostengruppen in Auszügen dargestellt.

Tab. 14: Konvertierung der Daten der Gewinn- und Verlustrechnung (Ausschnitt)

Code für KORE	Konvertierte Gewinn- und Verlustrechnung	Jahr 6 €
	Direktkosten insgesamt	**317.899,38**
	Direktkosten Produktion	**96.902,11**
SPR	Saat-, Pflanzgut, Rohware	31.762,07
DPB	Dünger, Pflanzen-, Bodenbehandlungsmittel	2.611,65
KS	Kulturgefäße, Substrate	5.729,75
Hm	Heizmaterial	35.689,89
St	Strom	9.233,45
Wa	Wasser	1.065,23
Vm	Verpackungsmaterial	0,00
sSaP	sonstiger Spezialaufwand Eigenproduktion	10.810,07
	Direktkosten Handel	**219.606,74**
We-SP	Wareneinsatz Saat- und Pflanzgut	1.450,67
We-S	Wareneinsatz Schnittblumen	89.544,25
We-T	Wareneinsatz Topfpflanzen	48.945,60
...	...	0,00

KORE = Kostenrechnung

Tab. 15: Analyse der Kostenstruktur und -entwicklung

		Zeitreihe			Einzeljahr			Vergleich zweier ausgewählter Jahre					Entwicklung	
Kostengruppen	Einheit	Jahr 1	Jahr ...	Jahr 6	Jahr 6	in % der Kosten	Rang	Jahr 1	Jahr 6	Mittelwert	in % der Kosten	Rang	Jahr 6 zu 1	in % von Jahr 1
Direktkosten Produktion	€	98.258		96.902	96.902	12,5	3	97.455	96.902	97.179	12,7	3	-553	-0,6
Direktkosten Handel	€	202.149		219.607	219.607	28,4	2	221.315	219.607	220.461	28,8	2	-1.708	-0,8
Direktkosten Dienstleistung	€	6.600		1.391	1.391	0,2	7	4.010	1.391	2.700	0,4	7	-2.619	-65,3
bare Arbeitskosten	€	247.433		255.566	255.566	33,1	1	237.953	255.566	246.759	32,2	1	17.613	7,4
kalkulatorische Arbeitskosten	€	63.759		68.195	68.195	8,8	4	62.692	68.195	65.444	8,6	5	5.502	8,8
bare restliche Kosten	€	66.307		63.788	63.788	8,3	6	60.993	63.788	62.391	8,2	6	2.796	4,6
kalkulatorische restliche Kosten	€	73.253		67.476	67.476	8,7	5	72.970	67.476	70.223	9,2	4	-5.494	-7,5
Kosten insgesamt	**€**	**757.759**	**...**	**772.925**	**772.925**	**100,0**		**757.388**	**772.925**	**765.156**	**100,0**		**15.537**	**2,1**

Wie der Tabelle 15 beispielsweise zu entnehmen ist, rangieren im Jahr 6 die baren Arbeitskosten auf Rang 1 mit einem Anteil von etwa einem Drittel aller Kosten. Weiter geht hieraus eine Steigerung der Gesamtkosten von Jahr 1 nach Jahr 6 um 2,1 % hervor, wozu besonders die kalkulatorischen Arbeitskosten mit knapp 9 % und die baren Arbeitskosten mit gut 7 % beitragen.

Grafische Auswertungen/Darstellungen

Zur Unterstützung sowohl der Analysephase als auch des Diskussionsprozesses im Unternehmen können die Ergebnisse oder die zu fokussierenden Sachverhalte auch relativ einfach in entsprechenden Abbildungen dargestellt und, falls gewünscht, ausgedruckt werden. Hierzu sind in der Tabellenkalkulations-Anwendung bereits Beispielabbildungen konfiguriert, die vom Nutzer modifiziert oder durch beliebige weitere ergänzt oder ersetzt werden können.

Optimierung der Kostensituation

Eine ausführliche Darstellung und Dokumentation der Situation und Entwicklung der betrieblichen Kosten schafft und fördert Kostenbewusstsein und kostenbewusstes Handeln und Entscheiden. Vielfach initiiert das Bewusstmachen der Kosten bereits das Setzen von Kostenzielen in der Kostenplanung und die Ergreifung von Maßnahmen zur Kostenbegrenzung bzw. -einsparungen.

Die in nachfolgendem Exkurs angebotene und erweiterbare Checkliste soll zu einer intensiven Diskussion mit dem Ziel einer optimierten Kostensituation anregen.

Exkurs: Strategien und Maßnahmen zur Kostenbeeinflussung (Checkliste)

- Sensibilisierung von Unternehmern und Mitarbeitern;
- Vermeidung von Kosten (Notwendigkeit);
- Abstimmung betrieblicher Kapazitäten (Vermeidung von Unter- und Überkapazitäten);

- Planung, Durchführung und Kontrolle von Einsparungs-Zielen;
- Planung der Beschaffung (Warenmengen, Preis- und Qualitätsvergleiche, Lieferantenvergleiche);
- sparsame Verwendung von Materialien und Energie;
- Optimierung betrieblicher Abläufe und Prozesse;
- Reduzierung von Ausfällen, minderen Qualitäten, Verderb;
- pflegliche Behandlung und Wartung betrieblicher Wirtschaftsgüter;
- Fort- und Weiterbildung, Qualifikation von Unternehmern und Mitarbeitern;
- Optimierung betrieblicher Entscheidungen (z. B. wirtschaftliche, kostengünstige Investitionsalternativen).

5.4 Kostenplanung und -kontrolle

5.4.1 Problemstellung und Zielsetzungen

Für das jeweils aktuelle Jahr liegen in vielen gartenbaulichen Unternehmen keine Informationen zur voraussichtlichen Kostensituation vor. Wer sich nicht mit der Analyse seiner Kostensituation auseinandersetzt, besitzt keine Basis für eine gezielte Planung seiner Kostensituation und für kostenrelevante Entscheidungen.

Die verfügbaren Einschätzungen der Unternehmensleitung über die voraussichtlichen Entwicklungen einzelner Kostenpositionen wie beispielsweise der Arbeitskosten, einzelner Materialkosten oder der Energiekosten können in Anbetracht der vielen Kostenpositionen bei fehlenden Hilfsmitteln nicht rationell zu fundierten Planwerten verarbeitet werden. Zudem fehlt bei unterlassener Kostenplanung eine Dokumentation der einzelnen Budgets und Einsparungsziele und damit die Grundlage für eine solide Kontrolle und Nachkalkulation bzw. Abweichungsanalyse.

Der Kostenplanung und -kontrolle liegen folgende **Zielsetzungen** zugrunde:

- Bereitstellung von Kosten und Kostensätzen für Kalkulationen des laufenden Jahres;
- Quantifizierung und Dokumentation der Kostenziele;
- Vorkalkulation des erwarteten Ergebnisses der Kosten-Leistungsrechnung;
- Initiierung und Förderung eines kostenbewussten Handelns der Betriebsleitung und der Mitarbeiter;
- einfache, rationelle Durchführung einer Nachkalkulation mit Abweichungsanalyse.

5.4.2 Vorbereitung und Datengrundlage

Für eine zunächst durchzuführende Kostenkontrolle werden die tatsächlichen Kosten des abgeschlossenen Geschäftsjahres möglichst zeitnah benötigt.

Bei der Durchführung einer Kostenplanung wird dann auf das Datenmaterial und die Ergebnisse der Kostenstruktur- und -entwicklungsanalyse einschließlich der Daten des zuletzt abgeschlossenen Geschäftsjahres zurückgegriffen. Ergänzend hierzu sind Informationen über die voraussichtliche Entwicklung wichtiger Kostenpositionen und über betriebliche Zielsetzungen zur Beeinflussung ausgewählter Kosten erforderlich.

Die Kostenplanung sollte auch unter Berücksichtigung bzw. Einbeziehung des zu erwartenden Ergebnisses aus einem Kosten-Leistungs-Vergleich durchgeführt werden.

Es empfiehlt sich bereits bei der Kostenplanung einzelne Kostenpositionen so auszuweisen oder zusammenzufassen, wie sie später dann für die Kostenträgerrechnungen benötigt werden. Wichtig ist hier insbesondere die getrennte Zusammenstellung alle Kosten, die den jeweiligen Produkten und Leistungen unmittelbar zugerechnet werden können und derjenigen Positionen, die über Aufschlagsätze auf sie übertragen werden müssen.
Beispiel: Soll eine Preisuntergrenzenrechnung durchgeführt werden, sind Kostenpositionen nach baren und kalkulatorischen Bestandteilen getrennt zusammenzustellen (siehe Kap. 9).

Zur Durchführung einer Kostenplanung und -kontrolle steht unter www.ulmer.de, Webcode 3294008, folgende Tabellenkalkulations-Anwendung zum Download zur Verfügung: **CiG_ Kostenrechnung. xlsx**.

5.4.3 Fallbeispiel zur Kostenplanung und -kontrolle

Durchführung und EDV-Hilfsmittel

In der Tabelle 16 wird in Auszügen eine Tabellenkalkulations-Anwendung zur Kostenplanung und -kontrolle vorgestellt.

Ausgehend von einem Basisjahr (Jahr 5) werden die Einschätzungen hinsichtlich der voraussichtlichen Entwicklung und die Zielsetzungen bezüglich der angestrebten Veränderung einzelner Kostenpositionen alternativ entweder durch absolute Wertangaben oder durch Angabe von prozentualen Veränderungsraten festgehalten.

Tab. 16: Kostenplanung und -kontrolle (Ausschnitt)

	Einheit	Planung					Kontrolle			
		Ist	Änderung		Plan	Ist	Ist 6 zu Plan 6		Ist 6 zu Ist 5	
Kostenpositionen		5	absolut	%	6	6	absolut	%	absolut	%
Saat-, Pflanzgut, Rohware	€	33.882,08	-1.500		32.382	31.762,07	-620	-1,9	-2.120	-6,3
Dünger, Pflanzen-, Bodenbehandlungsmittel	€	3.611,65		5	3.792	2.611,65	-1.181	-31,1	-1.000	-27,7
Kulturgefäße, Substrate	€	8.729,75		-10	7.857	5.729,75	-2.127	-27,1	-3.000	-34,4
Heizmaterial	€	38.465,04		-5	36.542	35.689,89	-852	-2,3	-2.775	-7,2
Strom	€	8.593,50		2	8.765	9.233,45	468	5,3	640	7,4
Wasser	€	862,37			862	1.065,23	203	23,5	203	23,5
Verpackungsmaterial	€	0,00			0	0,00	0		0	
sonstiger Spezialaufwand Eigenproduktion	€	8.110,07	1.500		9.610	10.810,07	1.200	12,5	2.700	33,3
Wareneinsatz Saat- und Pflanzgut	€	1.200,67	250		1.451	1.450,67	0	0,0	250	20,8
Wareneinsatz Schnittblumen	€	87.993,43		-10	79.194	89.544,25	10.350	13,1	1.551	1,8
Wareneinsatz Topfpflanzen	€	51.411,20		-5	48.841	48.945,60	105	0,2	-2.466	-4,8
...	€									

5.4.4 Auswertung und Interpretation

Kostenkontrolle

Nach Abschluss eines Rechnungsjahres erfolgt durch Eingabe der neuen, tatsächlichen Kostendaten in die Tabellenkalkulations-Anwendung zur Kostenplanung und -kontrolle automatisch eine Kostenkontrolle bzw. Nachkalkulation der vorhergehenden Planung. Sie ist unverzichtbarer Bestandteil einer soliden betrieblichen Kostenrechnung. Im Rahmen dieser Nachkalkulation können die tatsächlichen Kosten entweder den geplanten oder denen des Basisjahres zum Vergleich gegenüber gestellt werden (siehe Tab. 16). Mit Hilfe dieser kritischen Kostenkontrolle und sorgfältiger Analysen von Kostenabweichungen werden (Schätzungen zur) Kostenentwicklung und Maßnahmen zur Kosteneinsparung auf ihre Wirksamkeit überprüft. Sie ermöglicht also wichtige Erkenntnisse darüber, ob und inwieweit Zielsetzungen zur Optimierung der Kostensituation in entsprechendem Maße erreicht werden konnten. Daraus ergeben sich Hinweise zu weiteren Einsparungs-Zielsetzungen und einer verbesserten Planung, die dann im unmittelbar anstehenden nächsten Planungszyklus verwendet werden können.

Kostenplanung

Bei der Kostenplanung ist schrittweise – beginnend bei den wichtigsten Kostenpositionen – jede einzelne kritisch auf ihre Höhe und Erfordernis für die betrieblichen Zwecke zu überprüfen. Zudem sind konkrete und realistische Einsparungsziele zu setzen und Maßnahmen zu ihrer Erreichung festzulegen.

Eine besondere Anforderung ergibt sich bei der Zielsetzung von Kosteneinsparungen darin, die möglichen Auswirkungen auf andere Kostenpositionen oder die Unternehmensleistungen vorab realistisch abzuschätzen.

Beispiel 1: Auswirkungen auf andere Kosten
Einsparungen bei der betrieblichen Infrastruktur, beispielsweise bei Reparaturen von Wegen, können zu erhöhten Arbeitskosten beim Transport führen.

Beispiel 2: Auswirkungen auf Leistungen
Einsparungen bei der Stecklings- oder Saatgutqualität können zu geringerer Qualität der Produkte führen.

Geplantes Ergebnis des Kosten-Leistungs-Vergleichs

Wird ergänzend zur Kostenplanung gleichzeitig auch eine Abschätzung der geplanten Unternehmensleistungen vorgenommen, so zeigt ein Vergleich beider Summen das angestrebte Ergebnis eines Kosten-Leistungs-Vergleichs des laufenden Geschäftsjahres.

Grundlage für Kostenträgerrechnungen
Wie bereits angeführt, ist es eine grundlegende Aufgabenstellung der Kostenplanung, wichtige Kostendaten (Plankosten) für weiterführende Kalkulationen in anderen Controlling-Modulen (siehe Kap. 7, 9, 10, 11) zur Verfügung zu stellen.

In vorliegendem Kostenrechnungskonzept sind dies:
für die Kostenstelle **Produktion**
- die Kosten, die den Produkten unmittelbar zugerechnet werden können (zur Berechnung des Deckungsbeitrags oder der Direktkostenfreien Leistung);
- die restlichen Kosten (getrennt nach baren und kalkulatorischen), die sonst noch auf die Kostenstelle „Produktion" entfallen (und die über die Methode der Preisuntergrenzenrechnung den Produkten zuzurechnen sind);

für die Kostenstelle **Handel**
- der Wareneinsatz aus eigenproduzierten Produkten (Produktionswert) und aus zugekaufter Handelsware;
- die restlichen Kosten, die dem Handel sonst noch zuzurechnen sind (und die über Aufschlagsätze auf die Kostenträger umzulegen sind);

für die Kostenstelle **Dienstleistung**
- die Kosten, die unmittelbar den Dienstleistungen zugerechnet werden können (z. B. Material);
- die Kosten, die über Kostensätze auf die Dienstleistungen bezogen werden (z. B. Arbeit, Maschinen, Fuhrpark);
- die restlichen Kosten, die sonst noch auf die Kostenstelle „Dienstleistung" entfallen (und die über Aufschlagskalkulationen abzurechnen sind).

5.5 Ausgewählte Kostengruppen für Produktion, Einzelhandel und Dienstleistung

Im Rahmen von betriebsindividuellen Kostenträgerrechnungen bestehen folgende Möglichkeiten einer Zurechnung von Kosten zu den jeweiligen Kostenträgern (Produkten und Leistungen):
- Kosten, die direkt und unmittelbar zugerechnet werden können (Direktkosten, Einzelkosten);
- Kosten, die über Kostensätze den Kostenträgern zugeschlagen werden (Maschinenkosten, Arbeitskosten, Fuhrpark- bzw. Kfz-Kosten usw.) und
- Kosten, die nur über Schlüsselgrößen verteilt werden können (restliche Kosten, Gemeinkosten usw.)(siehe Abb. 9 auf Seite 88).

Für verschiedene Zwecke der Kostenrechnung und darauf aufbauender Controlling-Module werden deshalb betriebsindividuelle und möglicherweise sogar kostenstellenspezifische Kostensätze benötigt. Grundlage für eine rationelle Berechnung dieser Kostensätze ist eine passende Gruppierung verschiedener Kostenpositionen bereits im Rahmen einer Kostenplanung (und -kontrolle). Nachfolgend werden einige Beispiele hierfür aufgeführt, ihre Zwecke und Zielsetzungen kurz erläutert und ihre Ermittlung vorgestellt.

Grundsätzlich muss bei jedem individuellen und gesamtheitlichen Kostenrechnungskonzept sorgfältig überprüft werden, ob nicht einerseits Kosten mehrfach in Ansatz gebracht werden oder andererseits Kosten bei einer Gesamtschau bzw. Gesamtabrechnung übersehen oder vergessen werden.

Beispiel 1:
Werden Kosten für ein Fahrzeug oder eine Maschine vollständig z. B. im Rahmen von Dienstleistungskalkulationen verrechnet, sind diese konsequenterweise aus den Gemeinkosten bzw. restlichen Kosten herauszurechnen. Dies gilt dann entsprechend der Kalkulation der Fahrzeug- oder Maschinenkosten für alle dort berücksichtigten Kostenpositionen, wie beispielsweise für die Abschreibungen, Betriebsmittel, Versicherungen, Steuern und Zinskosten.

Beispiel 2:
Sind in einem produzierenden Betrieb Heizmaterialkosten bereits bei den Kulturkosten erfasst, beispielsweise wegen Einsatz eines entsprechenden Produktionsplanungsprogramms, muss in der Nachkalkulation ein Abgleich dieser im Produktionsplanungsprogramm berechneten Kosten mit den tatsächlichen Heizmaterialkosten (aus der Fibu) erfolgen. Entweder wird dazu eine mögliche und wahrscheinliche Differenz aus geplanten und tatsächlichen Heizkosten anteilmäßig auf die Kulturen verrechnet, oder der Differenzbetrag wird als unechte Gemeinkostenposition behandelt und nur die Heizmaterialkosten der Kulturen als Einzelkosten.

5.5.1 Direktkosten

Problemstellung

Bei betriebsindividuellen, betrieblichen Kostenträgerrechnungen sind die entstehenden Kosten möglichst verursachungsgerecht den Produkten und Dienstleistungen zuzurechnen. Dies gelingt am einfachsten bei der Gruppe der Direktkosten, da hier sowohl die Anforderungen einer entsprechenden Datenerfassung begrenzt sind und auch die Eindeutigkeit eines ursächlichen Zusammenhangs zumeist offensichtlich ist.

Bestandteile
Unter den Direktkosten sind – in Unternehmen mit verschiedenen Unternehmensbereichen getrennt für jede Kostenstelle – alle mit der Erzeugung und Vermarktung der jeweiligen Produkte und Dienstleistungen unmittelbar zusammenhängenden Kosten produkt- bzw. dienstleistungsbezogen zu erfassen.

Methodik und Vorgehensweise
Aufgrund des unmittelbaren Zusammenhangs der Entstehung der Direktkosten mit der Erstellung von Produkten und Dienstleistungen besteht das eigentliche Problem in einer rationellen und übersichtlichen produktbezogenen Dokumentation der Direktkosten. Hilfreich sind hier EDV-gestützte Produktionspläne (siehe Kap. 8) und möglichst vollständige Dienstleistungskalkulationen (siehe Kap. 11) sowie ein entsprechend detaillierter betrieblicher Kontenplan, der einen schnellen Abgleich der tatsächlichen Direktkosten mit den geplanten ermöglicht.

Alle Direktkosten, die nicht produkt- oder dienstleistungsbezogen im Unternehmen erfasst werden (können), sind als nicht verteilte Direktkosten den restlichen Kosten zuzuordnen und müssen damit über Schlüsselgrößen auf die Kostenträger verteilt werden (siehe hierzu Abb. 9 auf Seite 88 und Kap. 3.3).

5.5.2 Arbeitskosten

Problemstellung
Die Arbeitskosten sind in gartenbaulichen Unternehmen eine bedeutende Kostengruppe. Sie besitzen einerseits Einzelkostencharakter, andererseits aber auch Gemeinkostencharakter und werden hier und im Folgenden meist herausgelöst aus den Einzelkosten und den Gemeinkosten als separate Kostengruppe behandelt. Sie spielen in vielen Bereichen des betrieblichen Controllings eine Rolle.

Ist der Einsatz der Preisuntergrenzenrechnung vorgesehen, sind die Arbeitskosten in diesen beiden Teilpositionen getrennt, also separat als bare und als kalkulatorische Arbeitskosten zu führen.

Bestandteile
Die Arbeitskosten setzen sich zusammen aus dem baren Lohnaufwand für die entlohnt Beschäftigten – einschließlich der sozialen Aufwendungen – und dem kalkulatorischen Lohnansatz für die nicht entlohnten Unternehmer- und Familienarbeitskräfte.

Methodik und Vorgehensweise
Die Erfassung der Arbeitskosten dürfte zumindest in einfach strukturierten Unternehmen keine größeren Probleme bereiten. Der **Lohnaufwand** der entlohnt Beschäftigten ist aus der GuV oder der Lohnbuchhaltung zu entnehmen und der **Lohnansatz** für die nicht entlohnten Arbeitskräfte kann bzw. wurde im Controlling-Modul „Jahresabschlussanalyse“ berechnet (werden).

Aufwändiger wird es hier nur, wenn die Arbeitskosten bereichsgenau beziffert werden sollen. Erforderlich sind hierzu:

- die personenbezogenen Arbeitskosten (Lohnbuchhaltung);
- der personenbezogene Arbeitseinsatz (geschätzt oder erfasst) in den verschiedenen Kostenstellen.

Je nach Arbeitsorganisation und konsequenter Zuordnung der Arbeitskräfte zu den einzelnen Unternehmensbereichen genügen hier also entweder arbeitskräftebezogene Daten aus der Lohnbuchhaltung, oder es sind zusätzlich noch Angaben über den bereichsspezifischen Einsatz aller Arbeitskräfte erforderlich. Letzterer kann über den Einsatz eines Arbeitszeiterfassungsprogramms (z. B. BeTa, siehe Kap. 6.3) ermittelt werden.

5.5.3 Kosten langfristig nutzbarer Wirtschaftsgüter

Problemstellung

Die Anschaffung langfristig nutzbarer Wirtschaftsgüter erfolgt in der Regel für einen mehrjährigen Gebrauch im Unternehmen. Ihre jährlichen Kosten werden meist den Gemeinkosten bzw. restlichen Kosten zugeordnet. Im Fall einer Vollkostenrechnung werden sie in einfach strukturierten Unternehmen dadurch über unternehmensweite Gemeinkostensätze auf alle Produkte und Dienstleistungen des Unternehmens gleichmäßig verteilt. Dies kann gerechtfertigt sein, wenn sie von diesen in etwa gleicher oder ähnlicher Weise beansprucht werden.

Erfolgt hingegen der Einsatz bestimmter Wirtschaftsgüter speziell oder überwiegend in einzelnen Unternehmensbereichen oder Kostenstellen für bestimmte Produkte, Produktgruppen oder Dienstleistungen, sollten die hieraus entstehenden Kosten entweder als Einzelkosten den jeweiligen Produkten oder Dienstleistungen oder als Bereichskosten der jeweiligen Kostenstelle verursachungsgerecht zugerechnet werden. Die Entscheidung darüber ist auch in Abhängigkeit von der Höhe und damit Bedeutung der jeweiligen jährlichen Kosten zu treffen.

Neben den Arbeitskosten ist insbesondere bei folgenden langfristig nutzbaren Wirtschaftsgütern eine separate Kostenberechnung und -zuordnung zu prüfen bzw. zu empfehlen (siehe Kap. 11):

- Maschinen;
- Fahrzeuge (Fuhrparkkosten);
- gegebenenfalls Hochglasflächen (unter Umständen in Kombination mit Heizkosten).

Methodik und Vorgehensweise

Sollen einzelne Wirtschaftsgüter getrennt kalkuliert und über Kostensätze abgerechnet werden, so sind die von ihnen verursachten jährlichen Kosten bzw. die hierfür erforderlichen Bestandteile zunächst entsprechend zusammenzustellen.

Bestandteile der jährlichen Kosten von Maschinen oder Kraftfahrzeugen:
- betriebswirtschaftliche Abschreibung;
- Zinskosten;
- Betriebsmittel;
- Reparaturen und Instandhaltung;
- speziell bei Fahrzeugen zusätzlich: Kraftfahrzeugsteuer und Versicherung.

Betriebswirtschaftliche Abschreibung
Zur Berechnung der betriebswirtschaftlichen Abschreibung werden benötigt:
- der Anschaffungswert;
- gegebenenfalls ein Restwert am Ende der Nutzungsdauer;
- die Nutzungsdauer in Jahren bzw. die maximal mögliche Leistung (z. B. Kilometer-Laufleistung oder Einsatzstunden).

Langfristig nutzbare Wirtschaftsgüter werden im Inventarverzeichnis erfasst. Am besten geschieht das für Controlling-Zwecke in einem separaten betriebswirtschaftlichen Inventarverzeichnis, das in Abhängigkeit von der Unternehmensstruktur gegebenenfalls zusätzlich nach Kostenstellen gegliedert ist.

Zur Ermittlung der betriebswirtschaftlichen Abschreibung mittels speziellem betriebswirtschaftlichen Inventarverzeichnis steht unter www.ulmer.de, Webcode 3294008, folgende Tabellenkalkulations-Anwendung zum Download zur Verfügung: **CiG_Inventarverzeichnis.xlsx**.

Der **Anschaffungswert** ist dem Inventarverzeichnis zu entnehmen.

Informationen über die **voraussichtliche Nutzungsdauer** in Jahren sind aus den steuerlichen AfA-Tabellen zu ersehen oder es sind hier realistische(re) betriebliche Erfahrungswerte verfügbar.

Exkurs: Zeitabschreibung oder Leistungsabschreibung
Die Abschreibung kann bei Kraftfahrzeugen (und Maschinen) entweder als Zeitabschreibung oder als Leistungsabschreibung berechnet werden.

Zeitabschreibung ist zu wählen, wenn die Nutzungsdauer in Jahren der voraussichtlich begrenzende Faktor ist. In diesem Fall ist der

Anschaffungswert dann durch die voraussichtliche Nutzungsdauer zu dividieren um zur jährlichen Abschreibung zu gelangen.

Ist der begrenzenden Faktor bei dem Fahrzeug aber die maximal erbringbare Leistung, also im Fall eines Fahrzeugs die Kilometer-Laufleistung (z. B. 300 000 km), so kann auch eine Leistungsabschreibung erfolgen. Hierzu dividiert man dann die Anschaffungssumme – abzüglich eines evtl. Restwerts – durch die voraussichtliche maximale Leistung und erhält dann eine Abschreibung, in dem Fall bezogen auf den gefahrenen Kilometer. Eine Multiplikation dieses Kostensatzes mit der jährlichen Fahrleistung ergibt daraus dann die jährliche Abschreibung.

Wird mit einem Restwert am Ende der Nutzungsdauer gerechnet, kann dieser zuvor vom Anschaffungswert in Abzug gebracht werden.

Wichtiges Entscheidungskriterium für die Wahl von Zeit- oder Leistungsabschreibung ist die Abschreibungsschwelle. Sie ergibt sich aus der maximalen Leistungsabgabe dividiert durch die voraussichtliche Nutzungsdauer in Jahren. Ist die tatsächliche oder zu erwartende Jahresfahrleistung höher als die Abschreibungsschwelle ist die Leistungsabschreibung zu wählen, ist sie niedriger ist die Zeitabschreibung zu bevorzugen.
Für Maschinen gilt dies in gleicher Weise mit dem Unterschied, dass hier an die Stelle der Fahrleistung in km die Einsatzstunden (Maschinenstunden) treten.

Zinskosten

Die jährlichen Zinskosten für das Kraftfahrzeug werden vereinfacht berechnet aus dem über die Nutzungsdauer durchschnittlichen Kapitaleinsatz – (Anschaffungswert + evtl. Restwert) dividiert durch 2 – multipliziert mit einem durchschnittlichen Zinssatz.

Weitere Kostenbestandteile

Weitere, meist variable, Kostenbestandteile langfristig nutzbarer Wirtschaftsgüter sind der Fibu zu entnehmen. Es empfiehlt sich dazu, den betrieblichen Kontenplan entsprechend durch die Einrichtung spezieller Konten oder Unterkonten zu gestalten. Beispielsweise können hierzu Unterkonten bei Betriebsmitteln, Reparaturen und Instandhaltung, Steuern und Versicherungen für jedes gewünschte Wirtschaftsgut geführt werden.

Betriebsmittel, Reparaturen und Instandhaltung sowie Steuern und Versicherungen können beim Anfall meist eindeutig dem jeweiligen Wirtschaftsgut zugeordnet werden. Eine Vorkontierung – ein Vermerk auf den Belegen – und entsprechende Verbuchung auf speziell eingerichteten Unterkonten für einzelne Maschinen und Kraftfahrzeuge ermöglicht einen schnellen Zugriff auf die Kosten.

In Tabelle 17 wird am Beispiel eines Kraftfahrzeugs die Kalkulation der jährlichen Kosten von langfristig nutzbaren Wirtschaftsgütern vorgestellt.

5.5.4 Restliche Kosten

Problemstellung

Für eine betriebliche Vollkostenrechnung werden zur Umlage der restlichen Kosten auf die Kostenträger betriebsindividuelle Kosten- bzw. Aufschlagsätze benötigt. Da die Kostensituation in den Garten-

Tab. 17: Jährliche Kosten eines Kraftfahrzeugs

	Variante	durchschnittlich	optimistisch	pessimistisch
Art des Wirtschaftsgutes	**Einheit**	**Kfz**	**Kfz**	**Kfz**
Kürzel bzw. Kennzeichen		**FS-UB-233**	**FS-UB-233**	**FS-UB-233**
Anschaffungswert	€	35.000,00	35.000,00	35.000,00
Restwert	€	5.000,00	5.000,00	0,00
Kapitalkosten	**€**	**1.000,00**	**800,00**	**875,00**
durchschnittlich gebundenes Kapital	€	20.000,00	20.000,00	17.500,00
Zinssatz	%	5,0	4,0	5,0
Abschreibung	**€**	**6.000,00**	**4.500,00**	**7.000,00**
alternativ entweder nach Zeit oder nach Leistung	nach ...	Zeit	Leistung	Zeit
Nutzungsdauer (maximal)	Jahre	5	7	5
Leistung (maximal)	Einheit	km	km	km
	Anzahl	300.000	300.000	220.000
Abschreibungsschwelle	Einheit	km / Jahr	km / Jahr	km / Jahr
	Anzahl	60.000	42.857	44.000
jährliche Leistung (Fahrleistung)	Einheit	km	km	km
	Anzahl	35.000	45.000	25.000
Steuer	**€**	**500,00**	**450,00**	**500,00**
Versicherung	**€**	**600,00**	**600,00**	**800,00**
Reparaturen und Instandhaltung	**€**	**1.500,00**	**1.500,00**	**2.500,00**
alternativ in Euro oder % des Anschaffungswertes				
	€	1.500,00	1.500,00	2.500,00
in % des Anschaffungswertes	%	2,0	2,0	3,0
Betriebsmittel	**€**	**3.920,00**	**3.937,50**	**4.650,00**
	Art	Diesel	Diesel	Diesel
	Einheit	Liter	Liter	Liter
Preis je Mengeneinheit	€ / Liter	1,40	1,25	1,55
Leistungseinheit		km	km	km
Betriebsmittelmenge je Leistungseinheit	Liter / km	0,08	0,07	0,12
sonstige Kosten	**€**	**1.000,00**	**500,00**	**2.000,00**
je Jahr	€	1.000,00	500,00	2.000,00
je Leistungseinheit	€ / km			
Kosten insgesamt	**€**	**14.520,00**	**12.287,50**	**18.325,00**
je Leistungseinheit (gerundet)	**€ / km**	**0,41**	**0,27**	**0,73**
fixe	€	**9.100,00**	**2.350,00**	**11.175,00**
variable	€	**5.420,00**	**9.937,50**	**7.150,00**

bauunternehmen sehr unterschiedlich sein kann und die Einflüsse und Einflussfaktoren auf diese Kosten sehr vielfältig sind, führen standardisierte, betriebsfremde Kostensätze, welche die betrieblichen Verhältnisse nicht hinreichend genau wiedergeben, zu nicht realistischen Ergebnissen.

Unter der Position restliche Kosten sind – in komplex strukturierten Unternehmen für jede Kostenstelle – diejenigen Kosten zu erfassen und aufzusummieren, die auf die jeweiligen Kostenträger nur über Schlüsselgrößen zugeordnet werden können.

Hierbei ist sicher zu stellen, dass im Rahmen von Vollkostenrechnungen auch alle Kosten verrechnet werden. Sorgfältig zu prüfen ist deshalb – für jede Kostenstelle – welche Direktkosten und welche Bereichskosten gegebenenfalls nicht produkt- oder dienstleistungsbezogen vorliegen. Diese sind dann den restlichen Kosten zuzuordnen.

Bestandteile
Wie der Abbildung 9 auf Seite 88 entnommen werden kann, sind zur Ermittlung der restlichen Kosten entsprechend des vorliegenden Kostenrechnungskonzepts die folgenden Kosten aufzusummieren:

Für die Kostenstellen **Produktion** und **Handel** jeweils die
- nicht verteilten Direktkosten;
- Arbeitskosten;
- Bereichskosten;
- anteiligen restlichen Unternehmenskosten.

Für die Kostenstelle **Dienstleistungen** die
- nicht verteilten Direktkosten;
- nicht verteilten Bereichskosten;
- anteiligen restlichen Unternehmenskosten.

Die restlichen Kosten der Kostenstelle „Produktion“ sind hierbei wegen des geplanten Einsatzes der Preisuntergrenzenrechnung nach baren und kalkulatorischen Bestandteilen zu trennen (siehe Kap. 9).

Fazit
Die nun vorliegenden Kostengruppen werden in den Controlling-Modulen „Teilkostenrechnung“ (Kap. 7), „Preisuntergrenzenrechnung“ (Kap. 9), „Einzelhandels-Controlling“ (Kap. 10) und „Dienstleistungs-Controlling“ (Kap. 11) zu weiteren Kalkulationen benötigt.

Vor- und Nachkalkulation
Die vorgenommenen Berechnungen haben zunächst den Charakter einer Planung bzw. Vorkalkulation. Sie können während des Jahres laufend den aktuellen Erkenntnissen angepasst werden und sind bei

Vorliegen des darauf folgenden betriebswirtschaftlichen Jahresabschlusses, also nach Abschluss des Jahres und einer erfolgten Jahresabschlussanalyse mit einer Nachkalkulation auf ihre Zielerreichung bzw. etwaige Abweichungen hin zu überprüfen. Im Anschluss daran beginnt dann unter Einbeziehung der Erkenntnisse aus der Nachkalkulation ein neuer Planungszyklus.

6 Arbeits-Controlling

Vor allem in Saisonzeiten wächst einem die Arbeit normalerweise über den Kopf, aber auch im restlichen Jahresverlauf sind die Lohnkosten ein nicht zu vernachlässigender Faktor. Die Arbeitswirtschaft hilft hier weiter. Wo besteht Einsparpotenzial in meinem Betrieb? Welche Abläufe könnten optimiert werden?

6.1 Optimierung der Arbeitsabläufe und Arbeitsplatzgestaltung

Die Betriebsleitung wie auch die Mitarbeiter bemühen sich um die Erledigung der unterschiedlichsten Aufgaben. Die damit verknüpften Begriffe sind **Effektivität**, dies bedeutet „die richtigen Dinge tun" und **Effizienz**, was mit „die Dinge richtig tun" übersetzt werden kann. Effektivität steht für das Erreichen des gesetzten Zieles. Effizienz beinhaltet den Aspekt der Art und Weise der Arbeitsausführung, also des Rationalisierungsgrades der Aktivitäten. Dieses Kapitel zeigt Wege und Mittel zur praxisnahen Beurteilung, um die anstehenden Arbeiten rationell und stressfrei zu bewältigen.

6.1.1 Problemstellung und Zielsetzung

Arbeitswirtschaft verlangt von der Betriebsleitung wie auch von den Mitarbeitern Einsatz und Mut zu Neuem. Für eine erfolgreiche Umsetzung arbeitswirtschaftlicher Maßnahmen sind folgende Punkte zu beachten:

- Ein neuer Blickwinkel: Gefordert ist der Mut zur Offenheit gegenüber anderen Möglichkeiten der Arbeitserledigung.
- Flexibilität und Forschergeist: Andere Abläufe basieren auf anderen Verhaltensweisen. Testphasen und Entwicklungsarbeit führen zu zufriedenstellenden Lösungen.
- Übungszuwachs: Jede Änderung bedarf einer Übungsphase, erst dann wird sich das arbeitswirtschaftliche Potenzial voll erschließen.
- Das große Ganze im Blick behalten: Änderungen sind immer im Zusammenhang mit dem gesamten Betriebsgeschehen zu sehen.
- Hinter der Arbeitsausführung steht der Mensch: Die Mitarbeiter in die Entwicklungsprozesse mit einbeziehen. Das Ziel konstruktiv gemeinsam verfolgen.

6.1.2 Grundsätze der Optimierung

Rationalisieren bedeutet mit minimalem Aufwand und einfachen Regeln die gewünschten Ergebnisse effizient zu erzielen. Die Reserven liegen oft in Details versteckt und sind bei oberflächlicher Betrachtungsweise nicht gleich als solche zu erkennen.

Checkliste Optimierungsansätze

- **Eliminieren:** Was kann unterlassen werden, ohne dass die Qualität des Ergebnisses leidet?
- **Minimieren:** Lässt sich der Teilvorgang „verkleinern"? Kann ein Vorgang mit einem Griff erledigt werden anstatt mit drei Griffen?
- **Stressfrei arbeiten:** Arbeitsabläufe sollten gut von der Hand gehen, dann werden sie von den Mitarbeitern unterstützt und eingehalten.
- **Ausreichende Information:** Wer weiß Bescheid und wird dieses Wissen auch mit den Kollegen geteilt?
- **Qualitätserhalt und Qualitätsniveau:** Welche Qualität fordert bzw. bezahlt der Kunde? Welche Qualität will mein Betrieb bieten? Was wird im Vergleich dazu in der Realität produziert? Trotz aller Rationalisierungsmaßnahmen hat der Erhalt der geforderten Qualität oberste Priorität.

6.1.3 Grundsätze der Verfahrensprüfung

In diesem Kapitel findet sich ein Überblick über die Grundregeln der Arbeitswirtschaft, welche im Arbeitsalltag von jedermann angewandt werden können.

Checkliste Verfahrensprüfung

- **Kurzer Weg:** Die Dinge, welche am häufigsten genutzt werden, sind am nächsten anzuordnen; jeder Meter zählt.
- **Transportvolumen und barrierefreie Arbeitsausführung:** Immer das größtmögliche machbare Transportvolumen wählen und nutzen. Wege, Bodenbeläge, Schwellen, Tore, Durchgänge prüfen.
- **Beleuchtung:** Blendfreie Beleuchtung, direkt am bzw. über dem Arbeitsplatz. Faustzahl bei Qualitätskontrolle sind 800 bis 1000 Lux.
- **Ergonomie:** Die Arbeit sollte soweit irgend möglich an den Menschen angepasst werden und ihre Ausführung so leicht wie möglich fallen.
- **Kleidung:** Die Ausstattung ist der Witterung angemessen und zweckmäßig vorzunehmen, dies gilt auch für Aushilfskräfte.
- **Werkzeuge und Maschinen:** Vom Besen bis zum Pikierautomaten müssen die Hilfsmittel und Geräte sauber und funktionsfähig sein.
- **Pflegeleicht:** Die Wartung, Reinigung und Handhabung aller genutzten Gegenständen und Maschinen sollte sich so einfach als möglich gestalten.
- **Ordnung:** Suchzeiten sind nicht nur aus arbeitswirtschaftlicher Sicht stressbesetzt, teuer und überflüssig.
- **Sicherheit:** Selbstverständlich sind die gesetzlichen Vorschriften und die Hinweise der Berufsgenossenschaft zu beachten und einzuhalten. Nur gesunde Mitarbeiter können auf Dauer ihre Arbeitskraft sinnvoll einsetzen.

6.1.4 Umsetzung am Arbeitsplatz in der Praxis

Die Arbeitsplatzgestaltung selbst bedingt bestimmte Vorgehensweisen bei der Arbeitsausführung und somit auch den Rationalisierungsgrad.

Anordnung der Arbeitsmittel

Je kürzer der Greifweg zur Pflanze bzw. zum Hilfsmittel ist, desto geringer ist der Arbeitszeitaufwand. In der Tabelle 18 wird das Einsparpotenzial durch gekürzte Greifwege sichtbar. Es wird ausschließlich die Arbeitszeit für die Durchführung der Greifwege beim Hinlangen und Bringen berechnet.

Tab. 18: Auswirkungen unterschiedlich langer Greifwege

Einfache Entfernung zwischen zwei Objekten. Dies entspricht dem Greifweg der Hand (z. B. Kistenabstand).																
cm	4	8	12	16	20	24	28	30	35	40	45	50	55	60	65	70
Wochen	1,2	1,8	2,2	2,6	2,9	3,2	3,5	3,7	4,0	4,4	4,8	5,2	5,6	5,9	6,3	6,7
Wochen Arbeitszeit für 500.000 Griffe bei einer 40-Stunden-Woche; Die Zeit ist für den Hin- und Rückweg der Hand berechnet; kein Greifen, kein Ablegen. Quelle: Deutsche MTM-Vereinigung e. V. (Hrsg.) (1965); MTM = Methods Time Measurement																

Rechenbeispiel zu Tabelle 18:
Der durchschnittliche Greifweg zwischen Kiste und Beere beim Erdbeerpflücken wird von 70 cm auf 50 cm verringert (obere Zeile). Dies ergibt eine zeitliche Einsparung von 1,5 Wochen für 500 000 Vorgänge (untere Zeile: 6,7 – 5,2 = 1,5 Wochen).

Ergonomie

Die Körperhaltung und die Belastung durch die Tätigkeit haben einen großen Einfluss auf die Arbeitsleistung des Menschen.

Die Arbeitshöhe sollte möglichst nach den größten Mitarbeitern ausgelegt werden. Wichtig ist, dass in diesem Fall kleinere Kollegen entsprechende Podeste zur Verfügung gestellt bekommen.

Abbildung 10a auf Seite 112 zeigt die gebückte Körperhaltung an einer zu niedrigen Karottensortiermaschine.

Achtung:
Eine Verringerung des Greifweges um 4 cm entspricht **nicht** einer Einsparung von 1,2 Wochen.

Es ist immer darauf zu achten, dass möglichst mit aufrechtem Oberkörper gearbeitet werden kann. Dabei sollten die Oberarme senkrecht herunterhängen und die Unterarme mit leicht abfallendem Winkel nach vorn ausgerichtet sein.

Abb. 10 Ergonomie und Arbeitshöhen.

Bei nach vorn gebeugter Haltung empfiehlt es sich, den Oberkörper abzustützen. In Abbildung 10b kann die Mitarbeiterin sich mit den Oberschenkeln gut anlehnen und reicht so bis zur Mitte des Tisches.

Bei Arbeiten am Boden ist, wenn möglich, ein Wechsel zwischen Knien und Stehen anzustreben. Das Stehen empfiehlt sich mit breitem Stand und aus der Hüfte gebeugtem Oberkörper (Abb. 10d). Abbildung 10c zeigt die ungünstige Haltung. Der Mitarbeiter ist gezwungen, den Oberkörper komplett frei nach vorn zu beugen, ohne sich mit den Schenkeln abstützen zu können. Das Knien wird durch die Verwendung von Knieschonern (Abb. 10e und f) sehr erleichtert und schont die Gelenke im Gegensatz zur Hocke. Der Wechsel von Arbeitsinhalten führt zur Entlastung.

Grundsatz ist, nichts auf den Boden zu legen oder zu stellen, wenn es sich vermeiden lässt. Arbeitsgegenstände und Hilfsmittel sind möglichst gleich an den endgültigen Verwendungsort zu bringen. Nichts wird mehrmals angehoben und wieder abgestellt.

Die beste Arbeitsplatzgestaltung ersetzt keine Pausenzeiten. Pausen sind definierte Auszeiten bzw. Essenszeiten, die ohne schlechtes Gewissen offiziell genommen werden dürfen bzw. müssen. Flüssigkeitsmangel führt zu nachlassender Leistung. Entsprechend müssen Toiletten zur Verfügung stehen. Dies ist gerade bei der ganztätigen Feldarbeit wie im Baumschulbereich oder im Obst- und Gemüsebau zu beachten.

6.2 Optimierung der Arbeitsorganisation

6.2.1 Problemstellung und Zielsetzung

Gerade in kleineren und mittleren Gartenbaubetrieben findet ein häufiger Wechsel der Arbeitsinhalte statt. Dies hindert keineswegs an einer rationellen Arbeitsausführung. Die flüssige Abstimmung der Arbeit und Mitarbeiter stellt hohe Ansprüche und birgt zeitgleich großes Einsparungspotenzial.

6.2.2 Organisation der anfallenden Arbeiten und der Mitarbeiter

Organisation der Arbeit

Die Arbeitsaufgabe ist wetterabhängig und auftragsabhängig, trotzdem ist eine Planung sinnvoll. In Abhängigkeit von der Betriebsgröße kommen alle Mitarbeiter vor dem Arbeitsbeginn zu einer kurzen morgendlichen Besprechung zusammen oder es treffen sich nur die Gruppenleiter bzw. Teamchefs. Alle Beteiligten bekommen einen groben Überblick, welche Aufgaben für den gesamten Betrieb an diesem Tag anstehen. Ungleichgewichte in der Personalaufteilung bzw. Krankenstände können sofort korrigiert werden. Ausnahmen vom Regelablauf werden bekannt geben.

Die Zuständigkeiten für die Arbeitsbereiche im Betrieb sind definiert.

Es gilt: Jede Führungsposition besitzt eine Vertretung.

Kommunikation

Das Thema der Verständigung innerhalb des Betriebes schließt nahtlos an das Thema Organisation an. Wer – Wo – Was – Wie – Wann? Umgesetzte Informationen führen zu reibungslosen Abläufen. Immer wiederkehrende Abläufe sind auf übersichtlichen Anschlägen ausgehängt. Grundsätzlich sollten alle handschriftlichen Notizen leserlich geschrieben sein und alle notwendigen Informationen enthalten.

Gerade bei der Einweisung von Mitarbeitern gilt, dass jeder Teilnehmer die Dinge, die vorgeführt werden, auch sehen können muss. Langsam und deutlich wird der gewünschte Vorgang gezeigt.

Koordination der Mitarbeiter

Unabhängig von der Zusammensetzung einer Gruppe ist es wichtig, dass alle zusammenarbeiten und den jeweiligen Gruppenleiter akzeptieren. Dies bedeutet auf der anderen Seite aber auch, dass der jeweilige Gruppenleiter diese Position wahrnimmt und ausfüllt. Dies klingt in der Theorie erheblich einfacher als es in der Praxis oft ist, denn erfahrungsgemäß entstehen viele organisatorische und damit arbeitswirtschaftliche Defizite aus mangelnder Führungskompetenz heraus.

Bestellungen

Organisatorisch anspruchsvoll sind die immer kürzer werdenden Vorlaufzeiten. Das Ziel besteht darin, flexibel Zwischenaufträge zu integrieren und mit möglichst wenigen Hohlzeiten kontinuierlich an der gestellten Arbeitsaufgabe zu bleiben. Die kurzen Vorlaufzeiten können – wenn möglich – dadurch entschärft werden, dass Puffer geschaffen und gezielt vorgearbeitet wird (oft auch auf Verdacht). Enger Kontakt zu den Kunden und Erzeugergemeinschaften sowie eine gute innerbetriebliche Kommunikation und Organisation ist für eine reibungslose Abwicklung hilfreich.

Eine weitere Möglichkeit zur Kanalisierung der Arbeitsspitzen ist die Veränderung der Arbeitszeiten. Dies kann so weit gehen, dass in der Saison ein echtes Zweischichtensystem gefahren wird.

In Bereichen, bei welchen das Schaffen von Puffern nahezu unmöglich ist, z. B. in Hochbaumschulen, ist die ganz gezielte Arbeitsplanung bei der Auftragsannahme und Abarbeitung gefragt. Die Leistungsobergrenzen müssen bekannt sein.

6.2.3 Gestaltung der Transportvorgänge

Gartenbauunternehmen aller Sparten sind, betrachtet man die zeitlichen Arbeitsanteile, eindeutig Transportunternehmer. Da die meisten Betriebe gewachsene Betriebe sind, lohnt sich eine objektive Vogelperspektive.

Vorschlag:
Skizzieren Sie einen Lageplan des Betriebes oder der Arbeitshalle und zeichnen Sie die Transportvorgänge ein.

Checkliste Transport

- **Eliminieren von Wegestrecken:** Zum Beispiel zwei Arbeitsschritte in einem zusammenfassen. Bei drei Fahrten pro Arbeitstag, wären das ca. 900 Fahrten pro Jahr.
- **Minimieren der Wegestrecken:** Die notwendigen Arbeitsmittel in der Nähe lagern; dies gilt besonders auch für Leergut und Müll. Eine Überprüfung der Flächenbelegung und Zugriffshäufigkeiten ist sinnvoll.
- **Kombinieren von Wegestrecken:** Nicht nur die neue Bestellliste aus dem Büro holen, sondern gleich noch den Nachschub an Etiketten mitbringen.
- **Transportkapazitäten:** Im ergonomisch machbaren Bereich das Maximum transportieren.
- **Transportmittelzustand:** Dies betrifft die Bereifung ebenso wie den passenden Aufbau und die einfache Handhabung.
- **Prüfen der Wege:** Ohne Behinderung zu passieren. Keine Engpässe und ausreichend dimensionierte Kurven.
- **Umgang mit Transportmitteln:** Von der Mobiltischanlage bis zum Gabelstapler ist eine gründliche Einweisung und eine faire, ruhige Einübungszeit notwendig.

6.2.4 Ordnung als Basis der Arbeitswirtschaft

Unerwünschte Suchzeiten führen jede Planung und jede Organisation ad absurdum, sie halten auf, bremsen aus und führen zu Fehlern. Eine demotivierte, frustrierte Belegschaft, mangelhafte Qualität in der Arbeitsausführung, unpünktliche Lieferung und unzufriedene Kunden sind die Folge. Bei Kunden vor Ort überträgt sich der erste Eindruck des Betriebes automatisch auf die Qualität des Produktes bzw. der Arbeitsausführung.

Ordnung kann nur durch alle Beteiligten eingeführt und erhalten werden. Es ist nicht die Tat einzelner Aktivisten. Ordnung ist eine Grundphilosophie im Betrieb. Die Fotos in Abbildung 11 auf Seite 116 zeigen positive wie negative Praxisbeispiele zum Thema.

Rechenbeispiel:
10 Mitarbeiter verbringen jeweils 3 Minuten pro Arbeitstag damit, nach etwas zu suchen. Dies entspricht 30 Minuten am Tag und 300 × 30 Minuten = 150 Stunden im Jahr.

6.3 Arbeitszeiterfassung mit BeTa

Die Arbeit stellt einen wichtigen Faktor in Unternehmen der Gartenbauwirtschaft dar. Für das betriebliche Controlling ergeben sich daraus verschiedene Erfordernisse an betrieblichen und betriebsindividuellen Arbeitszeitdaten.

Positivbeispiele

Abb. 11 Ordnung.

Mit dem **Betriebsleitertagebuch** (BeTa) der Hochschule Weihenstephan-Triesdorf (HSWT) steht ein geeignetes Hilfsmittel für die EDV-gestützte Erfassung von Arbeitszeitdaten in Betrieben der Gartenbauwirtschaft zur Verfügung. Wichtig für seinen erfolgreichen Einsatz ist eine:
- präzise Zielsetzung der Arbeitszeiterfassung (Vermeidung rein mitarbeiter-kontrollierender Zielsetzungen);
- geeignete Konfiguration des Erfassungsprogramms;
- ausführliche Erläuterung der Zielsetzung gegenüber den Mitarbeitern;
- geeignete Einweisung und Eingabe-Kontrolle;
- zielorientierte Auswertung und Rückmeldung an die Mitarbeiter;
- Vorbildfunktion der Unternehmensleitung.

6.3.1 Problemstellung und Zielsetzungen

Nachfolgend sind beispielhaft einige Zielsetzungen bzw. Problemstellungen aufgelistet (unvollständige Liste), wo und für welche Zwecke welche Arbeitszeitdaten benötigt werden:
- **Zielsetzung 1: Arbeitsbedarf (und kosten) nach Betriebsbereichen, Kostenstellen oder Standorten**
  (zur Ermittlung der bereichsgenauen Arbeitskosten für eine Wirtschaftlichkeitsanalyse verschiedener Unternehmensbereiche);
- **Zielsetzung 2: Arbeitsbedarf (und kosten) nach Produkten und Leistungen**
  (zur Ermittlung der produkt- bzw. leistungsspezifischen Arbeitskosten für eine Kostenträgerrechnung und als mögliche Schlüsselgröße für die Verteilung der Gemeinkosten im Rahmen von Vollkostenrechnungen);
- **Zielsetzung 3: Arbeitsbedarf (und -kosten) nach Tätigkeiten**
  (zur Identifikation von arbeitsintensiven Tätigkeiten und Optimierung von Arbeitsverfahren).

Exkurs: Unterschiedliche Arbeitskapazitäten

Die Arbeitskapazität einer Arbeitskraft wird gewöhnlich in Arbeitskraftstunden (Akh) gemessen. Unterschieden werden hierbei folgende drei unterschiedliche Kapazitäten:
- bezahlte Akh (Akh_bez),
- geleistete Akh (Akh_gel),
- zurechenbare (oder produktive) Akh (Akh_zur).

Bezahlte Arbeitszeit (Akh_bez)

Unter Akh_bez werden alle Stunden summiert, die ein Mitarbeiter bezahlt bekommt, also einschließlich Feiertage an Werktagen, Urlaubstage, Freistellungstage oder Krankheitstage usw. Bei einer 40-Stunden-Woche beläuft sich die bezahlte Arbeitskapazität eines Mitarbeiters im Jahr auf etwas mehr als 2000 Akh_bez.

Hinweis:
Hierbei ist es zunächst unerheblich, mit welchen Tätigkeiten die Arbeitskraft beschäftigt ist.

Geleistete Arbeitszeit (Akh_gel)
Die geleistete Arbeitskapazität (Akh_gel) gibt an, wie viele Stunden der Mitarbeiter dem Betrieb konkret zur Verfügung steht (Anwesenheitsstunden). Eine in Vollzeit beschäftigte Arbeitskraft verfügt gewöhnlich über eine geleistete Arbeitskapazität im Jahr in einer Größenordnung von ca. 1700 Akh_gel.

Zurechenbare (oder produktive) Arbeitszeit (Akh_zur)
Mit der zurechenbaren (oder produktiven) Arbeitskapazität (Akh_zur) wird ausgedrückt, wie viele Stunden ein Mitarbeiter mit Tätigkeiten unmittelbar an Kostenträgern (Produkten und Leistungen) befasst ist. Im Gegensatz zur gezahlten oder geleisteten Arbeitskapazität, die aus der Lohnbuchhaltung zu gewinnen ist, ist diese zurechenbare Arbeitskapazität in vielen Unternehmen eine unbekannte, aber nichtsdestotrotz äußerst wichtige Größe. Nach Erfahrungen des Autors bewegt sich die zurechenbare Arbeitskapazität in gartenbaulichen Unternehmen in Abhängigkeit von der betrieblichen Ausrichtung und Organisation in einer Größenordnung zwischen 50 % und 80 % der geleisteten Arbeitskapazität.

Wozu können nun diese Maße im betrieblichen Controlling verwendet werden?

Problemstellung 1:
Arbeitskosten einzelner Unternehmensbereiche (in Unternehmen mit verschiedenen betrieblichen Teilbereichen bzw. Betriebsteilen).
Erläuterung: bereichsbezogene Arbeitskosten sind ein wichtiger Bestandteil der Analyse von Wirtschaftlichkeiten verschiedener Unternehmensbereiche (siehe Kap. 3).
Problemlösung: (abhängig vom Einsatzkonzept der Mitarbeiter)

In Unternehmen, in denen die Mitarbeiter weitgehend bereichsgenau eingesetzt werden, kann die Ermittlung der Arbeitskosten der Unternehmensbereiche über den Personalaufwand der dort beschäftigten Mitarbeiter erfolgen.

Wo hingegen Mitarbeiter (in nennenswertem Umfang) bereichsübergreifend tätig sind, können die Arbeitskosten der verschiedenen Unternehmensbereiche über den geleisteten Arbeitseinsatz (Akh_gel) multipliziert mit dem betreffenden Arbeitskostensatz (Arbeitskosten in Euro je Akh_gel) berechnet werden.

Eine Problemlösungsalternative für die Ermittlung der bereichsbezogenen Arbeitskosten ergibt sich über die Erfassung der Akh_zur eines Bereiches multipliziert mit dem Arbeitskostensatz je Akh_zur.

Beispiel:
Die in einem Unternehmensbereich insgesamt geleistete Arbeitskapazität sei 2000 Akh_gel. Der Arbeitskostensatz je Akh_gel betrage 12,50 €.

Daraus ergeben sich für den Bereich 2000 Akh_gel × 12,50 €/Akh_gel = 25 Tsd. € Arbeitskosten.

Problemstellung 2:
Arbeitskosten eines Produktes, einer Dienstleistung.
Erläuterung: Die Ermittlung der produktspezifischen Arbeitskosten ist Bestandteil einer Gestehungskostenkalkulation eines Produktes, einer Dienstleistung.
Problemlösung: benötigte Informationen sind:
- Arbeitskosten insgesamt bzw. für einen Bereich;
- Summe der Akh_zur insgesamt bzw. für einen Bereich;
- Akh_zur des zu kalkulierenden Produktes, der zu kalkulierenden Dienstleistung.

Aus den Arbeitskosten und der Summe der Akh_zur wird durch Division der Arbeitskostensatz je Akh_zur berechnet. Dieser wird anschließend mit der benötigten Akh_zur eines Produktes bzw. einer Dienstleistung multipliziert.

Problemstellung 3:
Rationalisierung (Identifikation und Bearbeitung arbeitsintensiver Vorgänge und Verfahren).
Erläuterung: Der zunehmende Konkurrenzdruck auf gartenbaulichen Märkten zwingt die Unternehmen zu kontinuierlichen Fortschritten in der Wirtschaftlichkeit der Produkt- und Leistungserstellung. Ein Teilbereich hierbei ist die Suche nach arbeitssparenden (aber doch qualitätssichernden) Arbeits-, Produktions- und Vermarktungsverfahren. Eine besondere Bedeutung besitzt im Bereich der Gartenbauwirtschaft auch die zum Teil sehr starke Saisonalität des Arbeitsbedarfs mit hohen Arbeitsspitzen.
Problemlösung: Identifikation unternehmensspezifischer Tätigkeiten mit hohem Arbeitseinsatz – auch hinsichtlich ihrer zeitlichen Verteilung – mittels EDV-gestützter Erfassung mit dem Programm BeTa.

6.3.2 Konfigurationsbeispiele

Das Arbeitszeiterfassungsprogramm BeTa kann für verschiedene Zielsetzungen unterschiedlich eingerichtet bzw. konfiguriert werden. Wichtig ist dabei festzulegen:
- welche Art der Arbeitszeit erfasst werden soll (Akh_gel oder Akh_zur); in letzterem Fall muss für die Mitarbeiter klar festgelegt werden, welche Tätigkeiten hierunter zu verstehen und zu erfassen sind;
- von welchen Mitarbeitern (anonyme oder mitarbeiterbezogene Datenerfassung);
- bei welchen Kulturen (unter der Bezeichnung „Kulturen“ sind generell die Kostenträger zu verstehen, also die Produkte und/oder Dienstleistungen;
- an welchen Standorten;

- für welche Tätigkeiten;
- in welchem Umfang;
- an welchem Tag.

Je nach Aufgabenstellung gestaltet sich der Umfang der Dateneingabe bzw. -erfassung unterschiedlich. Hierzu stellt das Programm folgende **drei Betriebsmodi** zur Verfügung:
- **Betriebstagebuch I:** Erfassung von Personal, Kulturen, Standorten und Tätigkeiten. Vollständige Aufzeichnung(spflicht) aller Daten, fehlende Einträge werden nicht akzeptiert.
- **Betriebstagebuch II:** Erfassung von Personal, Kulturen und Tätigkeiten. Standortangaben sind nicht erforderlich.
- **Kulturtagebuch:** Erfassung von Kulturen und Tätigkeiten. Alle anderen Angaben sind entbehrlich.

Konfiguration für die Zielsetzung 1
Arbeitsbedarf (und -kosten) nach Unternehmensbereichen, Kostenstellen oder Standorten (zur Ermittlung der bereichsgenauen Arbeitskosten)
Modus: Betriebstagebuch II oder Kulturtagebuch
Arbeitszeit: Akh_gel (Eingabeumfang: gesamte Tagesarbeitszeit)
Personal: jeder (bzw. nur diejenigen, die in interessierenden Bereichen tätig sind) oder „Standard-Mitarbeiter“
Kulturen: Anlage (und Eingabe) einer fiktiven „Standard-Kultur“
Standorte: interessierende Unternehmensbereiche
Tätigkeiten: Anlage einer Tätigkeit „Akh_gel“

Konfiguration für die Zielsetzung 2
Arbeitsbedarf (und -kosten) nach Produkten und Leistungen (zur Ermittlung der produkt- bzw. leistungsspezifischen Arbeitskosten)
Modus: Betriebstagebuch II oder Kulturtagebuch
Arbeitszeit: Akh_zur (Eingabeumfang: nur zurechenbarer Teil der gesamten Tagesarbeitszeit)
Personal: jeder (bzw. nur diejenigen, die in interessierenden Bereichen tätig sind) oder „Standard-Mitarbeiter“
Kulturen: alle (interessierenden) Produkte und Dienstleistungen
Standorte: entbehrlich
Tätigkeiten: Anlage einer Tätigkeit „Akh_zur“ oder aller zurechenbaren Tätigkeiten

Konfiguration für die Zielsetzung 3
Arbeitsbedarf (und -kosten) nach Tätigkeiten (zur Identifikation von arbeitsintensiven Tätigkeiten und Optimierung von Arbeitsverfahren und oder zur Unterscheidung von den Produkten und Dienstleistungen zurechenbaren und sonstigen Tätigkeiten)

Modus: Betriebstagebuch II
Arbeitszeit: Akh_gel (Eingabeumfang: gesamte Tagesarbeitszeit)
Personal: jeder (bzw. nur diejenigen, die in interessierenden Bereichen tätig sind) oder „Standard-Mitarbeiter"
Kulturen: Anlage (und Eingabe) einer fiktiven Kultur („Standard") oder aller Kulturen und Dienstleistungen
Standorte: entbehrlich, gegebenenfalls interessierende Unternehmensbereiche
Tätigkeiten: alle Tätigkeiten (gegebenenfalls mit einer gewissen Mindestbedeutung)

Mehrfachzielsetzungen sind durch geschickte Konfiguration möglich und sinnvoll, jedoch muss hier die Art der zu erfassenden Arbeitskapazität jeweils für alle Zielsetzungen gleich sein.

Eine personenbezogene Datenerfassung ist empfehlenswert um eine regelmäßige und vollständige Eingabe sicher zu stellen.

Beispiel für eine Mehrfachzielsetzung in einer Einzelhandelsgärtnerei
Konfiguration für die Zielsetzungen 1 bis 3
Arbeitsbedarf nach Unternehmensbereichen, Produkten und Dienstleistungen und Tätigkeiten
Modus: Betriebstagebuch II
Arbeitszeit: Akh_zur
Personal: jeder (bzw. nur diejenigen, die in interessierenden Bereichen tätig sind) oder „Standard-Mitarbeiter"
Kulturen: alle (interessierenden) Produkte und Dienstleistungen
Standorte: interessierende Unternehmensbereiche
Tätigkeiten: alle Tätigkeiten (gegebenenfalls mit einer gewissen Mindestbedeutung)

6.3.3 Auswertungsbeispiele

Die Auswertung der mit BeTa erfassten Arbeitszeitdaten kann sehr einfach und nach individuellen Vorstellungen erfolgen. Dazu bietet das Programm BeTa verschiedene Datenzusammenstellungen für beliebige Zeiträume im Menüpunkt „Auswertungen" an. Diese können dann zur weiteren Bearbeitung und Aufbereitung in grafische Darstellungen komfortabel an die Tabellenkalkulation Excel übergeben werden. Am Beispiel der vorgenannten Zielsetzung 1 „Arbeitsbedarf (Akh_gel) nach Unternehmensbereichen" soll dies kurz demonstriert werden.

BeTa-Auswertung „Übersicht Tagebuchdaten“
In der BeTa-Auswertung „Übersicht Tagebuchdaten“ werden die erfassten Daten – für einen individuell festzulegenden Zeitraum – in chronologischer Reihenfolge detailliert aufgelistet werden. Die Tabelle 19 zeigt das Ergebnis nach der Übergabe an Excel. Die hierdurch in Tabellenkalkulation zur Verfügung stehenden Daten können so für die gewünschten Zielsetzungen weiter bearbeitet und ausgewertet werden.

BeTa-Auswertung „Statistik Tätigkeiten“
In einer weiteren Auswertungsoption können die im Rahmen von Arbeitszeitaufzeichnungen mit BeTa erfassten Daten – ebenfalls für einen beliebig wählbaren Zeitraum – aggregiert und wunschgemäß zusammengestellt werden. Hierbei besteht die Möglichkeit, die er-

Tab. 19: BeTa-Auswertung „Übersicht Tagebuchdaten“

Zielsetzung 1: Arbeitsbedarf (Akh_gel.) nach Unternehmensbereichen Zeitraum: 27.06. bis 29.06.Jahr 1					
Datum	**Kultur**	**Tätigkeit**	**Mitarbeiter**	**Standort**	**Zeitdauer**
27.06.Jahr1	Standard	Akh_geleistet	Rudolf Huber	Dienstleistung	2,00
27.06.Jahr1	Standard	Akh_geleistet	Rudolf Huber	Produktion	6,00
27.06.Jahr1	Standard	Akh_geleistet	Hans Müller	Dienstleistung	5,25
27.06.Jahr1	Standard	Akh_geleistet	Hans Müller	Produktion	2,75
27.06.Jahr1	Standard	Akh_geleistet	Gisela Schneider	Dienstleistung	2,00
27.06.Jahr1	Standard	Akh_geleistet	Gisela Schneider	Einzelhandel	5,50
27.06.Jahr1	Standard	Akh_geleistet	Gisela Schneider	Produktion	0,50
27.06.Jahr1	Standard	Akh_geleistet	Hedwig Wagner	Einzelhandel	1,00
27.06.Jahr1	Standard	Akh_geleistet	Hedwig Wagner	Produktion	7,00
28.06.Jahr1	Standard	Akh_geleistet	Rudolf Huber	Dienstleistung	3,50
28.06.Jahr1	Standard	Akh_geleistet	Rudolf Huber	Produktion	4,50
28.06.Jahr1	Standard	Akh_geleistet	Hans Müller	Produktion	8,00
28.06.Jahr1	Standard	Akh_geleistet	Gisela Schneider	Dienstleistung	1,75
28.06.Jahr1	Standard	Akh_geleistet	Gisela Schneider	Einzelhandel	6,25
28.06.Jahr1	Standard	Akh_geleistet	Hedwig Wagner	Dienstleistung	1,25
28.06.Jahr1	Standard	Akh_geleistet	Hedwig Wagner	Einzelhandel	4,50
28.06.Jahr1	Standard	Akh_geleistet	Hedwig Wagner	Produktion	2,25
29.06.Jahr1	Standard	Akh_geleistet	Rudolf Huber	Dienstleistung	4,50
29.06.Jahr1	Standard	Akh_geleistet	Rudolf Huber	Einzelhandel	1,00
29.06.Jahr1	Standard	Akh_geleistet	Rudolf Huber	Produktion	2,50
29.06.Jahr1	Standard	Akh_geleistet	Hans Müller	Dienstleistung	8,00
29.06.Jahr1	Standard	Akh_geleistet	Gisela Schneider	Dienstleistung	2,00
29.06.Jahr1	Standard	Akh_geleistet	Gisela Schneider	Einzelhandel	6,00
29.06.Jahr1	Standard	Akh_geleistet	Hedwig Wagner	Einzelhandel	4,00
29.06.Jahr1	Standard	Akh_geleistet	Hedwig Wagner	Produktion	4,00
Akh_gel. = geleistete Arbeitszeit, Anwesenheitszeit im Unternehmen					

Tab. 20: BeTa-Auswertung „Statistik Tätigkeiten"

Zielsetzung 1: Arbeitsbedarf (Akh_gel.) nach Unternehmensbereichen Personal – Standorte	Zeitraum: 27.06. bis 29.06.Jahr 1			
	Dienstleistung	**Einzelhandel**	**Produktion**	**Summe**
Rudolf Huber	10,00	2,25	19,75	**32,00**
Hans Müller	15,25	5,50	11,25	**32,00**
Gisela Schneider	5,75	21,75	4,50	**32,00**
Hedwig Wagner	7,00	11,75	13,25	**32,00**
Summe	**38,00**	**41,25**	**48,75**	**128,00**

fassten Komponenten (Personal, Kulturen, Standorte, Tätigkeiten, Datum) jeweils in zweidimensionalen Tabellen anzuordnen und wiederum in Excel zur weiteren Auswertung und Bearbeitung zu übertragen. Die Tabelle 20 zeigt – ebenfalls am Beispiel der Zielsetzung 1 – eine Zusammenstellung für die Komponenten Personal (Zeilen) und Standorte (Spalten). Wie hieraus zu entnehmen ist, verteilt sich die im Erfassungszeitraum im Unternehmen geleistete Arbeitszeit von insgesamt 128 Akh_gel zu 48,75 Akh auf die Produktion. 41,25 Akh wurden im Einzelhandel benötigt und 38,00 Akh entfielen auf den Dienstleistungsbereich. Ergänzend wird in dieser Auswertung auch der Arbeitseinsatz der Mitarbeiter in den verschiedenen Unternehmensbereichen (Standorte) ausgewiesen.

6.4 Tätigkeitsanalyse mittels Multimomentaufnahme

6.4.1 Problemstellung und Zielsetzungen

Die Multimomentaufnahme (MM) ermöglicht es entweder tätigkeitsspezifisch oder gesamtbetrieblich Abläufe zu analysieren. Das Verfahren beruht darauf, dass nach dem Stichprobenprinzip Beobachtungen dokumentiert werden. Die Ergebnisse einer Multimomentaufnahme zeigen die prozentualen Anteile verschiedener Tätigkeiten am Gesamtbeobachtungsbereich im Verhältnis zueinander. Da eine MM auch von Mitarbeitern im Betrieb durchgeführt werden kann, wird allgemein das Interesse an der Arbeitswirtschaft aufgebaut und das Vertrauen in die Ergebnisse steigt.

Vorteile:

- Bei Erfassungszeiträumen von ein bis zwei Tagen können richtungsweisende Aussagen gemacht werden. Eine Datenauswertung ist in zwei bis drei Stunden möglich.
- Es können mehrere Arbeitsplätze gleichzeitig beobachtet werden.
- Es werden keine Messinstrumente benötigt (außer Stift und Papier).

- Sie ist für den Laien einfach zu erlernen.
- Arbeitswirtschaftliche Probleme werden erkannt.

Nachteile:
- Die Ergebnisse sagen nichts über die arbeitswirtschaftliche Qualität aus.
- Es kann keine Aussage über die absolute Arbeitsleistung getroffen werden.
- Verfahrensvergleiche sind nur unter genau definierten Bedingungen möglich.

Die Interpretation der Ergebnisse muss immer unter Mitwirkung des Beobachters und streng situationsbezogen vorgenommen werden. In diesem Zusammenhang sind parallele Videodokumentationen empfehlenswert und eine genaue Erfassung der Bedingungen unverzichtbar.

Einsatzmöglichkeiten der Multimomentaufnahme
- **Verhältnisse verschiedener Tätigkeiten zueinander ermitteln:**
  a) Transportarbeiten gegenüber Tätigkeiten am Arbeitsplatz;
  b) Präsenz der Mitarbeiter am Arbeitsplatz zu sachlich bedingte Abwesenheit;
  c) Wartezeiten zu Tätigkeitszeiten.
- **Zeitfresser und/oder Nebenarbeiten erfassen:** In unregelmäßigen Abständen auftretende Störungen, Telefon, Nebenarbeiten oder nur zeitweise notwendige zusätzliche Arbeiten wie Fegen können erfasst werden.
- **ABC-Analyse:** Zeitaufwand unterschiedlicher Tätigkeiten bei der Durchführung der Arbeitsaufgabe analysieren. Dies bietet den Ansatzpunkt für tiefer gehende arbeitswirtschaftliche Untersuchungen.
- **Schwerpunkte isoliert untersuchen:** Beispielsweise nur die Transportvorgänge oder den Kassenarbeitsplatz.
- **Augen öffnen für die Arbeitswirtschaft:** Durch die differenzierte Gliederung der Tätigkeiten im Aufnahmebogen und die ungebrochene Konzentration bei der Aufnahme ergeben sich viele arbeitswirtschaftliche Ansatzpunkte wie von selbst.

6.4.2 Fallbeispiel zur Multimomentaufnahme

Durchführung

Erstellen des Erfassungsbogens:
- **Fragestellung** der Untersuchung klären.
- **Analyse der Arbeitsabläufe:** Die später zu erfassenden Tätigkeiten werden im Voraus beobachtet und notiert.

- **Beschreibung der Arbeitsbedingungen:** Lageplan bzw. Arbeitsplatzskizze; beteiligte Mitarbeiter; Arbeitsmittel; Pflanze; Klima usw.
- **Definition der Beobachtungsabschnitte:** Entsprechend der Zielsetzung der Untersuchung wird eine Untergliederung der Arbeitsabläufe in Teilabschnitte vorgenommen. Diese werden schriftlich exakt definiert und mit einem Stichwort belegt, das in den Erfassungsbogen eingetragen wird.

Die Tabelle 21 zeigt einen Erfassungsbogen einer Multimomentaufnahme für ein Fallbeispiel.

Festlegen der Beobachtungsbedingungen:
- **Standort des Beobachters:** Es darf auf keinen Fall Einfluss auf die Tätigkeiten ausgeübt werden und trotzdem muss der Beobachter alles erkennen können.
- **Dauer des Beobachtungstaktes:** Bei kurzzyklischen Beobachtungen sollte ein möglichst enger Takt gewählt werden. Je näher die Beobachtungsmomente beieinander liegen, desto eher bildet die Stichprobe die Realität ab. Der Takt muss unabhängig vom Arbeitstakt sein (z. B. Topfmaschine). Immer genau nach Ablauf von z. B. 10 Sekunden wird beobachtet.
- **Takteinhaltung:** Der Takt muss unbedingt konstant eingehalten werden. Die Uhr gibt vor, wann beobachtet wird! Uhrzeiger auf der 12 => auf der 2 => auf der 4 => auf der 6 usw.
- **Beobachtungstest:** Unter den oben festgelegten Bedingungen 15 Minuten Probe MM durchführen und falls notwendig Korrekturen vornehmen.

Tab. 21: Aufnahmebogen für eine Multimomentaufnahme

Ziel:	Auslastung der Mitarbeiter im Gartencenter durch Kundenbetreuung						© R. Spraul
Bereich:	Gartencenter	Tätigkeit:	Kasse, Bedienen, Pflanzenpflege			Seite:	1
Takt:	---	Anzahl MA:	2	Uhrzeit:	15:00 - 17:00	Datum:	16.04.Jahr 1
B & B putzen	**B & B einräumen**	**Gehen ohne Kd.**	**Gehen mit Kd.**	**Kassieren**	**an leerer Kasse**	**abwesend**	**abwesend**
IIIII IIIII IIIII IIIII IIIII	IIIII IIIII IIIII IIIII IIIII	IIIII IIIII IIIII IIIII IIIII	IIIII IIIII IIIII IIIII IIIII	IIIII IIIII IIIII IIIII IIIII	IIIII IIIII	IIIII IIIII IIIII IIIII IIIII	IIIII IIIII IIIII IIIII IIIII
IIIII IIIII IIIII IIIII IIIII	IIIII IIIII IIIII IIIII IIIII	IIIII IIIII IIIII IIIII IIIII	IIIII IIIII IIIII IIIII IIIII	IIIII IIIII IIIII IIIII IIIII	Σ 10	IIIII IIIII IIIII IIIII IIIII	IIIII IIIII IIIII IIIII IIIII
IIIII IIIII IIIII IIIII IIIII	IIIII IIIII IIIII IIIII IIIII	IIIII IIIII IIIII IIIII	IIIII IIIII IIIII IIIII IIIII	IIIII IIIII IIIII IIIII IIIII		IIIII IIIII IIIII IIIII IIIII	IIIII IIIII IIIII IIIII IIIII
IIIII IIIII	IIIII IIIII IIIII IIIII IIIII	Σ 70	IIIII IIIII IIIII IIIII IIIII	IIIII IIIII IIIII IIIII IIIII		IIIII IIIII IIIII IIIII IIIII	IIIII IIIII IIIII IIIII IIIII
Σ 85	IIIII IIIII IIIII IIIII IIIII		IIIII IIIII IIIII IIIII IIIII	IIIII IIIII IIIII IIIII IIIII		IIIII IIIII IIIII IIIII IIIII	IIIII IIIII IIIII IIIII
	IIIII IIIII IIIII IIIII		IIIII IIIII IIIII IIIII IIIII	IIIII IIIII IIIII IIIII IIIII	**Telefonieren**		**abwesend**
	Σ 145		Σ 150	IIIII IIIII IIIII IIIII IIIII	IIIII IIIII IIIII IIIII		Σ 245
				IIIII IIIII IIIII IIIII IIIII	Σ 20		
				IIIII IIIII IIIII IIIII IIIII	**Kollege rufen**	**Info Kollege**	**Sonstiges**
				IIIII IIIII IIIII IIIII IIIII	IIIII IIIII IIIII	IIIII IIIII IIIII IIIII	
				IIIII IIIII IIIII IIIII IIIII	Σ 15	Σ 20	
				IIIII IIIII IIIII IIIII IIIII	**nicht erkennbar**	**untätig**	**privat**
				IIIII IIIII IIIII IIIII IIIII			IIIII
				IIIII IIIII IIIII Σ 340			Σ 5
MA = Mitarbeiter; B & B = Beet- und Balkonpflanzen; Kd. = Kunde							

- **Selbstkontrolle:** Weshalb habe ich den Takt verpasst? Geschieht dies öfter und auch noch aus dem gleichen Grund? Dann verliert die MM ihre Aussagekraft.
- **Verhältnisse der Arbeitsanteile:** Bei kurzzyklischen Beobachtungen ist auf die Anteile an der Gesamtarbeitszeit zu achten. Rüstvorgänge wie beispielsweise das Umbauen der Topfmaschine müssen getrennt erfasst und ausgewertet werden.
- **Mindestanzahl an Notierungen:** 1000
- **Sicherheit der Aussagewahrscheinlichkeit:** Eine Zwischenauswertung bei ca. 600 bis 800 Notierungen sollte durchgeführt werden. Ergeben sich dann bei 1000 Notierungen keinen wesentlichen Verschiebungen der Ergebnisse mehr, so ist die Aufnahme ausreichend gesichert (statistische Auswertung siehe HETTINGER 1993).

Durchführung der Beobachtung selbst:
- Blick auf die Uhr, bis der Takt erreicht ist;
- Hochschauen;
- Tätigkeit bzw. Untätigkeit registrieren;
- Strich in der entsprechenden Rubrik des Erfassungsbogens machen;
- Blick zurück auf die Uhr bis zum Erreichen des nächsten Taktes.

Absolut wichtigste Grundregel jeder MM-Aufnahme:
- Die Beobachtung bei der Multimomentaufnahme sollte den Mitarbeiter bei seiner Tätigkeit genau in diesem einen Augenblick des Taktes erfassen;
- nicht eine Sekunde früher und nicht eine Sekunde später;
- nicht warten, bis sich etwas tut!

Folgende Tabellenkalkulations-Anwendung steht für das Controlling-Modul „Arbeits-Controlling“ unter www.ulmer.de, Webcode 3294008, zum Download zur Verfügung: **CiG_Multimoment.xlsx**.

EDV-Hilfsmittel

Die im Rahmen einer Multimomentaufnahme erfassten Daten, können mit der Tabellenkalkulations-Anwendung **CiG_Multimoment.xlsx** komfortabel und schnell ausgewertet werden. Diese Datei enthält hierzu unter anderem die Tabellenblätter:
- **Hinweise zur Durchführung MM;**
- **Aufnahmeformular MM;**
- **Dateneingabe + Ergebnisse.**

Darüber hinaus werden in einer Reihe von Diagrammarbeitsblättern vielfältige Auswertungen in Form von automatisch erstellten Abbildungen bereitgestellt.

Um einen kurzen Einblick in die Tabellenkalkulations-Anwendung **CiG_Multimoment.xlsx** zu ermöglichen, wird in der Tabelle 22 ein Ausschnitt des Tabellenblattes „Dateneingabe + Ergebnisse“ vorgestellt.

Tab. 22: Dateneingabe und Ergebnistabelle

Auswahl für individuelle Abbildungen	Anzahl Notierungen	Tätigkeiten	Anzahl	in %	Kürzel
			1.100	100,0	
	70	**Gehen ohne Kunde**	70	6,4	TR
1	150	**Gehen mit Kunde**	150	13,6	HA
1	340	**Kassieren**	340	30,9	HA
	10	**an leerer Kasse**	10	0,9	NA
2	85	**Putzen, Umstellen**	85	7,7	NA
2	145	**B & B einräumen**	145	13,2	NA
	20	**Telefonieren**	20	1,8	IK
1	20	**Info Kollege**	20	1,8	IK
1	15	**Kollegen rufen**	15	1,4	IK
2	245	**abwesend**	245	22,3	SO
	1.100				
Hier ist die Anzahl der Notierungen für private Belange eintragen. Dieser Anteil wird in den Auswertungstabellen und Diagrammen nicht berücksichtigt. Falls die Anzahl sehr hoch ist, sollten die Gründe hierfür geprüft werden.					
		Privat	5	0,5	
B & B = Beet- und Balkonpflanzen; TR = Transport; HA = Hauptarbeit; NA = Nebenarbeit; IK = Info und Kontrolle; SO = Sonstiges					

In der ersten Spalte besteht die Möglichkeit ausgewählte Tätigkeiten in individuellen Abbildungen zusammenzustellen. In die zweite Spalte sind die Anzahl Notierungen aus dem Erfassungsformular (siehe Tab. 21) einzutragen. In den darauffolgenden zwei Spalten werden die absoluten Nennungen und die relativen Anteile der jeweiligen Tätigkeiten ausgewiesen. Die letzte Spalte der Tabelle 22 bewirkt über die Vergabe und Zuordnung von Kürzeln eine Gruppierung einzelner Tätigkeiten zu Tätigkeitskategorien.

6.4.3 Auswertung und Interpretation

Die Fragestellungen der in Tabelle 21 als Fallbeispiel angeführten Multimomentaufnahme sind:

- Wie verhält es sich mit der Auslastung der Mitarbeiter im Gartencenter?
- Wie zeitaufwändig ist die Kundenbetreuung?

Die Tabellenkalkulations-Anwendung zur Multimomentaufnahme liefert ein breites Portfolio an Auswertungsmöglichkeiten. In Bezug auf diese Fragestellungen wurde als Beispiel in Abbildung 12 auf Seite 128 die Staffelung nach den häufigsten Tätigkeiten der Mitarbeiter dargestellt.

Die Interpretation einer Multimomentaufnahme ist immer streng situationsbezogen durchzuführen. Jede Schlussfolgerung muss auf ihre Logik und Schlüssigkeit hin geprüft werden.

- Es kann keine Aussage über die arbeitswirtschaftliche Qualität bei der Ausführung der Tätigkeiten gemacht werden.
- Es kann keine Aussage über die Arbeitsleistung gemacht werden.

Wie der Abbildung 12 zu entnehmen ist, ist im vorliegenden Fallbeispiel der eigentliche Kassiervorgang die am häufigsten auftretende Tätigkeit mit fast einem Drittel der Arbeitszeit. Es wird deutlich, dass hier der intensivste Kontakt mit dem Kunden stattfindet.

Schon an zweiter Stelle steht der Punkt „abwesend“. Der Beobachter konnte später auf Nachfrage hin herausfinden, dass eine der beiden Mitarbeiterinnen Jungpflanzen holen musste. Dies bedeutet auf der anderen Seite, dass Mitte April bei bestem Wetter gegen 17.00 Uhr nur eine der beiden Frauen im Verkauf anwesend war und den Kunden zur Verfügung stand. Es ist zu prüfen, ob dies eine Ausnahmesituation war.

Die nächste Position „Gehen mit Kunde“ steht mit 13,6 % an dritter Stelle, knapp gefolgt von „Pflanzen einräumen“ mit 13,2 % an vierter Stelle. Es ist eindeutig zu sehen, dass das eigentliche Bedienen der Kunden keinesfalls den Hauptanteil an der Arbeitszeit ausmacht.

An diesem Beispiel ist zu sehen, dass die Möglichkeiten einer Multimomentaufnahme bei weitem die rein arbeitswirtschaftliche Fragestellung übertreffen.

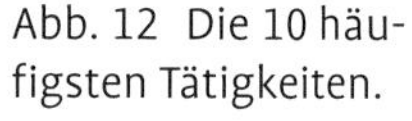
Abb. 12 Die 10 häufigsten Tätigkeiten.

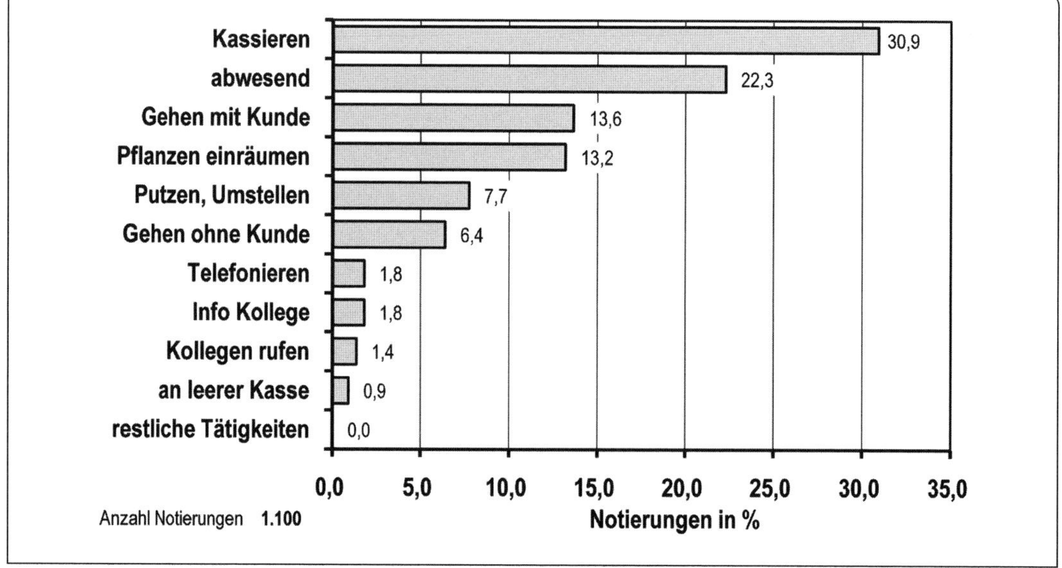

Wichtig ist eine faire und situationsbezogenen Auswertung, immer im Beisein des Beobachters und in Zusammenarbeit mit den beobachteten Personen. Dann erst ergibt sich eine Diskussionsgrundlage für Veränderungen. Oft erstaunen die Ergebnisse die Betroffenen und deren Führungskräfte und führen zu einer neuen Einschätzung der Situationen und Abläufe im Betrieb.

7 Teilkostenrechnung

In **Abhängigkeit vom Umfang** der berücksichtigten Kosten wird unterschieden zwischen **Teil**kosten- und **Voll**kostenrechnungssystemen. Zur Teilkostenrechnung gehören beispielsweise die in vorliegendem Kapitel vorgestellte Berechnung der Direktkostenfreien Leistung (DL-Rechnung) oder die Deckungsbeitragsrechnung (DB-Rechnung). Bei der in Kapitel 9 vorgestellten Preisuntergrenzenrechnung (PUG-Rechnung) handelt es sich hingegen um einen Vertreter der Vollkostenrechnung.

7.1 Problemstellung und Zielsetzungen

Die Teilkostenrechnung ist eine vergleichsweise einfache Methode der Kostenrechnung. Sie ist vorzugsweise geeignet für Entscheidungssituationen, in denen nur die unmittelbar mit einem Produkt, einer Dienstleistung verbundenen Kosten entscheidungsrelevant und die restlichen Kosten somit nicht betroffen sind bzw. nicht verändert werden. Sie ist grundsätzlich sowohl für Produkte als auch für Dienstleistungen geeignet.

Anwendungssituationen und Zielsetzungen

- **Optimierung des Erfolgs der Kostenstelle oder des Unternehmens durch gezielte Verbesserung der Erfolgsbeiträge der einzelnen Produkte und Dienstleistungen:** Der Unternehmenserfolg setzt sich zusammen aus den Teilerfolgen der einzelnen Produkte und Dienstleistungen. Eine wichtige Zielsetzung besteht darin, die Bedeutung der einzelnen Produkte und Leistungen für die Abdeckung der restlichen Kosten (Gemeinkosten) herauszuarbeiten und sich bewusst zu machen mit einer hierfür deutlich besser geeigneten Größe als dem Umsatz. Indem gezielt die Erfolgsbeiträge der einzelnen Produkte verbessert bzw. optimiert werden, steigt dadurch bei ansonsten unveränderten restlichen Kosten der Unternehmenserfolg.
- **Wirtschaftliche Optimierung des Sortiments:** Eine wirtschaftliche Optimierung des Sortiments lässt sich dadurch erreichen, dass einerseits besonders wirtschaftliche Produkte sowohl im Verkauf wie auch in der Produktion gezielt herausgestellt und gefördert und andererseits weniger wirtschaftliche Produkte bei knappen Kapazitäten eingeschränkt und durch bessere Produkte ersetzt werden. Grundlage für die Ermittlung der Wirtschaftlichkeiten (Wirtschaftlichkeitsmaße) sind die Netto-Erfolgsgrößen der Teilkostenrechnung wie z. B. die Direktkostenfreie Leistung (DL) oder der Deckungsbeitrag (DB).

- **Entscheidungshilfe bei Preisfindung und Übernahme zusätzlicher Aufträge bei noch freien Kapazitäten:** Ergibt sich bei noch freien (fixen, kurzfristig nicht einsparbaren) betrieblichen Kapazitäten die Möglichkeit eines zusätzlichen Auftrags bzw. die Produktion einer zusätzlichen Partie, liefert die Teilkostenrechnung – bei unterstellten unveränderten restlichen Kosten – mit dem untersten Preislimit eine wichtige Information für die Preisverhandlung und Preisfindung. Dieses unterste Preislimit stellt dabei derjenige Preis dar, der gerade noch die entscheidungsrelevanten Kosten abdeckt, der also beispielsweise zu einem gerade noch positiven Deckungsbeitrag führt.

Grundannahmen einer Teilkostenrechnung
- Verfügbare betriebliche Kapazitäten sind kurzfristig nicht veränderbar und damit nicht entscheidungsrelevant.
- Nur die unmittelbar produkt- bzw. leistungsspezifischen Kosten (Teilkosten) sind entscheidungsrelevant.
- Die restlichen Kosten (Gemeinkosten) werden durch die Entscheidung nicht verändert.

Vor- und Nachkalkulation
Von besonderer Bedeutung ist es, die Ergebnisse der Teilkostenrechnung, die in der Vorkalkulation meist unter optimistischen Annahmen (z. B. bezüglich der erzielbaren Preise, der Warenverluste bzw. Verkaufsquoten) kalkuliert werden, mit Hilfe einer Nachkalkulation auf ihre tatsächliche Realisierung hin zu kontrollieren.

Keine produktbezogene Erfolgsermittlung
Im Gegensatz zu einer Vollkostenrechnung erfolgt bei einer Teilkostenrechnung keine produktbezogene Erfolgsermittlung (Gewinn oder Verlust). Erst aus der Gegenüberstellung der Summe der Netto-Erfolgsgröße aller Produkte mit der Summe aller restlichen Kosten ist erkennbar, ob und inwieweit – über das betreffende Sortiment – eine Gesamt-Kostendeckung erzielt wird. Soweit das Ergebnis der Teilkostenrechnung dabei die Summe der restlichen Kosten übersteigt, entsteht ein Gewinn.

Hierbei ist zu berücksichtigen, dass in die Berechnung der restlichen Kosten bereits der Lohnansatz und der Zinsansatz einbezogen wird, es sich also bei einem Gewinn um den Unternehmergewinn handelt.

Günstige Ausgangsbasis für eine Vollkostenrechnung
Die für eine Teilkostenrechnung erforderlichen produkt- bzw. leistungsbezogenen Daten bilden zugleich eine günstige Ausgangsbasis und Grundlage für eine Vollkostenkalkulation, beispielsweise in Form der Preisuntergrenzenrechnung (siehe Kap. 9).

Zusammenfassend lassen sich folgende Stärken und Einsatzbereiche der Teilkostenrechnung festhalten:

- Als Maß für die Wichtigkeit und wirtschaftliche Optimierung von Produkten sind Netto-Erfolgsgrößen der Teilkostenrechnung, im Gegensatz zum in der Praxis verbreiteten Umsatz, deutlich besser geeignet.
- Mit Hilfe der auf den Netto-Erfolgsgrößen basierenden Wirtschaftlichkeitsmaßen der Produkte kann eine ökonomisch optimierte Nutzung verfügbarer, meist knapper Produktions-Kapazitäten erfolgen.
- Netto-Erfolgsgrößen der Teilkostenrechnung bieten eine Entscheidungshilfe in Situationen, in denen lediglich ein Teil der Kosten entscheidungsrelevant ist, bei noch freien, nicht einsparbaren Kapazitäten.
- Datenbasis und Ergebnisse der Teilkostenrechnung sind eine optimale Ausgangsbasis und Grundlage für Vollkostenkalkulationen.

7.2 Datengrundlage und Netto-Erfolgsgrößen der Teilkostenrechnung

7.2.1 Datengrundlage

Entsprechend der betrieblichen Anwendungssituationen werden für Teilkostenrechnungen alle jene Kostenpositionen produktbezogen benötigt, die sich in Abhängigkeit von der jeweiligen Entscheidung ein Produkt in einer bestimmten Menge X zu produzieren und zu vermarkten, verändern oder anders ausgedrückt, alle zusätzlichen Kosten und Leistungen, die dadurch erst entstehen. Alle anderen, restlichen Kostenpositionen sind lediglich in ihrer Summe, aber nicht produktbezogen zu erfassen. Für die betriebsindividuelle Berechnung der Direktkostenfreien Leistung (DL-Rechnung) in einem Pflanzen produzierenden Gartenbaubetrieb sind beispielsweise folgende produktbezogenen Daten erforderlich:

1) Marktleistung (Erlöse)
- Verkaufsmenge;
- Verkaufspreis(e);

2) Direktkosten
- Saat-, Pflanzgut, Halbfertigware und Rohware, Fertigware;
- Kulturgefäße und Substrate;
- Dünge- und Pflanzenschutzmittel;
- Wasser;
- Strom;
- Heizenergie;

sowie gegebenenfalls
- Verpackungskosten und Vermarktungsgebühren;
- sonstige Direktkosten.

Diese genannten Daten sind entweder einer bereits bestehenden Datensammlung für das Produktions-Controlling (siehe Kap. 8) zu entnehmen oder müssen für jedes Produkt erst erhoben bzw. zusammengetragen werden.

Zur Ermittlung der **Marktleistung** sind die (geplanten) Verkaufsmengen mit den (geplanten) Verkaufspreisen zu multiplizieren. Gegebenenfalls sind hierbei Differenzierungen nach Qualitätsstufen zu berücksichtigen.

Bei den **Direktkosten** sind gewöhnlich die ersten beiden und die letzten beiden Positionen einfach und direkt aus den Rechnungen und Unterlagen der Finanzbuchführung zu entnehmen.

Etwas aufwändiger ist die produktbezogene Erfassung der anderen aufgelisteten Kostenpositionen.

Für die **Dünge- und Pflanzenschutzmittelkosten** könnten die Mittelkosten für standardisierte Anwendungen berechnet und dann mit der kulturspezifischen Anzahl der Behandlungen multipliziert werden.

Die Kosten für **Wasser** und **Strom** sollten nur dann produktbezogen ermittelt werden, wenn dies durch die jeweilige Kostenhöhe angebracht erscheint und der Aufwand in einem angemessenen Verhältnis zum Erkenntnisgewinn steht. Andernfalls – was vielfach die Regel sein wird – können in einer vereinfachten und praxisangewandten Betrachtung die Strom- und Wasserkosten aber gegebenenfalls auch die Dünge- und Pflanzenschutzmittelkosten hier bei der Ermittlung der Direktkostenfreien Leistung entfallen. Sie sind dann jedoch den verbleibenden restlichen Kosten hinzuzurechnen.

Eher schwierig wird die produktgenaue Ermittlung der **Heizkosten**, falls eine Produktion in beheizten Räumen, beispielsweise in Gewächshäusern, stattfindet.

Je nachdem, ob und wie weit alle Direktkosten tatsächlich bei der produktbezogenen Ermittlung der Direktkostenfreien Leistung berücksichtigt wurden, ist dies bei einer Interpretation der Ergebnisse angemessen zu beachten (siehe auch Kap. 7.5.1).

Exkurs: Heizkostenberechnung und -verteilung

Wer über ein Produktionsplanungsprogramm mit integriertem Heizkostenmodul verfügt, mag die dort berechneten Heizkosten verwenden. Er sollte sich dabei aber folgender Gesichtspunkte bewusst sein:

- Falls Gewächshäuser aus Sicherheitsgründen (wegen Schneelast) und um sonstige Frostschäden zu vermeiden frostfrei gehalten werden müssen, sind die Heizkosten hierfür (heizen auf üblicherweise 4 °C) als Gemeinkosten zu betrachten. Kulturspezifische Heizkosten fallen dann nur für den (über die 4 °C) darüber hinaus erforderlichen Wärmeanspruch einer Kultur als Direktkosten an.

- Nachdem ein Gewächshaus nicht in Temperaturzonen beliebiger Größe unterteilt werden kann, müssten die jeweils täglich berechneten (Gewächshaus-)Heizkosten, flächenanteilig auf die zu diesem Zeitpunkt (Tag) in dem Gewächshaus befindlichen Kulturen verteilt werden, oder, es müssen bei kulturflächengenauer Berechnung, die Heizkosten der nicht belegten Kulturflächen ebenfalls zu den Gemeinkosten gerechnet werden.
- Zur Berechnung der Heizkosten müssen sowohl standortspezifische (geografische, Höhenlage usw.) Daten wie auch betriebsspezifische Daten zur Gewächshausanlage vorliegen. Andere, ebenfalls wichtige Faktoren am lokalen Standort wie Beschattung, Nebelsituation oder Windexposition – um nur einige zu nennen – fließen nicht in die Berechnung mit ein. Zwar sind in der Praxis Angaben zu einigen Wärmedämmmaßnahmen (Energieschirme usw.) möglich, spezifische Daten wie beispielsweise der K'-Wert sind für „organisch gewachsene" Gewächshausanlagen aber nicht zu berechnen, sondern im besten Fall nur näherungsweise experimentell zu ermitteln.

Die genannten Aspekte werfen die Frage auf, ob nicht – einfacher als mit einer physikalischen Berechnung – mit einer kostenrechnerischen Verteilungsmethode und für Kostenrechnungszwecke hinreichend genau eine Verteilung der Heizkosten auf die Kostenträger erfolgen könnte und sollte.
Folgende Varianten könnten Bestandteile dieses Konzeptes sein:
Variante A:
- Behandlung der gesamten Heizkosten als Gemeinkosten.

Variante B:
- Trennung der Heizkosten in zwei Teilbeträge. Zuordnung des einen Teils zu den restlichen Kosten (Gemeinkosten). Behandlung des zweiten Teils als Direktkosten;
- Verteilung des zweiten Teils der Heizkosten (Direktkosten) über einen mit Äquivalenzziffern gewichteten Flächen-Zeit-Wert der Produkte. Dabei sollen diese Äquivalenzziffern den jeweiligen Verlauf der monatlichen oder wöchentlichen Durchschnittstemperatur hinreichend genau wiedergeben.

Zur Ermittlung der zwei Teilbeträge könnte der Heizmaterialbedarf der heizbaren Flächen mit einem gängigen Kalkulationsverfahren einmal für 4 °C und einmal für eine entsprechend des jeweiligen Produktionsprogramms durchschnittliche (repräsentative) Temperatur z. B. 18 °C berechnet werden. Die tatsächlichen Heizkosten (aus der Fibu) können dann vereinfacht im Verhältnis Heizmaterialbedarf für 4 °C zu darüber hinausgehenden Heizmaterialbedarf für 18 °C aufgeteilt werden (siehe Kap. 8 und Tabellenkalkulations-Anwendung **CiG_Produktion.xlsx**).

7.2.2 Netto-Erfolgsgrößen der Teilkostenrechnung

In der Teilkostenrechnung gibt es in Abhängigkeit von den berücksichtigten Kosten verschiedene klassische Netto-Erfolgsgrößen. In der Agrar- und Gartenbauwirtschaft vergleichsweise bekannt ist der **Deckungsbeitrag** (DB). Daneben gibt es aber auch noch die **Einzelkostenfreie Leistung** (EL) und insbesondere die **Direktkostenfreie Leistung** (DL).

Alternativ könnte bei Verfügbarkeit eines Produktionsplanungsprogramms mit Heizkostenberechnung der produktbezogene Heizmaterialbedarf als Äquivalenzziffern verwendet werden.

Die Abbildung 13 zeigt die erforderlichen Komponenten der Berechnung und die jeweiligen Unterschiede. Am einfachsten zu ermitteln ist die Direktkostenfreie Leistung (DL). Von ihr gelangt man zum Deckungsbeitrag (DB) durch Abzug der variablen Arbeits- und Maschinenkosten. Werden hiervon noch die Kapitalkosten für Spezialmaschinen und die Lohnkosten für Spezialarbeitskräfte abgezogen, ergibt sich daraus die Einzelkostenfreie Leistung (EL).

Abb. 13 Netto-Erfolgsgrößen der Teilkostenrechnung.

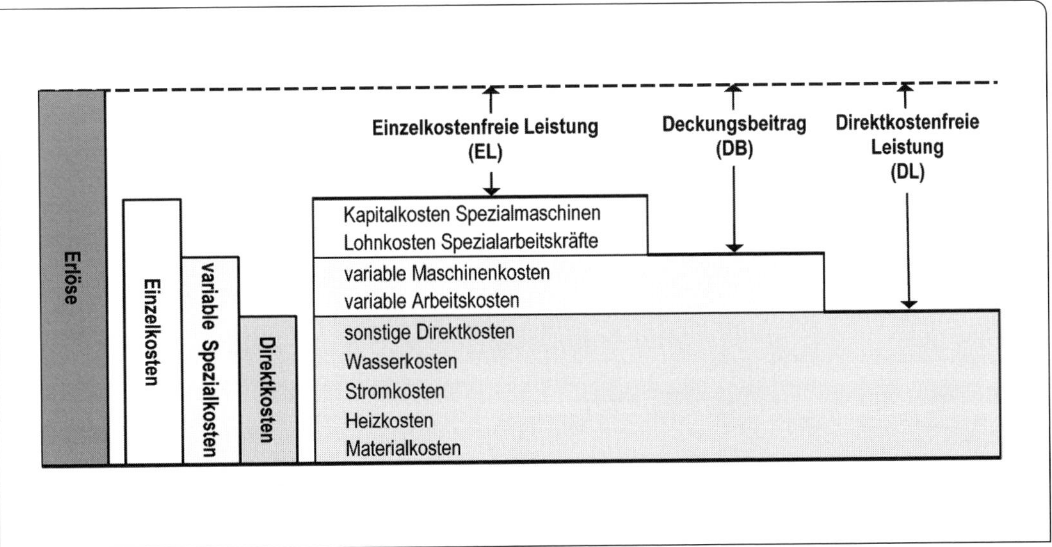

Bei der Anwendung in der Praxis werden je nach Datenverfügbarkeit und Zweckmäßigkeit Vereinfachungen vorgenommen. Sind beispielsweise einzelne Teilkostenpositionen nur von untergeordneter Bedeutung oder den Kostenträgern nur aufwändig zuzuordnen, werden sie in eine Berechnung möglicherweise nicht einbezogen. Dies ist dann bei der Auswertung und Interpretation der Ergebnisse entsprechend zu berücksichtigen. Für weitergehende Vollkostenrechnungen müssen diese zunächst vernachlässigten Kosten dann aber zu den restlichen Kosten (Gemeinkosten) gerechnet werden.

Wichtiger als die exakte Einhaltung der Begriffe ist dem Autor in vorliegendem Kapitel auf eine praxisrelevante Aufteilung der gesamten Kosten in einerseits entscheidungsrelevante Teil-Kosten und andererseits (kurzfristig) nicht veränderliche restliche Kosten (Gemeinkosten) hinzuweisen.

7.3 Methode der Teilkostenrechnung

Als Methode für die Teilkostenrechnung wird im Folgenden die Berechnung der Direktkostenfreien Leistung (DL-Rechnung) präferiert. Zum schrittweisen Aufbau einer betriebsspezifischen DL-Rechnung wird nachfolgend skizzierte Vorgehensweise vorgeschlagen:

Schritt 1: Ermittlung der Direktkostenfreien Leistung (DL) aller Produkte und Dienstleistungen.

Bei einem umfangreichen Sortiment empfiehlt es sich bei der Datensammlung und Kalkulation schwerpunktbezogen vorzugehen. Nachdem zu Beginn ja zumeist noch keine Ergebnisse der DL-Rechnung verfügbar sind, sollte bei den Produkten begonnenen werden, die am meisten Umsatz erwirtschaften oder die betriebliche Kapazitäten am stärksten beanspruchen.
Je nach Datenverfügbarkeit ist die Kalkulation entweder als Vorkalkulation mit Plan-Daten (und Einschätzungen) oder/und als Nachkalkulation mit tatsächlichen Ist-Daten durchzuführen.

Schritt 2: Durchführung einer ABC-Analyse auf Basis der in Schritt 1 berechneten Direktkostenfreien Leistung der Produkte (siehe Kap. 7.5.2).

Schritt 3: Suche nach Maßnahmen zur Verbesserung der DL der jeweiligen Produkte in der Reihenfolge der in Schritt 2 durchgeführten ABC-Analyse (siehe Kap. 7.5.3).

Schritt 4: Eliminierung (Sortimentsbereinigung) von Produkten mit nachhaltig negativer Direktkostenfreier Leistung.
Die Ergebnisse der DL-Rechnung bilden weiter die Grundlage für die wirtschaftliche Optimierung von Sortimenten beispielsweise des Produktionsprogramms eines gartenbaulichen Unternehmens. Hierzu werden in Kapitel 8, am Beispiel der Produkte der Eigenproduktion, folgende ergänzende Schritte empfohlen und vorgestellt:

Schritt 5: Berechnung der Wirtschaftlichkeiten der Produkte.

Schritt 6: Kombination der ABC-Analyse mit den Ergebnissen der Wirtschaftlichkeitsanalyse.

Schritt 7: Ersatz von Produkten mit geringerer Wirtschaftlichkeit und geringer Bedeutung durch bessere, wirtschaftlichere Produkte.

7.4 Fallbeispiel zur Teilkostenrechnung

Durchführung und EDV-Hilfsmittel
In der Tabellenkalkulations-Anwendung **CIG_Teilkostenrechnung.xlsx** befinden sich einige Kalkulationsmodelle mit unterschiedlichen Besonderheiten zur rationellen Berechnung der Direktkostenfreien Leistung (DL) von nahezu beliebig vielen Produkten (Kulturen und Sätze der Eigenproduktion).

Mit ihnen können auch die Auswirkungen einer Variation von Einflussfaktoren auf die Direktkostenfreie Leistung sehr einfach quantifiziert und verdeutlicht werden. Neben der simultanen Kalkulation optimistischer und pessimistischer Varianten ist in einer Variante auch eine einfache und rationelle Möglichkeit zur Vor- und Nachkalkulation konzipiert.

Für das Controlling-Modul „Teilkostenrechnung" steht folgende Tabellenkalkulations-Anwendung unter www.ulmer.de, Webcode 3294008, zum Download zur Verfügung: **CiG_Teilkostenrechnung.xlsx**.

7.4.1 Einfache DL-Rechnung

Die Tabelle 23 zeigt eine einfache Variante der Berechnung der Direktkostenfreien Leistung (als Insellösung). Sie lässt die mindestens erforderlichen Daten erkennen und kann für beliebige Produkte aber auch Dienstleistungen gezielt auf die jeweilige betriebliche Situation und Ausrichtung und die entscheidungsrelevanten Kosten abgestimmt werden.

Wie der Tabelle 23 auf Seite 138 zu entnehmen ist, wird mit dem kalkulierten Produkt (*Pelargonium zonale*) eine Marktleistung von 2250 € erwirtschaftet. Dieser stehen Direktkosten in Höhe von 742 € gegenüber. Das hier vorgestellte Produkt erzielt somit eine Direktkostenfreie Leistung von insgesamt 1508 € bzw. je Stück von 1,68 €.

Die enthaltenen Kalkulationsmodelle können bei Bedarf erweitert werden, beispielsweise zur Deckungsbeitragsrechnung (DB-Rechnung) oder zur Berechnung der Einzelkostenfreien Leistung (EL-Rechnung).

Tab. 23: Einfache DL-Rechnung

	Einheit	Pelargonium zonale
Produktionsziel	Stück	**1.000**
Marktleistung (Erlös)	€	**2.250**
Produktionsmenge	Stück	950
verkaufte Menge	Stück	900
Verkaufspreis	€	2,50
Warenverderb Produktion	%	5,0
Warenverderb Verkauf	%	5,0
Direktkosten (für Produktionsziel)	€	**742**
Jungpflanzen	Stück	1.000
Preis je Einheit	€	0,30
Töpfe	Stück	1.000
Preis je Einheit	€	0,04
Substrat	m^3	0,60
Preis je Einheit	€ / m^3	45
Dünge-, Pflanzenschutzmittel	€	25
Heizkosten	€	350
sonstige	€	
Direktkostenfreie Leistung (DL)	€	**1.508**
Direktkostenfreie Leistung je Stück	€ / Stück	1,68

7.4.2 Erweiterte DL-Rechnung

Eine etwas ausführlichere Variante der DL-Rechnung wird in Tabelle 24 ebenfalls am Beispiel der Kultur *Pelargonium zonale* vorgestellt. Sie umfasst ergänzend folgende Kalkulationsmöglichkeiten:
- Vor- und Nachkalkulation;
- unterschiedliche Qualitäten und Preise;
- Warenverluste;
- Wirtschaftlichkeitsmaße (zum Vergleich).

Wie der Tabelle 24 zu entnehmen ist, führen höhere Heizkosten und der geringere Mengenertrag in der Nachkalkulation zu Direktkosten je Stück in Höhe von 1,20 € statt der geplanten 1,04 €. Weiter schien auch der Verkauf mit einigen Problemen behaftet, da sowohl die Verkaufszahlen wie auch der erzielte Preis hinter den Erwartungen zurückblieben. Im Endergebnis konnte statt einer DL von 1402 € lediglich eine in Höhe von 962 € erwirtschaftet werden. Ergänzend führte ein höherer Arbeitsaufwand und ein etwas höher Flächen-Zeit-Wert zu deutlich verringerten Wirtschaftlichkeitsmaßen.

Tab. 24: Erweiterte DL-Rechnung

	Einheit	Vor-Kalkulation	Nach-Kalkulation
lfd. Nr.		1	
Kultur		**Pelargonium zonale**	
Satz / Sorte	Bezeichnung / Nr.	48	48
Kultur-Beginn	KW	48	48
Ernte-Beginn	KW	17	18
Kultur-Ende	KW	19	20
Produktions-Einheit (PE)	(Stück, Topf, m² usw.)	12-er Topf	12-er Topf
Produktions-Menge (Ziel)	Anzahl	1.000	1.000
Saatgut, Pflanzgut, Rohware (SPR)	Menge je PE	1	1
Preis	€ / ME	0,25	0,25
Kulturgefäße	Stück	1.000	1.000
Preis	€ / Stück	0,03	0,03
Substrat	m³ / 1.000 PE	0,70	0,70
Preis	€ / m³	50	50
Düngerkosten	€	5	5
Pflanzenschutzmittelkosten	€	5	10
Heizenergiekosten	€	650	720
sonstige Direktkosten	€	10	10
Ertrag Qualität A	Menge	900	820
Ertrag Qualität B	Menge	50	60
Verkaufsmenge Qualität A	Menge	850	750
Preis	€	2,75	2,60
Verkaufsmenge Qualität B	Menge	25	40
Preis	€	1,99	1,80
zurechenbare Akh	Akh	42,5	60
zurechenbarer Flächen-Zeit-Wert	WNm²	505	580
Marktleistung (Erlöse)	**€**	**2.387**	**2.022**
Direktkosten	**€**	**985**	**1.060**
Durchschnittsverkaufspreis	€ / ME	2,73	2,56
produzierte Menge	ME	950	880
Direktkosten je produzierter ME	€ / ME	1,04	1,20
verkaufte Menge	ME	875	790
Direktkosten je verkaufter ME	€ / ME	1,13	1,34
Warenverderb insgesamt	**Stück**	**125**	**210**
	%	**12,5**	**21**
davon in der Produktion	Stück	50	120
	%	5,0	12,0
davon im Handel / Verkauf	Stück	75	90
	%	7,5	9
Direktkostenfreie Leistung (DL)	**€**	**1.402**	**962**
DL je produziertem Stück	€ / Stück	1,48	1,09
Wirtschaftlichkeitsmaße			
DL / Arbeits-Einheit	**€ / Akh**	**32,99**	**16,03**
DL / Flächen-Zeit-Einheit	**€ / WNm²**	**2,78**	**1,66**

KW = Kalenderwoche; PE = Produktionseinheit; ME = Mengeneinheit;
Akh = Arbeitskraftstunde; WNm² = Wochen-Netto-m²

7.5 Auswertung und Interpretation

7.5.1 Bewertung der Ergebnisse der Teilkostenrechnung

Die Bewertung der Ergebnisse der Teilkostenrechnung wird an der Größe Deckungsbeitrag (DB) vorgestellt. Für eine Beurteilung der Direktkostenfreien Leistung (DL) bzw. der Einzelkostenfreien Leistung (EL) sind die in Abb. 13 auf Seite 135 dargestellten Unterschiede bezüglich der einbezogenen Kostenkomponenten angemessen zu berücksichtigen. Wird in der Praxis mit einer hiervon abweichenden Größe gearbeitet, weil beispielsweise einzelne Direktkostenpositionen wie Strom und Wasser nicht produktbezogen vorliegen (siehe Kap. 7.2.1), ist auch dies in die Beurteilung mit einzubeziehen.

Die Teilkostenrechnung liefert im Ergebnis den Beitrag eines Produktes oder einer Dienstleistung zur Abdeckung der restlichen noch nicht berücksichtigten Kosten. Folgende Interpretationen und empfehlenswerte Vorgehensweisen lassen sich hieraus ableiten:

Maßgeblich für die tatsächliche Situation ist dabei das Ergebnis aus der Nachkalkulation.

Fall 1: negativer Deckungsbeitrag
Erwirtschaftet ein Produkt oder eine Dienstleistung (nachhaltig) einen negativen Deckungsbeitrag so bedeutet dies, dass der erzielbare Preis nicht einmal die unmittelbar verursachten variablen Kosten (Direktkosten bzw. variable Spezialkosten) abdecken kann.

Als absolutes Mindestkriterium ist somit ein (gerade noch) positiver Deckungsbeitrag festzuhalten.
Fazit: Bei einem (nachhaltig) negativen Deckungsbeitrag ist das betreffende Produkt auch bei freien Kapazitäten aus dem (Produktions-) Programm zu entfernen. Dies kann auch ersatzlos erfolgen.

Hinweis:
Dies gilt auch für eine negative Direktkostenfreie Leistung.

Fall 2: positiver Deckungsbeitrag
Erwirtschaftet ein Produkt oder eine Dienstleistung einen positiven Deckungsbeitrag, so bedeutet dies, dass mit dem erzielbaren Preis zumindest die unmittelbar verursachten Kosten erwirtschaftet werden können und zusätzlich noch ein Beitrag zur Abdeckung der restlichen Kosten verbleibt.
Fazit: Jedes Produkt oder jede Leistung mit einem positiven Deckungsbeitrag sollte bzw. darf nicht ersatzlos aus dem Programm bzw. Sortiment entfernt werden. Wird es dennoch entfernt, verschlechtert sich das Gesamtergebnis (bei ansonsten gleichen restlichen Kosten) um eben diesen positiven Deckungsbeitrag.

Hinweis:
Dies gilt auch für eine positive Direktkostenfreie Leistung. Im Fall vorhandener variabler Arbeits- und Maschinenkosten müssen diese mindestens durch die positive DL abzudecken sein.

Ersatzlose Eliminierung eines Produktes mit positivem Deckungsbeitrag

Die nachfolgende Abbildung 14 verdeutlicht die Auswirkungen der ersatzlosen Streichung eines Produktes mit positivem DB aus dem Produktionsprogramm eines Unternehmens. Wie hieraus ersichtlich ist, bewirkt eine ersatzlose Streichung eines Produktes mit positivem Deckungsbeitrag eine Verschlechterung des Unternehmensergebnisses. In vorliegendem Fall entsteht aus einem Gewinn von 5 Tsd. € ein Verlust von 5 Tsd. €.

Ersatz eines Produktes oder einer Leistung mit positivem Deckungsbeitrag

Ein Produkt mit positivem Deckungsbeitrag ist nur dann aus dem Produktionsprogramm zu streichen, wenn es durch ein wirtschaftlicheres Produkt mit einem zudem höheren Deckungsbeitrag ersetzt werden kann. Das neue Produkt sollte also sowohl wirtschaftlicher sein als auch einen höheren Deckungsbeitrag erbringen.

An dieser Stelle ist nochmals darauf hinzuweisen, dass für eine Beurteilung letztlich die nachkalkulierten Werte – gegebenenfalls auch die Durchschnittswerte der letzten Jahre – maßgeblich sind.

Bevor Entscheidungen über die Eliminierung eines Produktes mit negativem Deckungsbeitrag oder den Ersatz eines Produktes mit positivem Deckungsbeitrag gefällt werden, sollten zumindest bei wichti-

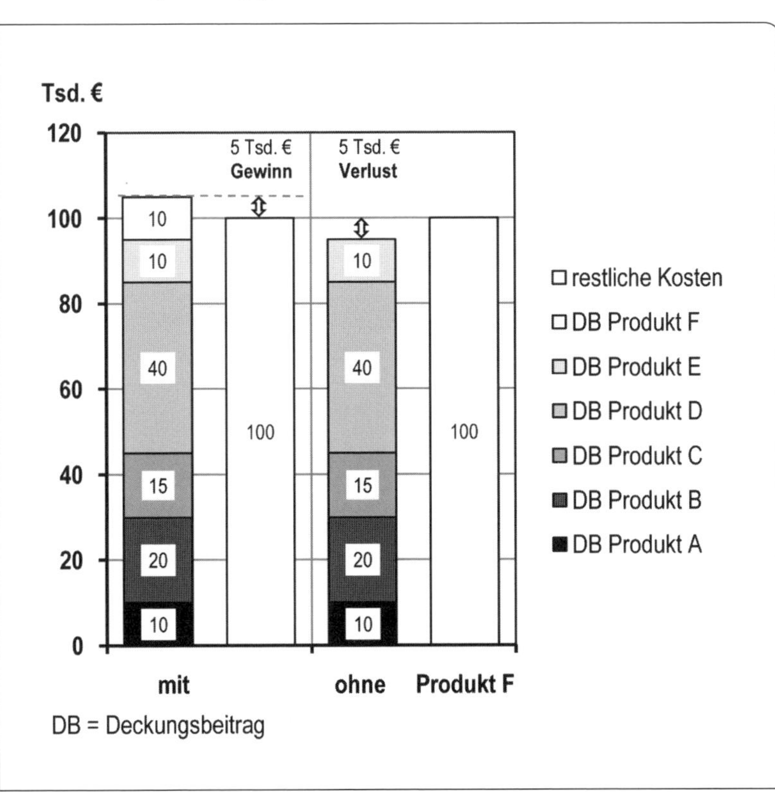

Abb. 14 Auswirkung der ersatzlosen Eliminierung eines Produktes mit positivem Deckungsbeitrag.

gen Produkten und Leistungen alle Maßnahmen zur Verbesserung des Deckungsbeitrags und der Wirtschaftlichkeit ausgeschöpft werden. Bei knappen zeitlichen Ressourcen empfiehlt sich hierzu ergänzend der Einsatz der ABC-Analyse, die als Ergebnis die Produkte und Leistungen nach ihrer Bedeutung bewertet. Nachfolgend soll der Einsatz dieser Methode kurz vorgestellt werden.

7.5.2 Durchführung einer ABC-Analyse

Die ABC-Analyse ist eine einfache Methode, um die Bedeutung einzelner Bestandteile (Produkte, Kulturen, Sätze usw.) für das Ganze heraus zu arbeiten.

Vorgehensweise

- Festlegung der Zielgröße als Maß für die Bedeutung; z. B. Umsatz, DL, DB usw.;
- Sortierung der Produkte oder Dienstleistungen nach der Zielgröße in absteigender Reihenfolge;
- schrittweise Kumulierung der Werte der Zielgröße der Produkte oder Dienstleistungen beginnend mit dem Bedeutendsten bis 100 % der Zielgröße erreicht sind;
- grafische Darstellung dieser kumulierten Reihe;
- Einteilung in A-, B-, C-Kategorien.

Sind Direktkostenfreie Leistungen oder Deckungsbeiträge verfügbar so sind diese dem Umsatz als Zielgröße vorzuziehen; andernfalls kann zum Einstieg, wenn auch nicht mit der gleichen Aussagefähigkeit, der Umsatz als Zielgröße für die ABC-Analyse herangezogen werden.

Die Einteilung in A-, B- und C-Produkte (oder Kategorien) erfolgt anhand folgender Grenzwerte:

- Alle Produkte oder Dienstleistungen die kumuliert bis zu 65 % der Zielgröße beitragen bilden die **Kategorie A**.
- Die weiteren, nächstwichtigen Produkte oder Dienstleistungen die zur Zielgröße zwischen 65 % und 90 % beitragen gehören zur **Kategorie B**.
- Alle anderen, für die letzten 10 % der Zielgröße erforderlichen Produkte oder Dienstleistungen, werden dann der **Kategorie C** zugeordnet.

Fallbeispiel: ABC-Analyse der Produkte der Eigenproduktion auf Basis der Direktkostenfreien Leistung (DL)

Die vorliegende ABC-Analyse bringt die Erzeugnisse der Eigenproduktion in eine Reihenfolge bezüglich ihrer Bedeutung für die gesamte Direktkostenfreie Leistung. Bei den A-Produkten handelt es sich bezüglich der Zielgröße DL um die wichtigsten Produkte. Insofern empfiehlt es sich, insbesondere bei knappem Zeitbudget, zunächst die Produkte der A-Kategorie auf eine möglichst hohe Wirtschaftlichkeit hin zu überprüfen, bzw. hier sollten Maßnahmen zur Optimierung (der DL) erfolgen. In den nächsten Schritten sind dann die B-Produkte und zuletzt die C-Produkte zu überprüfen und zu bearbeiten.

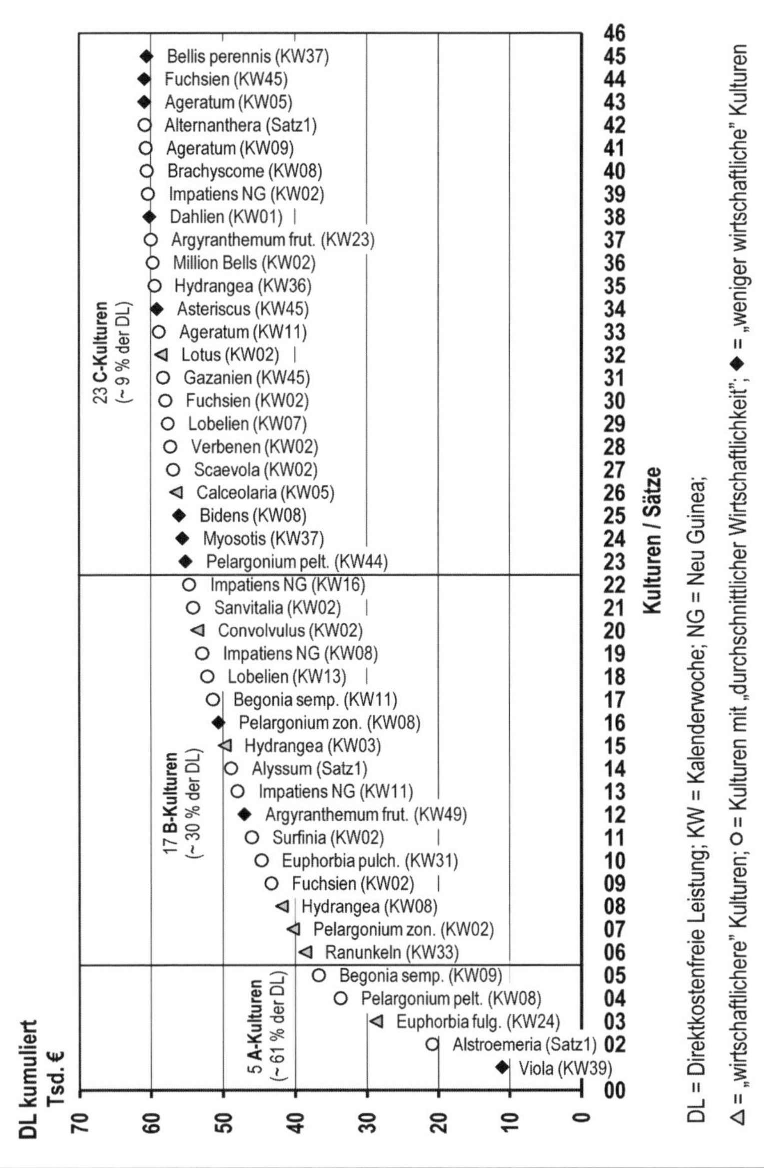

Abb. 15 ABC-Diagramm der Produkte der Eigenproduktion (Zielgröße: DL).

Besteht beispielsweise die Zielsetzung der Straffung des Produktionsprogramms, so sollte dieses zunächst um weniger wirtschaftliche Produkte bereinigt werden, die gleichzeitig auch von geringer Bedeutung sind, also der C-Kategorie angehören.

Die Abbildung 15 auf Seite 143 zeigt ein ABC-Diagramm der Zielgröße „Direktkostenfreie Leistung“.

7.5.3 Maßnahmen zur Beeinflussung der Direktkostenfreien Leistung

Nach den Erfahrungen des Autors ergeben sich selbst bei langjährig eingeführten und bekannten Produkten in unterschiedlichen Unternehmen unterschiedliche Ergebnisse der Teilkostenrechnung für prinzipiell gleiche Produkte oder Leistungen. Hieraus ist abzuleiten, dass:

- eine individuelle Teilkostenrechnung für jedes Unternehmen notwendig ist;
- (in vielen Unternehmen) vielfältige Ansatzpunkte zur Optimierung der Netto-Erfolgsgrößen der Teilkostenrechnung existieren.

Nachfolgend sollen deshalb einige Hinweise zu Möglichkeiten der Ergebnisoptimierung vorgestellt und bewusst gemacht werden.

Beeinflussung der Marktleistung

Die Marktleistung eines Produktes ergibt sich aus der Produktions- bzw. genauer aus der Verkaufsmenge. Sie wird damit auch von den Warenverlusten, den realisierten Qualitäten und den damit erzielbaren Preisen unmittelbar beeinflusst. Ebenfalls von Bedeutung sind Maßnahmen des betrieblichen Marketings, um die am Markt realisierbaren Preise zu optimieren und tatsächlich auszuschöpfen.

Einflussfaktoren auf die Marktleistung:

- Attraktivität und Nachfrageorientierung des Produkts (Sorte, Farbe, sonstige Produkteigenschaften);
- (geforderter) Produktpreis (Preispolitik);
- (erzielte) Produktqualität und Anteile der Produktqualitäten;
- Angebotszeitraum (Produktpreis);
- Produktaufmachung und -präsentation;
- Mengenertrag;
- Verkaufsquote und Warenverluste (in Produktion und Verkauf; Diebstahl, Verderb usw.);
- Wahl der Absatzwege und Absatzmittler (Preisniveau);
- Kundenzielgruppen.

Beeinflussung der variablen Kosten (Teilkosten)

Die Beeinflussung der Kosten ist immer unter Berücksichtigung möglicher Auswirkungen auf die Marktleistung zu sehen. So können hier beispielsweise höhere Kosten für Ausgangsmaterialien mit höherer Qualität über eine höhere erzielbare Marktleistung durchaus positive Auswirkungen auf die DL haben, während allzu rigides Kostensparen ohne Beachtung qualitativer Aspekte mit einer Verschlechterung der DL einhergehen kann. Besonderer Aufmerksamkeit bedürfen beispielsweise auch Mengenrabatte im Materialeinkauf, die zu Überproduktion bzw. nicht marktkonformen Mengenausweitungen der Produktion verleiten können. Als deren Folge besteht die nicht unerhebliche Gefahr, dass die meist geringen Einsparungen bei einer Kostenposition durch zusätzliche Kosten bei anderen Positionen und Einbußen bei der Marktleistung mehr als ausgeglichen werden.

Als weitere Ansatzpunkte zur Verbesserung und Reduzierung der variablen Kosten lassen sich Maßnahmen anführen zur:
- Energieeinsparung;
- Einsparung von Wasser und sonstiger Ressourcen;
- nachfrageorientierten Produktionsplanung (Vermeidung von Überproduktion);
- Vermeidung von Verschwendungen.

Die Maßnahmen zur Beeinflussung der Direktkostenfreien Leistung gelten in gleicher Weise für den Deckungsbeitrag (hier zusätzlich Maßnahmen zur Einsparung variabler Arbeits- und variabler Maschinenkosten) und die Einzelkostenfreie Leistung (hier zusätzlich Maßnahmen zur Einsparung variabler Arbeits- und variabler Maschinenkosten, der Kapitalkosten von Spezialmaschinen und der Lohnkosten von Spezialarbeitskräften) (siehe Abb. 13 auf Seite 135).

7.5.4 Auswirkungen ausgewählter Einflussfaktoren auf die Direktkostenfreie Leistung eines Produktes

Zwei ausgewählte Beispiele sollen im Folgenden die Auswirkungen verschiedener Einflussfaktoren auf die Direktkostenfreie Leistung (DL) quantifizieren, damit verdeutlichen und stärker ins Bewusstsein rücken.

Beispiel 1: Warenverlustquote

Je weiter die tatsächliche Verkaufsmenge von der Produktionsmenge abweicht, umso stärker macht sich dies negativ im erzielten Ergebnis bemerkbar. Ungeplantes Produzieren auf Verdacht ist mit einem erheblichen Risiko schlechterer Direktkostenfreier Leistungen verbunden. Die Abbildung 16 auf Seite 146 verdeutlicht in ihrem linken Bereich an einer Beispielskultur die Auswirkungen von Warenverlusten auf die DL je Stück, die DL je Flächen-Zeit-Einheit und die DL je Arbeits-Einheit.

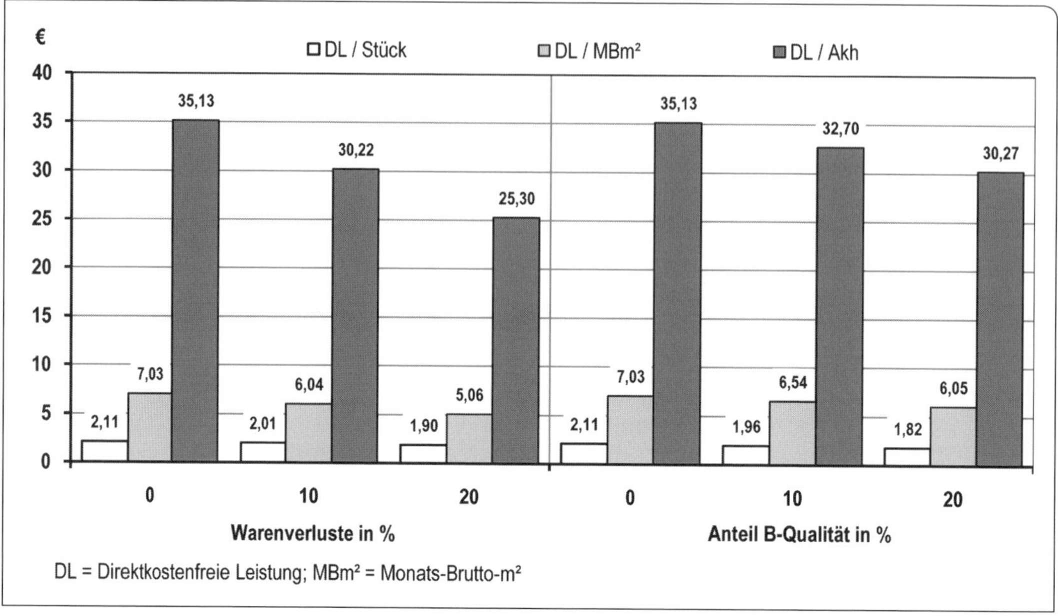

Abb. 16 Konsequenzen ausgewählter Einflussfaktoren auf die Direktkostenfreie Leistung.

Beispiel 2: Qualitäten

Im weiteren Sinne können auch Preisreduzierungen oder -nachlässe, die aufgrund von Qualitätseinbußen gewährt werden (müssen), zu Warenverlusten gerechnet werden. Dabei können Qualitätseinbußen entweder bereits in der Produktion entstehen durch Mängel oder Schwächen in der Qualifikation des Personals oder in der Kulturführung bzw. dem Produktionsverfahren, den Produktionseinrichtungen oder durch eine fehlende Produktionsplanung. Im Verkaufsbereich entstehen Qualitätsprobleme insbesondere durch ungünstige Eingangsqualitäten, (zu) lange Standzeiten und/oder ungünstige Standortbedingungen oder ungenügende Pflege. Die Auswirkungen eines steigenden Anteils B-Qualitäten auf die Direktkostenfreie Leistung und davon abhängiger Kenngrößen werden im rechten Bereich der Abbildung 16 an einem Beispiel quantifiziert und dargestellt. Einzige Variable ist hier neben dem Anteil der B-Qualität der Verkaufspreis der im Berechnungsbeispiel für die A-Qualität mit 2,95 € und die B-Qualität mit 1,49 € angesetzt wurde.

8 Produktions-Controlling

Das vorliegende Kapitel befasst sich mit den Grundlagen und Grundfunktionen des Produktions-Controllings in Unternehmen der Gartenbauwirtschaft. Anhand ausgewählter Problemstellungen und Zielsetzungen werden wichtige Komponenten eines Controlling-Konzepts der Produktion vorgestellt und für in der Praxis zu beobachtende Schwachstellen Lösungsansätze angeboten.

8.1 Problemstellung und Zielsetzungen

Grundlegende Problemstellung und Zielsetzung des Produktions-Controllings ist die Bereitstellung eines nachfrageorientierten und wirtschaftlichen Sortiments.

Unter nachfrageorientiert ist ein an den Kundenwünschen ausgerichtetes Sortiment mit innovativen Bestandteilen zu verstehen, das Produkte in marktfähigen Qualitäten, in angemessener Menge, fristgerecht zu einem kostengünstigen Preis bereithält.

Für das Unternehmen ergibt sich zusätzlich die Notwendigkeit, diese Produktion auch wirtschaftlich zu gestalten.

Hieraus ergeben sich weitere Zielsetzungen, die im Rahmen eines Produktions-Controllings zu beachten sind, z. B.:

- Bereitstellung geeigneter Produktionskapazitäten in angemessenem Umfang (nicht weniger als für das Produktionsprogramm erforderlich, aber auch nicht mehr);
- wirtschaftlich optimierte Produktionsverfahren;
- (möglichst) wirtschaftliche Produkte;
- (möglichst) wirtschaftliches Produktionsprogramm.

Ergänzend hierzu ist auch unter Risikoaspekten die Zielsetzung zu verfolgen, sowohl Produktionsprogramm wie auch die Produktionsverfahren der einzelnen Produkte in einer Weise zu dokumentieren, die dazu hilft, bei einem – möglicherweise auch nur befristeten – Ausfall des für die Produktion Verantwortlichen, negative Konsequenzen zu minimieren.

Exkurs: Ausgewählte Schwachstellen im Produktions-Controlling gartenbaulicher Unternehmen

Aus der vielfältigen Zusammenarbeit mit gartenbaulichen Unternehmen lassen sich folgende mögliche Problem- oder Schwachstellen im Betriebsbereich Produktion erkennen:

Schwachstelle 1: (speziell in Einzelhandelsgärtnereien) mangelnde Abstimmung von Produktion und Verkauf/Einzelhandel mit einer:

- verbesserungsfähigen Nachfrageorientierung;
- zu geringen Einbeziehung des Verkaufs in die Zusammenstellung des Produktionsprogramms und Produktionsplanung;
- ungünstigen bzw. falschen Zuordnung von Verantwortlichkeiten.

Folge:
- mangelnde Identifikation des Verkaufs mit den Produkten der Eigenproduktion;
- mangelnde Verantwortlichkeit des Verkaufs für den Abverkauf der eigenen Produktion;
- überhöhter Wareneinsatz (Produktion und Zukauf) mit zu hohen Warenverlusten sowie
- ungenügende Wirtschaftlichkeit.

Schwachstelle 2: kein Einsatz der EDV
Folge:
- mangelhafte Optimierung der Produktion;
- fehlende Transparenz der Wirtschaftlichkeit;
- fehlende Transparenz von Bedarf und Verfügbarkeit sowie Auslastung der Produktionskapazitäten.

Schwachstelle 3: fehlende, unvollständige oder ungenaue betriebsindividuelle Daten zum Produktions-Controlling
Folge:
- fehlende Transparenz der unternehmensspezifischen Wirtschaftlichkeiten der Produkte;
- fehlende betriebsindividuelle Datengrundlagen auch für andere Controlling-Module (beispielsweise „Kosten-Controlling", „Teilkostenrechnung", „Preisuntergrenzenrechnung" sowie „Einzelhandels-Controlling").

Schwachstelle 4: unübersichtliche, mangelhafte oder fehlende Dokumentation der Daten zu Produkten, Produktionsverfahren und Produktionsprogrammen
Folge:
- fehlende Möglichkeiten einer Nachkalkulation und gezielten Optimierung;
- personelle Abhängigkeiten mit einem hohen Risiko bei Ausfall des Verantwortlichen für die Produktion.

Im Folgenden werden einige ausgewählte Bestandteile und Hilfsmittel für ein Produktions-Controlling in Gartenbaubetrieben vorgestellt. Dabei liegt der Schwerpunkt nicht auf der Demonstration herkömmlicher Produktionsplanungsprogramme, sondern es wird erläutert, wie auch mit dem vergleichsweise einfachen Hilfsmittel Tabellenkalkulation bereits wichtige Zielsetzungen im Produktions-Controlling erreicht und Schwachstellen vermieden werden können.

8.2 Datengrundlage und Konzept

Für ein fundiertes Produktions-Controlling ist eine umfangreiche Datengrundlage mit möglichst unternehmensspezifischen Daten erforderlich. Dies ist sicher mit ein Grund dafür, dass dieser Controlling-Bereich in vielen Unternehmen trotz seiner Bedeutung bisher nach wie vor eher stiefmütterlich behandelt wird.

Die Abbildung 17 stellt dar, welche Daten(Bereiche) benötigt werden und aus welchen Quellen sie stammen. Sie zeigt gleichzeitig in Ansätzen die Einbindung und Vernetzung in das betriebliche Controlling-System.

Abb. 17 Produktions-Controlling – EDV-Konzept und Stellung im Controlling-System.

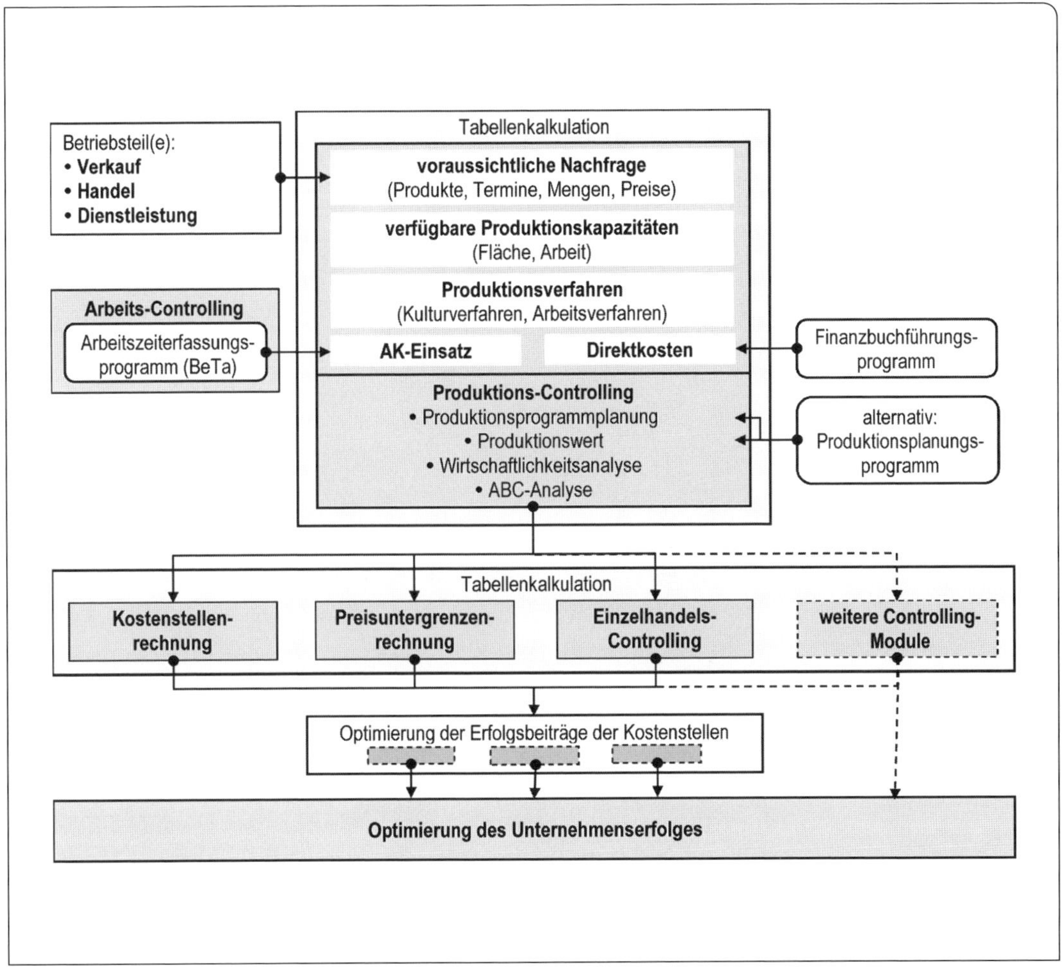

Voraussichtliche Nachfrage

Die wohl schwierigste Aufgabe besteht in der Erfassung bzw. Vorabschätzung der voraussichtlichen Nachfrage. Je nach Produkt und Sparte müssen Produktions-(Mengen)-Entscheidungen bereits Wochen bis Jahre im Voraus getroffen werden.

Neben der Auswertung verfügbarer Informationen (aus verschiedenen Quellen) über zukünftige Nachfrageentwicklungen und Trends sollten hier die Möglichkeiten eines professionellen Marketings (persönlicher Verkauf, Beratung, Werbung, Verkaufsförderung, PR-Arbeit) zur gezielten Beeinflussung der Kundennachfrage nicht außer Acht gelassen werden.

Hinsichtlich der zu produzierenden Mengen ist aus Kostengesichtspunkten sorgfältig zu überlegen bzw. zu kalkulieren, ob vorsichtige Schätzungen unter Einbeziehung kurzfristiger Zukäufe nicht allzu optimistischen Produktionsmengen (Über-Produktion auf Vorrat) vorzuziehen sind. Neben der Kalkulation verschiedener Szenarien und deren ökonomische Auswirkungen können hierzu ergänzend verlässliche und vollständige Dokumentationen vergangener Situationen bzw. Jahre wertvolle Hilfestellung zur Vorgehensweise und Entscheidung geben.

Betriebliche Produktionskapazitäten

Für eine Produktionsplanung sind zunächst die betrieblichen Produktionskapazitäten zu erfassen. Es handelt sich hierbei insbesondere um Angaben (jeweils nach Kalenderwochen)
über:

- verfügbare Produktionsflächen (Freiland, heizbare Gewächshausflächen usw.) und
- verfügbare Arbeitskapazitäten aller Arbeitskräfte (ständig Beschäftigte, Saison-AKs, Unternehmer- und Familien-Arbeitskräfte) für Produktionsaufgaben.

Produktspezifische Daten

Weitaus umfangreicher sind die für eine Produktionsplanung erforderlichen Produkt-Daten. Wie bereits angeführt sind hierzu von den verkaufenden Betriebsteilen „Verkauf/Einzelhandel" und „Dienstleistung" neben genauen Produktbezeichnungen insbesondere Angaben über voraussichtliche Mengen und Großhandelspreise sowie über Angebotszeiten (Zeiträume) vorzugeben. Darüber hinaus sind für die zu produzierenden Produkte die Direktkosten unternehmensspezifisch und produktbezogen zu erfassen (siehe Kap. 7).

Positionen wie Saatgut, Pflanzgut, Rohware, Erden und Substrate, Töpfe und Kulturgefäße, Pflanzenschutz-, Dünge- und Bodenbehandlungsmittel und sonstige Direktkosten sind bei entsprechender Ausgestaltung und Organisation vergleichsweise einfach der Finanzbuchführung zu entnehmen. Die Kosten für Wasser und Strom sind zwar auch klassische Direktkosten, werden aber in der praktischen Anwendung oftmals nicht produktspezifisch in der Datensammlung einer Produktionsplanung berücksichtigt, sondern in der Kostenrechnung dann meist den restlichen Kosten (Gemeinkosten) zugeordnet. Die Heizkosten, ebenfalls klassische Direktkosten, können rationell nur mit EDV-Unterstützung kalkuliert werden; für ihre Ermittlung werden neben dem Energiepreis auch Angaben zum Temperaturanspruch und dem Flächenanspruch der Kulturen/Sätze, der Ausstattung der Gewächshäuser, der Gewächshaushülle und zum Standort des Betriebes benötigt.

Nach Ansicht des Autors besteht in der Ermittlung und Handhabung der Heizmaterialkosten im Rahmen eines betriebsindividuellen Kostenrechnungskonzepts nach wie vor erheblicher Diskussions- und Entwicklungsbedarf. Insofern besteht die Überlegung, ob nicht einem Heizkosten-Verteilungskonzept – zumindest in der Nachkalkulation – der Vorzug gegeben werden sollte, das zwar im Detail nicht dem Verursachungsprinzip folgt, andererseits aber relativ einfach und handhabbar eine Berücksichtigung aller angefallenen Heizkosten (nicht mehr und nicht weniger) sicherstellt. An diesem Konzept wird derzeit noch gearbeitet. Es soll in Folgeversionen der vorliegenden **CiG_Teilkostenrechnung.xlsx** und/oder **CiG_Produktion.xlsx** integriert werden (siehe Kap. 7.2.1).

Weitere wichtige unternehmensspezifische und produktbezogene Angaben sind der Bedarf an **Arbeitskapazität** (Akh_zur) und **Flächenkapazität** (Flächen-Zeit-Wert, z. B. Wochen-Netto-m²_zur).

Diese Daten werden von den jeweils angewandten Produktionsverfahren und speziellen Besonderheiten des betreffenden Unternehmens (Standort, Wege- und Transportsystem, Arbeitsorganisation, Art, Ausstattung und Zustand der Produktionseinrichtungen usw.) zum Teil stark beeinflusst und sind deshalb individuell in jedem Unternehmen zu erfassen.

Die größte Datenschwachstelle besteht hierbei meist in dem Fehlen betriebsindividueller produktbezogener Arbeitskraftbedarfszahlen. Eine professionelle Lösung dieses Problems besteht hier in der Einführung einer Arbeitszeiterfassung mit entsprechender Zielsetzung, beispielsweise unter Einsatz des Erfassungsprogramms BeTa (siehe Kap. 6.3).

Exkurs: Erfordernis betriebsindividueller, produktbezogener Daten für weitere Controlling-Module
Betriebsindividuelle, produktspezifische Daten und die Ergebnisse der Produktionsplanung sind gleichzeitig wichtiger Input für weitere Controlling-Module:

Kostenstellenrechnung (siehe Kap. 3)
- Kosten der Kostenstelle Produktion;
- Produktionswert.

Teilkostenrechnung (siehe Kap. 7)
- Marktleistung (Erlöse);
- Direktkosten.

Preisuntergrenzenrechnung (siehe Kap. 9)
- Direktkosten;

und sowohl produktbezogen wie auch als Summe über das gesamte Produktionsprogramm
- zurechenbarer Arbeitskraftbedarf (Akh_zur);
- zurechenbare Flächen-Zeit-Werte (z. B. Wochen-Netto-m^2_zur).

Einzelhandels-Controlling (siehe Kap. 10)
- Produktionswert (der Produkte der Eigenproduktion).

8.3 Methode und ausgewählte Bestandteile des Produktions-Controllings

Im Folgenden soll die Vorgehensweise im Produktions-Controlling kurz erläutert werden.

Schritt 1: Zusammenstellung des gewünschten Produktions-Sortiments durch den Verkauf bzw. die Verkaufsabteilung.
Im Fall einer Einzelhandelsgärtnerei sind dies beispielsweise die verkaufenden Betriebsbereiche Einzelhandel und Dienstleistung.

Schritt 2: Erstellung der erforderlichen Datengrundlage (betriebsindividuelle Datensammlung).
Empfohlen wird bei der Erstellung der Datensammlung mit den wichtigsten (Leit-)Kulturen zu beginnen. Fehlende betriebsindividuelle Werte können dabei zunächst durch Standardwerte aus Datensammlungen (z. B. des KTBL oder des ZBG, vormals Arbeitskreis Betriebswirtschaft im Gartenbau e. V) oder durch Schätzwerte ersetzt werden. Zielsetzung sollte aber zumindest mittelfristig sein, eine möglichst vollständige Datensammlung mit fundierten betriebsindividuellen Daten zu erstellen, welche die angewandten betrieblichen Produktionsverfahren auch möglichst real abbilden.

Unter Berücksichtigung der Bedeutung und Qualität einzelner Grunddaten sollten gegebenenfalls Maßnahmen zur Präzisierung eingeleitet werden, z. B. eine Arbeitszeiterfassung (siehe Kap. 6.3) oder eine detaillierte(re) Erfassung in der Fibu durch bessere Vorkontierung und angepassten Kontenplan.

Aus Erfahrungen des Autors im Rahmen verschiedener Praxisprojekte beträgt der zeitliche Aufwand für die Erstellung einer weitgehend betriebsindividuellen Datensammlung zur Produktionsplanung in Einzelhandelsgärtnereien ca. ein bis zwei Arbeitskraft-Wochen. Der folgende jährliche Zeitbedarf für die Datenpflege und die Durchführung von Planungen liegt zumeist deutlich unter diesem Erstellungsaufwand.

Schritt 3: Durchführung einer Vorplanung mit Entwicklung von Planungsvarianten zur Optimierung der Wirtschaftlichkeit des Betriebsteils Produktion.
Mit verschiedenen Planungsvarianten lassen sich frühzeitig die Auswirkungen von geplanten oder erwarteten Änderungen ermitteln (Simulation).

Je nach eingesetztem EDV-Programm ist es darüber hinaus auch möglich, mit Hilfe von mathematischen Verfahren das Ergebnis unter Einhaltung vorzugebender Restriktionen (z. B. Anbauhöchstmengen und/oder Produktionskapazitäten) zu maximieren.

Mögliche **Planungsvarianten** könnten beispielsweise sein:
- Veränderungen der Produktionsmengen im Produktionssortiment durch zu erwartende Nachfrage;
- Aufnahmen neuer Kulturen/Sätze;
- Veränderung der Energiepreise;
- Veränderung der Produktionskapazitäten (Fläche und/oder Arbeit);
- Optimierung des Produktionssortiments nach wirtschaftlichen Gesichtspunkten;
- Straffung des Produktionssortiments (weniger Kulturen und/oder Sätze).

Das Ziel der Optimierung der Wirtschaftlichkeit eines Produktionsprogramms lässt sich neben der Anwendung effizienter Produktionsverfahren erreichen durch eine gezielte Förderung besonders wirtschaftlicher Kulturen und Sätze und durch eine möglichst gute und gleichmäßige Auslastung der verfügbaren Produktionskapazitäten Fläche und Arbeit.

Zur Erstellung von Produktionsplänen und zur Durchführung von alternativen Planungsstrategien empfiehlt sich der Einsatz eines geeigneten EDV-Hilfsmittels. Dabei sind hierzu unterschiedliche Intensitäten des EDV-Einsatzes und Zielsetzungen der EDV-Hilfsmittel möglich.

Schritt 4 (Nach der Entscheidung für eine Planungsvariante): Begleitung der Umsetzung der letztendlich gewählten Planung mit Aktualisierungen als Grundlage für einen neuen Planungszyklus der folgenden Produktionsperiode.

8.4 Fallbeispiel zum Produktions-Controlling

Durchführung und EDV-Hilfsmittel
Die vielfältigen Anforderungen einer fundierten Produktionsplanung und eines effizienten Produktions-Controllings legen die Nutzung geeigneter EDV-Hilfsmittel nahe. Je nach spezieller betrieblicher Zielsetzung und dem Entwicklungsstand des Controllings für Produktionsaufgaben können hier unterschiedliche EDV-Anwendungen eingesetzt werden.

Konventionelle Produktionsplanungsprogramme
Für die Produktionsplanung in gartenbaulichen Unternehmen sind verschiedene, unterschiedlich geeignete und ausgestattete EDV-Programme mit zum Teil speziellen Ausrichtungen und Leistungsfähigkeiten verfügbar, z. B.:
- grünplan (http://www.fachgruen.de);
- Gartplan (http://www.gartplan.dk/);
- PC-Gärtner (http://www.pcgaertner.de);
- GaPPS (http://www.ie-center.de);
- ComPro 3.0 (http://www2.htw-dresden.de/~lentz/LentzComPro.htm).

Folgende Tabellenkalkulations-Anwendung steht für das Modul „Produktions-Controlling" unter www.ulmer.de, Webcode 3294008, zum Download zur Verfügung: **CiG_Produktion.xlsx**.

Tabellenkalkulations-Anwendung zum Produktions-Controlling
Bei der Tabellenkalkulations-Anwendung **CiG_Produktion.xlsx** handelt es sich um ein einfaches, aber doch umfassendes Hilfsmittel, das gegebenenfalls vergleichsweise leicht entsprechend der Unternehmenssituation weiter anzupassen und auszubauen ist. Mit Hilfe dieser Anwendung lassen sich alternativ oder auch vorbereitend oder ergänzend zum Einsatz o. g. konventioneller Planungsprogramme nachfolgend aufgeführte Aufgabenstellungen im Produktions-Controlling rationell erledigen:
- Zusammenstellung und schriftliche Dokumentation des geplanten Bedarfs der verkaufenden Betriebsteile;
- Zusammenstellung des darauf aufbauenden geplanten Produktionsprogramms;

- Erstellung von lieferantenbezogenen (Bestell-)Listen als Hilfestellung für die Beschaffung von Materialien wie z. B. von Saatgut, Stecklingen, Töpfen, Erden usw.;
- Dokumentation der produzierten Mengen und Qualitäten für Nachkalkulationen und als Vorbereitung für die nächste Planung;
- Ermittlung des Produktionswerts (Wert der produzierten Produkte) als wichtige Information beispielsweise für die Controlling-Module „Kostenstellenrechnung" und/oder „Einzelhandels-Controlling";
- Kontrolle und Kalkulation der Warenverluste aus Eigenproduktion in den verschiedenen Betriebsteilen;
- Wirtschaftlichkeitsanalyse der Produkte (Kulturen und Sätze) beispielsweise auf Basis der Direktkostenfreien Leistung (DL);
- schrittweise Erarbeitung, Zusammenstellung und Dokumentation einer vollständigen betriebsindividuellen Datensammlung für ein konventionelles Produktionsplanungsprogramm;
- Bereitstellung wichtiger unternehmensspezifischer Daten für andere Controlling-Module wie „Kostenstellenrechnung" (siehe Kap. 3), „Kosten-Controlling" (siehe Kap. 5), „Teilkostenrechnung" (siehe Kap. 7), „Preisuntergrenzenrechnung" (siehe Kap. 9) oder „Einzelhandels-Controlling" (siehe Kap. 10).

Ein weiteres, im betrieblichen Controlling hilfreiches und unterstützendes Leistungsmerkmal der Tabellenkalkulation ist auch darin zu sehen, wichtige Daten, Ergebnisse und Sachverhalte, beispielsweise für Besprechungen im Unternehmen oder mit Beratern, in ansprechende grafische Darstellungen umzusetzen.

Im Folgenden werden ausgewählte Tabellenblätter der Tabellenkalkulations-Anwendung **CiG_Produktion.xlsx** in Ausschnitten kurz vorgestellt. Als Datengrundlage dienen in vorliegendem Fallbeispiel nur einige wenige Kulturen/Sätze eines anonymisierten Gartenbaubetriebs.

8.4.1 Anlage der Grunddaten aller Produkte der Eigenproduktion

Die für eine Produktionsplanung erforderlichen produktspezifischen Daten werden im Tabellenblatt **Produkt-Grunddaten** zusammengestellt bzw. sind dort einzugeben. In Abhängigkeit von den individuellen Zielsetzungen sind dabei mehr oder weniger Daten je Kultur/Satz erforderlich.

Soll beispielsweise ausschließlich die Zielsetzung verfolgt werden, den Produktionswert zu ermitteln, wird eine möglichst vollständige Auflistung aller zu produzierenden Kulturen/Sätze benötigt, wobei aber als Minimaldaten lediglich die jeweilige Produktionsmenge und der entsprechende Großhandelspreis erforderlich sind.

Wird zusätzlich bei jeder Kultur bzw. jedem Satz der jeweilige Jungpflanzenlieferant festgehalten, kann diese Minimalliste als Grundlage für eine Bestellliste bereits wertvolle Hilfestellung bei der jährlichen Jungpflanzen- oder Saatgutbestellung leisten.

Für weitergehende Zielsetzungen ist das in Tabelle 25 dargestellte Tabellenblatt **Produkt-Grunddaten** schrittweise mit den hierfür erforderlichen Daten zu füllen.

Kann zu Beginn auf keine bestehende (vollständige) Datensammlung zurückgegriffen werden, empfiehlt sich eine schwerpunktbezogene Vorgehensweise. Hierzu sollten zunächst Daten in der Reihenfolge der Bedeutung der Kulturen/Sätze erfasst werden und dann schrittweise ergänzt und vervollständigt werden.

Wenn die erforderlichen Grunddaten angelegt sind, kann mit der Zusammenstellung und Dokumentation des geplanten Bedarfs der verkaufenden Betriebsteile begonnen werden.

8.4.2 Planung des voraussichtlichen Bedarfs

In Tabelle 26 wird das Konzept einer einfachen Produktionssortimentsplanung skizziert. Dabei unterstützt das vorliegende Arbeitsblatt den Anwender in der Erarbeitung und Zusammenstellung des voraussichtlichen Bedarfs von bis zu drei getrennten verkaufenden Betriebsbereichen. Eine wichtige Funktion dieses Tabellenblatts besteht daneben in der Dokumentation der durch die Verkaufsbereiche angeforderten Mengen, auch als Grundlage für eine spätere Nachkalkulation und Kontrolle.

Tab. 25: Produkt-Grunddaten (Ausschnitt)

		pauschal						10	%										
		Satz / Sorte	Kultur-Beginn	Ernte-Beginn	Kultur-Ende	Produktions-Einheit	Produktions-Umfang	<= Warenverluste Produktion =>	Ernte-Menge insgesamt	Anteil Qualität A	Anteil Qualität B	Saat-, Pflanzgut	Preis / Einheit SPR	Kulturgefäße	Kulturgefäße	Substrat	Düngerkosten	Pflanzenschutzmittelkosten	sonstige Direktkosten
Nr.	Kultur		KW	KW	KW	oder individuell in %				in %		Menge	€	Menge	Art	Art	€	€	€
4	**Begonia semp.**	**15**	15	24	28	St.	2.760		2.484	100		2.760	0,060	2.760	P9	B1			
5	**Bellis perennis**	**38**	38	10	14	St.	4.000		3.600	100		4.000	0,003	1.000	P9	B1			
10	**Euphorbia pulch.**	**29**	29	48	52	St.	500		450	100		500	0,370	500	P11	T2			
20	**Primula vulgaris**	**34**	34	52	14	St.	5.000		4.500	100		5.000	0,100	5.000	P9	B1			
22	**Viola Mini**	**39**	39	9	14	St.	13.500		12.150	100		13.500	0,062	13.500	P9	B1			
500	...																		

KW = Kalenderwoche; SPR = Saatgut, Pflanzgut, Rohware; P9 = Plastiktopf 9 cm; B1 = Betriebserde 1; T2 = Topfsubstrat 2

Tab. 26: Produktionsmengenplanung (Ausschnitt)

Nr.	Kultur	Satz / Sorte	Kultur-Beginn	Ernte-Beginn	Kultur-Ende	Lieferant	Bedarf Laden	Bedarf Filiale	Bedarf Friedhof	Bedarf insgesamt	Bedarf inkl. Warenverluste Produktion
			KW	KW	KW		Menge	Menge	Menge	Menge	Menge
4	**Begonia semp.**	**15**	15	24	28		**700**	**300**	**1.760**	**2.760**	**3.067**
5	**Bellis perennis**	**38**	38	10	14		**1.500**	**1.000**	**1.500**	**4.000**	**4.444**
10	**Euphorbia pulch.**	**29**	29	48	52		**300**	**200**	**0**	**500**	**556**
20	**Primula vulgaris**	**34**	34	52	14		**2.500**	**1.500**	**1.000**	**5.000**	**5.556**
22	**Viola Mini**	**39**	39	9	14		**8.000**	**5.000**	**500**	**13.500**	**15.000**
500	...										
KW = Kalenderwoche											

8.4.3 Ermittlung des geplanten Produktionsprogramms

Unter Rückgriff auf die in Tabelle 25 dargestellten kultur- und satzbezogenen Grunddaten werden im nächsten Schritt die geplanten Produktionsdaten und -ergebnisse des beabsichtigten Anbauprogramms ermittelt.

Je nach Vollständigkeit dieser Kultur-/Satzdaten werden in dem in Tabelle 27 und 28 dargestellten Tabellenblatt Produktionsplan wichtige Plan-Ergebnisse ausgewiesen wie beispielsweise:

- Produktionswert;
- Direktkosten (Summe und Einzelpositionen);
- Erlöse (Marktleistung);
- Direktkostenfreie Leistung (DL);
- zurechenbare Akh;
- zurechenbare Flächen-Zeit-Werte;
- Wirtschaftlichkeitsmaße (DL/Akh und DL/Flächen-Zeitwert);
- Rangfolgen aller Kulturen/Sätze bezüglich o. g. Kriterien.

Ein weiteres Beispiel für eine Tabellenkalkulations-Anwendung mit der Zielsetzung der Produktionsplanung am Beispiel eines Freiland-Gemüsebaubetriebs findet der Leser bei MEGGENDORFER et al. (1997).

8.4.4 Nachkalkulation

Für eine Nachkalkulation der Produktionsplanung empfiehlt es sich, nach Fertigstellung der Planung eine Kopie der Tabellenkalkulations-Anwendung **CiG_Produktion.xlsx** zu erstellen, diese entsprechend zu bezeichnen (z. B. **CiG_Produktion_Jahr 20xx_IST.xlsx**) und dann alle anfallenden Änderungen kontinuierlich dort zu erfassen.

Nach Abschluss des betreffenden Jahres können die Daten daraus auch für eine Nachkalkulation der Direktkostenfreien Leistungen, der Wirtschaftlichkeiten und der Preisuntergrenzen verwendet werden.

Tab. 27: Produktionsplan (Ausschnitt)

							pauschal		%		36.648	184.135	7.718	836	37.549
		Satz / Sorte	Kultur-Beginn	Ernte-Beginn	Kultur-Ende	Produktions-Einheit	Produktionsmenge nach Bedarfsplanung	<= individuelle Mengenanpassung =>	Produktions-Menge (SOLL)	Produktionswert insgesamt	Summe Direktkosten	Summe Marktleistung (Erlöse)	Summe DL	Akh zurechenbar	Flächen-Zeit-Wert zurechenbar
Nr.	**Kultur**		KW	KW	KW		oder absolute Menge			€	€	€	€	Akh	WNm²
4	**Begonia semp.**	**15**	15	24	28	St.	**3.067**	133	**3.200**	**1.152**	**510**	**1.152**	**641**	**7**	**668**
5	**Bellis perennis**	**38**	38	10	14	St.	**4.444**	56	**4.500**	**2.430**	**490**	**2.430**	**1.940**	**35**	**1.287**
10	**Euphorbia pulch.**	**29**	29	48	52	St.	**556**	44	**600**	**1.403**	**1.038**	**1.403**	**365**	**24**	**646**
20	**Primula vulgaris**	**34**	34	52	14	St.	**5.556**	144	**5.700**	**3.334**	**1.493**	**3.334**	**1.842**	**21**	**4.959**
22	**Viola Mini**	**39**	39	9	14	St.	**15.000**	100	**15.100**	**6.116**	**2.417**	**6.116**	**3.698**	**19**	**4.145**
500	...														
KW = Kalenderwoche; DL = Direktkostenfreie Leistung; WNm² = Wochen-Netto-m²															

8.5 Auswertung und Interpretation

8.5.1 Produktionswert

Der Produktionswert ist ein Maß für die Leistung, also den Wert der Eigenproduktion. In einem reinen Produktionsbetrieb, aber auch in einer Einzelhandelsgärtnerei ist dies der Warenwert der selbst erzeugten Produkte, auf Basis vergleichbarer Großhandelspreise. In Letzterer ist diese Leistung der Kostenstelle Produktion gleichzeitig Kostenposition der die Ware übernehmenden Kostenstellen Einzelhandel und Dienstleistung.

Für eine Kostenstellenrechnung in einer Einzelhandelsgärtnerei ist der Produktionswert (der Eigenproduktion) eine äußerst wichtige, meist in der Praxis aber nicht verfügbare oder nicht beachtete Größe (siehe Kap. 3).

8.5.2 Optimierung der Wirtschaftlichkeit der Produkte

Einen wichtigen Ansatzpunkt zur Optimierung des Unternehmensergebnisses liefert die Wirtschaftlichkeitsanalyse der einzelnen Kulturen und Sätze. Kenntnisse über die Wirtschaftlichkeiten können in zweierlei Hinsicht zur Verbesserung des Unternehmensergebnisses eingesetzt werden, zum einen in der Produktion zur optimalen Nutzung knapper Produktionskapazitäten und zum anderen im Verkauf zur gezielten Förderung besonders wirtschaftlicher Produkte in der Präsentation und der Kundenberatung.

Wirtschaftlichkeit und Wirtschaftlichkeitsmaße
Wirtschaftlichkeit kann grundsätzlich auf verschiedenen Ebenen gemessen bzw. ermittelt werden, beispielsweise auf Ebene:
- des Produktes,
- einer Produktgruppe oder
- eines Betriebsbereichs, einer Kostenstelle, oder
- des gesamten Unternehmens.

Man versteht unter Wirtschaftlichkeit das Verhältnis zwischen Output und Input. Als Output-Größe findet hier eine Netto-Erfolgsgröße wie beispielsweise die Direktkostenfreie Leistung (DL) Verwendung. Als Inputgröße bieten sich im Gartenbau der Faktoreinsatz an Arbeit und/oder Fläche (bzw. Flächen-Zeit-Wert) an. Für gartenbauliche Produkte der Eigenproduktion ergeben sich daraus folgende Wirtschaftlichkeitsmaße:
- DL je zurechenbarer Akh;
- DL je zurechenbarem Flächen-Zeit-Wert.

Der Flächen-Zeit-Wert ergibt sich aus der Nutzung einer bestimmten Fläche über eine bestimmte Zeit. Beispiel: 1000 m² drei Monate lang genutzt, ergibt einen Flächen-Zeit-Wert von 1000 m² × 3 Monate = 3000 Monats-m² (Mm²).

In der Tabelle 28 sind in einem Ausschnitt die Wirtschaftlichkeiten der Sätze eines Kulturprogramms eines gartenbaulichen Unternehmens ausgewiesen.

Beurteilung der Wirtschaftlichkeitsmaße
Die Quantifizierung der Wirtschaftlichkeiten gartenbaulicher Kulturen kann anhand der o. g. Wirtschaftlichkeitsmaße erfolgen. Dabei ist für die Beurteilung nicht zwingend ein festes Schema vorgegeben. Vielmehr bieten sich alternativ oder parallel folgende drei Kriterien an:

Rangfolgen
- DL je zurechenbarer Akh;
- DL je zurechenbarem Flächen-Zeit-Wert.

Durchschnittliche Wirtschaftlichkeit (des gesamten Programms)
- Summe DL dividiert durch die Summe der zurechenbaren Akh;
- Summe DL dividiert durch die Summe des zurechenbaren Flächen-Zeit-Wertes.

Tab. 28: Rangfolge der Wirtschaftlichkeit der Sätze (Ausschnitt)

Nr.	Kultur	Satz / Sorte	Kultur-Beginn KW	Ernte-Beginn KW	Kultur-Ende KW	DL / Akh €/Akh	DL / Flächen-Zeit-Wert €/WNm²	Rang DL / Akh	Rang DL / Flächen-Zeit-Wert	Rangsumme	Rangprodukt
4	**Begonia semp.**	**15**	15	24	28	**92,22**	**0,96**	5	11	16	55
5	**Bellis perennis**	**38**	38	10	14	**55,63**	**1,51**	11	5	16	55
10	**Euphorbia pulch.**	**29**	29	48	52	**15,22**	**0,56**	17	17	34	289
20	**Primula vulgaris**	**34**	34	52	14	**89,75**	**0,37**	6	18	24	108
22	**Viola Mini**	**39**	39	9	14	**194,49**	**0,89**	1	13	14	13
500	...										

KW = Kalenderwoche; DL = Direktkostenfreie Leistung; WNm² = Wochen-Netto-m²

(korrespondierende) restliche Kostensätze

- restliche Kosten je zurechenbarer Akh;
- restliche Kosten je zurechenbarem Flächen-Zeit-Wert.

Bildung von Rangfolgen

Bei der Verwendung von Rangfolgen zur Beurteilung der Wirtschaftlichkeiten werden alle Produkte (Kulturen oder Sätze) entsprechend der erreichten Werte der Wirtschaftlichkeitsmaße in eine Reihenfolge gebracht. Die ersten 33 % dieser Rangfolge werden als die wirtschaftlicheren Produkte bezeichnet, die nächsten 33 % als die Produkte mit mittlerer Wirtschaftlichkeit und das letzte Drittel als die weniger wirtschaftlichen Produkte. Eindeutig unwirtschaftlich sind nur Produkte mit negativem Deckungsbeitrag oder negativer DL.

Eine Problematik ergibt sich bei der Verwendung von Rangfolgen meist dadurch, dass sich bei zwei Wirtschaftlichkeitsmaßen in der Regel unterschiedliche Rangfolgen für ein und dasselbe Produkt ergeben. Ein Kompromiss könnte hier darin bestehen, die Ergebnisse der beiden Rangfolgen miteinander zu verrechnen, beispielsweise als Rangsumme oder als Rangprodukt (siehe Tab. 28).

Orientierung an der durchschnittlichen Wirtschaftlichkeit

Eine weitere Möglichkeit zur Beurteilung besteht im Vergleich der produktbezogenen Wirtschaftlichkeiten mit denjenigen, die sich über das gesamte Sortiment bzw. das Produktionsprogramm hin ergeben. Dies führt dann bei zwei Wirtschaftlichkeitsmaßen jeweils zu zwei

Produktgruppen, nämlich die wirtschaftlicheren Produkte und die weniger wirtschaftlichen Produkte. Eine weitere Verrechnung dieser Eingruppierungen ergibt dann ebenfalls wieder drei Kategorien, nämlich Produkte die:

- nach beiden Wirtschaftlichkeitsmaßen zu den wirtschaftlicheren gehören;
- nach beiden Wirtschaftlichkeitsmaßen zu den weniger wirtschaftlichen zu rechnen sind;
- nach jeweils nur einem Wirtschaftlichkeitsmaß den wirtschaftlicheren und den weniger wirtschaftlichen zugeordnet werden.

Vergleich mit korrespondierenden restlichen Kostensätzen

Wie bereits an anderer Stelle erläutert, steht die Direktkostenfreie Leistung (DL) zur Abdeckung der verbleibenden restlichen Kosten zur Verfügung (siehe Kap. 7). Übersteigt die DL je zurechenbarer Akh die korrespondierenden restlichen Kosten je zurechenbarer Akh, so ist das betreffende Produkt in der Lage, die Kosten (seinen Kostenanteil) voll abzudecken. Es handelt sich hier somit um ein eindeutig wirtschaftliches Produkt bezogen auf den Produktionsfaktor Akh. Gleiches gilt für die DL je zurechenbarem Flächen-Zeit-Wert. Sind die Wirtschaftlichkeitsmaße der Produkte niedriger als die vergleichbaren restlichen Kostensätze, so können diese Produkte als weniger wirtschaftlich bezeichnet werden. Auch hier ergeben sich bei Kombination der Beurteilungen nach den beiden Wirtschaftlichkeitsmaßen entsprechend der Vorgehensweise bei der Orientierung an der durchschnittlichen Wirtschaftlichkeit wiederum drei Kategorien (siehe oben).

Beeinflussung der Wirtschaftlichkeiten

Aus Erfahrungen in der Zusammenarbeit mit Gartenbauunternehmen ist bekannt, dass sich für das gleiche Produkt in unterschiedlichen Unternehmen zum Teil deutlich voneinander abweichende Wirtschaftlichkeiten ergeben können. Die nachfolgende Zusammenstellung soll deshalb mit der Auflistung ausgewählter Einflussfaktoren Ansatzpunkte zur Optimierung aufzeigen:

- erzielbarer Preis – Vermarktungsform, Qualität, Angebotszeit(raum);
- erzielbare Qualitäten bzw. Anteile einzelner Qualitäten – Produktionsverfahren, -Know-how, -einrichtungen;
- Anteil verkaufsfähiger (verkaufter) Pflanzen;
- Direktkosten – darunter z. B. Heizmaterialbedarf und -kosten;
- unterschiedliche Wirtschaftlichkeiten einzelner Sätze einer Kultur;
- Akh-Bedarf (Arbeits- und Produktionsverfahren) und -kosten;
- Flächenbedarf – Stellweite, Kulturdauer, Temperaturstrategie.

Neben der Beeinflussung der absoluten DL ergeben sich auch durch Maßnahmen zur Reduzierung des erforderlichen Faktoreinsatzes von Arbeitszeit und Fläche nicht zu vernachlässigende Ansatzpunkte zur Optimierung der Wirtschaftlichkeit. Zu überprüfen sind hierzu die angewandten betrieblichen Arbeits- und die Kulturverfahren (optimierte Kulturführung) mit der Zielsetzung unter anderem den Arbeitsbedarf (siehe Kap. 6) und den Flächen-Zeit-Bedarf zu senken, ohne dabei die Qualität und Leistung negativ zu beeinflussen.

8.5.3 Exkurs: Kombination der ABC-Analyse mit der Wirtschaftlichkeitsanalyse

Eine interessante Auswertungsmöglichkeit besteht in der Kombination der Ergebnisse der ABC-Analyse mit denjenigen der Wirtschaftlichkeitsanalyse. In der Abbildung 15 (auf Seite 143) wird dies am Beispiel des Produktionsprogramms eines gartenbaulichen Unternehmens vorgestellt.

Wie hieraus zu ersehen ist, erwirtschaften in dem vorliegenden Unternehmen nur fünf Kulturen (A-Kulturen) mit 61 % bereits einen Großteil der Direktkostenfreien Leistung (DL). Für die nächsten 30 % der DL werden schon 17 Kulturen (B-Kulturen) benötigt und die verbleibenden 23 Kulturen tragen nur noch 9 % zur gesamten DL in Höhe von gut 60 Tsd. € bei. Neben dieser Dokumentation der Bedeutung der einzelnen Kulturen sind in den verwendeten Symbolen Platzhalter für die Beurteilung der Wirtschaftlichkeit zu sehen. Hierbei liegt folgende Einteilung zugrunde:

- (graue) Dreiecke kennzeichnen die wirtschaftlicheren Kulturen,
- (weiße) Kreise die Kulturen mit durchschnittlicher Wirtschaftlichkeit, und
- (schwarze) Rauten die Kulturen mit der geringsten Wirtschaftlichkeit.

Interpretation und Anwendung der Ergebnisse

Solange mit einer Kultur eine positive Direktkostenfreie Leistung erzielt wird, darf diese erst aus der Produktion genommen werden, wenn sie durch eine bessere ersetzt werden kann.

Besteht die Zielsetzung das Produktionsprogramm zu straffen, sind am ehesten diejenigen Kulturen der C-Kategorie entbehrlich, die neben der geringen Bedeutung auch in die schlechteste Kategorie der Wirtschaftlichkeit (schwarze Rauten) fallen. Die hierdurch freiwerdenden Produktionskapazitäten sind für die Ausweitung wirtschaftlicherer Kulturen zu verwenden, insbesondere, wenn die entfallenden Kulturen noch positive Deckungsbeiträge erzielten.

Bei wirtschaftlicheren Kulturen (graues Dreieck) ist nach Möglichkeiten einer (Produktions- und) Absatzausweitung zu suchen. Manchmal reicht hier schon die entsprechende Information des Verkaufspersonals über die Wirtschaftlichkeiten. Zielsetzung wäre hier also im Prinzip aus wirtschaftlicheren C-Kulturen, wirtschaftlichere B-Kulturen zu entwickeln und aus diesen wiederum wirtschaftlichere A-Kulturen.

Besondere Aufmerksamkeit sollte bei knappem Zeitbudget den Kulturen entsprechend ihrer Wichtigkeit (DL) geschenkt werden. So sollten im ersten Schritt insbesondere die A-Kulturen auf Möglichkeiten einer Optimierung ihrer Wirtschaftlichkeit hin auf dem Prüfstand stehen. Schon geringe Verbesserungen wirken sich (bei den A-Produkten) dabei aufgrund der häufig höheren Stückzahlen meist deutlich erkennbar aus. Im nächsten Schritt sind dann die B-Kulturen und zuletzt die C-Kulturen hinsichtlich ihrer Wirtschaftlichkeit zu optimieren.

Die Ergebnisse der Wirtschaftlichkeitsanalyse sind nicht nur für die Produktion von Bedeutung. Mit Hilfe dieser Informationen können die Verantwortlichen und Beschäftigten im Handel/Verkauf wirtschaftlich(er)e Kulturen gezielt herausstellen und fördern. Damit einhergehend sollte sowohl im Verkauf wie auch damit abgestimmt in der Produktion eine Einschränkung der weniger wirtschaftlicheren Kulturen speziell bei knappen Kapazitäten erfolgen.

9 Preisuntergrenzenrechnung

Bei der Preisuntergrenzenrechnung handelt es sich um einen Vertreter der Vollkostenrechnung. Wie diese Bezeichnung erkennen lässt, werden hierbei **alle** Kosten auf die Kostenträger (Produkte und Dienstleistungen) eines Unternehmens in einer bestimmten Art und Weise verteilt.

9.1 Problemstellung und Zielsetzungen

Ergänzend zur Teilkostenrechnung bietet eine Vollkostenrechnung auf Basis unternehmensbezogener Daten weitere wichtige Informationen für verschiedene unternehmerische Entscheidungen. Hierzu zählt beispielsweise die Unterstützung von Managemententscheidungen im Rahmen der betrieblichen Preispolitik. Einerseits genügt es nicht, die betriebliche Preisgestaltung nur an dem alleinigen Kriterium eines positiven Deckungsbeitrages auszurichten, andererseits wird, in Abhängigkeit von der Markt- und Konkurrenzsituation, nicht für jedes Produkt ein Gewinnaufschlag zu realisieren sein. In der Realität stellt sich die Situation für Gartenbaubetriebe vielfach so dar, dass sie bei einigen Produkten gute Gewinnspannen realisieren können, während bei anderen nicht einmal kostendeckende Marktpreise zu erzielen sind.

Die Preisuntergrenzenrechnung als Methode einer stufenweisen Vollkostenrechnung bringt hier für die Unternehmensleitung einen umfassenden und aussagefähigen Überblick über die Kostensituation des jeweiligen Produktes. Im Vergleich zum erzielbaren Marktpreis verfügt sie damit über vier plausible, gut vorstellbare Eckwerte der Kostenabdeckung. Diese Kenntnisse sind gleichzeitig auch wichtige Voraussetzungen zur gezielten Optimierung des Produkterfolgs.

Wesentliche Zielsetzungen beim Einsatz einer Preisuntergrenzenrechnung (PUG-Rechnung) sind:

- Dokumentation der produktbezogenen Kosten-Situation (Plan und Ist) im Vergleich zum jeweiligen Marktpreis;
- Entscheidungshilfe für die betriebliche Preispolitik;
- Grundlage für produktspezifische Optimierungsmaßnahmen und deren Evaluierung;
- Quantifizierung und Bewusstmachung der Auswirkungen einer Veränderung von Einflussfaktoren auf die Preisuntergrenzen.

9.2 Vorbereitung und Datengrundlage

9.2.1 Datengrundlage

Als Vollkostenrechnung stellt die Preisuntergrenzenrechnung höhere Anforderungen an die betriebliche Datengrundlage und -erfassung als eine Teilkostenrechnung. Folgende Daten sind für eine Preisuntergrenzenrechnung unternehmensspezifisch erforderlich:

Kostenpositionen:
- Direktkosten der Produkte und Dienstleistungen;
- bare restliche Kosten;
- kalkulatorische restliche Kosten.

Statt der Kostenaufteilung in Direktkosten und restliche Kosten kann alternativ auch eine Aufteilung in variable Spezialkosten und Gemeinkosten zugrunde gelegt werden.

Um die restlichen Kosten auf die Kostenträger (Produkte und Dienstleistungen) zu verteilen werden weitere, zusätzliche Daten benötigt.

Schlüsselgröße(n):
- Akh-Bedarf (zurechenbare Akh) und/oder
- Flächen-Zeit-Bedarf (zurechenbare Flächen-Zeit-Werte)

separat für jedes Produkt und jede Dienstleistung und insgesamt für das Produktions- und/oder Dienstleistungsprogramm.

Sonstiges:
- Aufschlag für Wagnis und Gewinn (absolut in Euro oder in Prozent vom kostendeckenden Preis)

Aus den Summen an zurechenbaren (genutzten) Kapazitäten (Arbeit und Fläche) und den restlichen Kosten werden entsprechende Kostensätze gebildet. Die Kostenübertragung erfolgt dann durch Multiplikation dieser Kostensätze mit dem jeweiligen Akh- und/oder Flächen-Zeit-Bedarf der einzelnen Produkte (siehe Tab. 29 bis 31, Seiten 171 bis 173).

Gegebenenfalls sind in einer Variante der Preisuntergrenzenrechnung – die Arbeitskosten neben den Direktkosten und den restlichen Kosten getrennt und separat zu erfassen und zu verteilen. Auch hier ist dann eine Unterscheidung in bare (Lohnaufwand) und in kalkulatorische Arbeitskosten (Lohnansatz) erforderlich.

9.2.2 Hinweise zur Datenerfassung

Für die Durchführung einer Preisuntergrenzenrechnung ist es günstig, wenn im Unternehmen bereits folgende Controlling-Module eingesetzt werden:

- **Kosten-Controlling** mit einer Aufteilung in bare und kalkulatorische Kosten (siehe Kap. 5);
- **Teilkostenrechnung** mit unternehmensspezifischen, produktbezogenen Direktkosten (siehe Kap. 7);
- **Produktions-Controlling** mit produktbezogenen Daten zu den Direktkosten und dem Bedarf an zurechenbaren Akh- und Flächen-Zeit-Werten einschließlich des Gesamtbedarfs (siehe Kap. 8).

Die jeweils dort vorliegenden Daten sind auch für eine Preisuntergrenzenrechnung verwendbar.

Erfolgt die Produktionsprogrammplanung mit einem EDV-Programm, ist es besonders vorteilhaft, wenn dieses über eine Schnittstelle zur Tabellenkalkulation verfügt, um die erforderlichen Daten (Direktkosten, Akh- und Flächen-Zeit-Bedarfswerte) rationell in die Module „Teilkostenrechnung" bzw. „Preisuntergrenzenrechnung" zu überführen.

Liegen die für eine PUG-Rechnung erforderlichen Daten noch nicht vor, empfiehlt sich eine produktbezogene Datenerfassung, beginnend mit den wichtigsten Produkten bis hin zur vollständigen Erfassung des gesamten Sortiments. Ergänzende Hinweise zu einzelnen Komponenten finden sich in den nachfolgend aufgeführten Kapiteln:

- **Direktkosten** der einzelnen Produkte und Dienstleistungen (siehe Kap. 7.2.1);
- **bare und kalkulatorische restliche Kosten** (siehe Kap. 5 und in Unternehmen mit mehreren Betriebsbereichen Kap. 3);
- **zurechenbarer Arbeits-Bedarf** der einzelnen Produkte (Erfahrungswerte der Produktionsverantwortlichen oder Standardwerte aus Datensammlungen und Fachliteratur, am besten sind betriebsindividuelle Werte mittels Datenerfassung beispielsweise mit BeTa) (siehe Kap. 6.3);
- **zurechenbare Flächen-Zeit-Werte** der einzelnen Produkte (individuelle Kalkulation mittels Tabellenkalkulation oder konventionellem Produktionsplanungsprogramm; siehe Kap. 8.4).

Die für die Berechnung der Kostensätze erforderlichen Gesamtsummen an zurechenbaren Akhs und Flächen-Zeit-Werten stellen diejenigen Daten dar die am aufwändigsten oder schwierigsten zu erhalten sind, solange nicht alle Produkte des Sortiments erfasst wurden. Notfalls können im ersten Jahr einer PUG-Rechnung bzw. in der Aufbauphase der Datensammlung vereinfachend und übergangsweise hierfür optimistische und parallel dazu pessimistische Schätzungen in Ansatz gebracht werden.

9.3 Methode der Preisuntergrenzenrechnung

Die Methode der Preisuntergrenzenrechnung lässt sich dadurch kennzeichnen, dass einem Produkt sukzessive und stufenweise verschiedene Kostenblöcke zugerechnet werden. Auf jeder dieser Stufen ergibt sich dann eine Preisuntergrenze.

Die **erste Preisuntergrenze** (PUG1, Produktionsschwelle) wird vereinfacht berechnet aus der Division der Direktkosten eines Produktes durch dessen Produktions- bzw. Absatzmenge. Mit der PUG1 wird hierdurch der absolute Minimalpreis eines Produktes ermittelt, der nur die unmittelbar verbundenen Direktkosten abdeckt.

Hinweis:
Ein Marktpreis in Höhe der PUG1 entspricht der Situation einer Direktkostenfreien Leistung (DL) von 0 (Null).

Zur Berechnung der **zweiten Preisuntergrenze** (PUG2, kurzfristige Preisuntergrenze) werden zusätzlich zu den Direktkosten die baren restlichen Kosten mit Hilfe von Umlageschlüsseln auf die einzelnen Produkte oder Dienstleistungen verteilt. Die sich hieraus ergebende PUG2 umfasst somit alle baren Kostenpositionen.

Ein Marktpreis in Höhe der PUG2 deckt zwar die baren Kosten eines Produktes, erbringt aber keine Beiträge zu den kalkulatorischen Kostenpositionen Lohnansatz, Zinsansatz für das eingesetzte Eigenkapital, betriebswirtschaftliche Abschreibungen und kalkulatorische Wagnisse.

Zur Ermittlung der **dritten Preisuntergrenze** werden zusätzlich alle kalkulatorischen Kostenpositionen auf die einzelnen Produkte, ebenfalls wieder über Schlüsselgrößen, verteilt. Die sich hieraus ergebende PUG3 umfasst damit alle Kosten, weshalb diese Preisuntergrenze auch als kostendeckende oder langfristige Preisuntergrenze (PUG3, Gewinnschwelle) bezeichnet wird.

Ein Marktpreis in Höhe der PUG3 entspricht auf das ganze Sortiment übertragen der Situation eines Unternehmergewinns von 0 (Null). Zu beachten ist hier der Unterschied zum Unternehmensgewinn (siehe Abb. 3 auf Seite 34).

In der **vierten** und letzten Stufe wird zusätzlich zur Verrechnung aller Kosten ein Gewinnaufschlag, beispielsweise in Prozent von der PUG3, in Ansatz gebracht. Damit ergibt sich mit der PUG4 der eigentlich anzustrebende Preis der sogenannte Zielpreis eines Produktes.

Die Preisuntergrenzenrechnung kann mit ihren verschiedenen Stufen als Bindeglied zwischen der Teilkosten- und der Vollkostenrechnung gesehen werden, da sie auf der Teilkostenrechnung aufbaut (PUG1) und mit dem Zielpreis (PUG4) alle Kosten inkl. eines Gewinnanteiles berücksichtigt. Im Gegensatz zu einfacheren Formen der

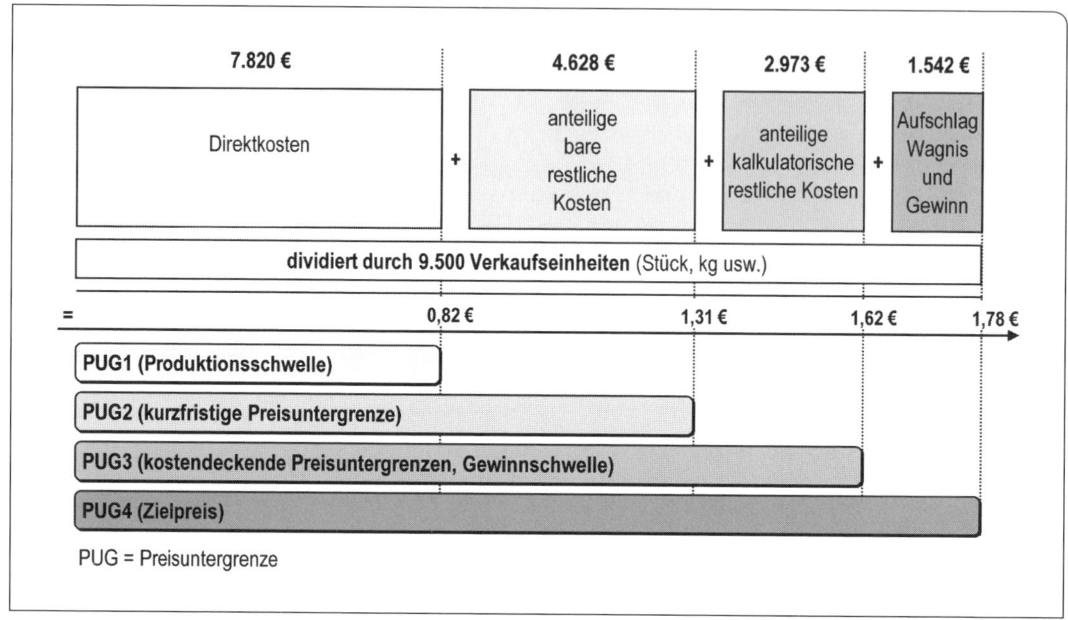

Abb. 18 Schema der Preisuntergrenzenrechnung.

Vollkostenrechnung erbringt sie aber durch die verschiedenen Preisuntergrenzen zusätzliche Informationen, welche Preise erzielt werden müssen, um welche Kostenbestandteile zu erwirtschaften bzw. im Umkehrschluss, welche Kostenbestandteile durch den Marktpreis eines Produktes abgedeckt werden können und welche Abdeckungs-Defizite bestehen.

Die Abbildung 18 zeigt zusammenfassend die stufenartige Ermittlung der vier verschiedenen Preisuntergrenzen.

9.4 Fallbeispiel zur Preisuntergrenzenrechnung

Für das Controlling-Modul „Preisuntergrenzenrechnung" steht folgende Tabellenkalkulations-Anwendung unter www.ulmer.de, Webcode 3294008, zum Download zur Verfügung: **CiG_PUG-Rechnung.xlsx**.

Durchführung und EDV-Hilfsmittel

Am Fallbeispiel einer Preisuntergrenzenrechnung für Erzeugnisse der Produktion wird im Folgenden ein Vorschlag für die Vorgehensweise vorgestellt.

Schritt 1: produktbezogene Erfassung der Direktkosten und des Bedarfs an zurechenbaren Flächen-Zeit-Werten und Akhs (bzw. Übernahme aus den Modulen „Produktions-Controlling" oder „Teilkostenrechnung").

Schritt 2: Ermittlung der restlichen Kosten getrennt nach baren und kalkulatorischen Positionen (bzw. Übernahme aus den Modulen „Kosten-Controlling" oder „Kostenstellenrechnung").

Ziel einer Voll-Kostenrechnung ist es, alle Kosten auf die (gesamten) Kostenträger (Produkte und Dienstleistungen) eines Unternehmens zu transferieren. Das bedeutet unter anderem, dass in einem auf die Datenverfügbarkeit und -qualität abgestimmten Praxiskonzept die Zuordnung einzelner Kostenpositionen zu den Direktkosten oder den restlichen Kosten situationsgerecht – mitunter in Abweichung zur klassischen Methodik – festzulegen ist.

Beispiel: Liegen für einzelne Direktkostenpositionen, z. B. für Strom oder Wasser, keine produktbezogenen Daten vor, so sind sie – in einer Vereinfachung – den restlichen Kosten zuzuschlagen. Sie werden mit dieser Vorgehensweise dann über die sich ergebenden Kostensätze auf die Kostenträger verteilt.
Dies gilt grundsätzlich für alle Direkt- oder Einzelkostenpositionen. Eine Sonderstellung kommt in diesem Zusammenhang den Heizmaterialkosten zu (siehe Kap. 7.2.1).

Sonderfall: Unternehmen mit mehreren Betriebsbereichen

In Unternehmen mit mehreren Betriebsbereichen hat hier zunächst eine Aufteilung der baren und der kalkulatorischen restlichen Kosten auf die verschiedenen Kostenstellen zu erfolgen, bevor beispielsweise eine Preisuntergrenzenrechnung für die Erzeugnisse der Produktion erfolgen kann (siehe Kap. 3).

Schritt 3: Festlegung, welcher Anteil der restlichen Kosten über welche Schlüsselgröße verteilt werden soll.

Im dritten Schritt ist dann festzulegen, welcher Anteil der restlichen Kosten über welche Schlüsselgröße auf die Kostenträger umgelegt werden soll. In vorliegendem Beispiel werden hier als Vorschlag 50 % der restlichen Kosten über den zurechenbaren Akh-Bedarf und 50 % über den zurechenbaren Flächen-Zeit-Bedarf der Produkte auf diese verteilt.

Mit dieser Vorgehensweise wird bewirkt, dass weder sehr arbeitsintensive wie auch sehr flächenintensive Produkte einseitig mit (zu) hohen restlichen Kosten belastet werden.

Eine weitere Variante dieser Vorgehensweise könnte darin bestehen, die Arbeitskosten über den Akh-Bedarf und alle weiteren Kosten über den Flächen-Zeit-Bedarf zu verteilen.

Mit Hilfe der Tabellenkalkulation können sehr einfach auch Sensitivitätsanalysen mittels variierter Verteilungsanteile (Verteilungskonzepte) erstellt werden. Sie quantifizieren und verdeutlichen damit deren Einfluss auf die Ergebnisse der Preisuntergrenzenrechnung und stellen so wichtige zusätzliche Informationen dar.

Unabhängig von dieser zwar grundsätzlichen Problematik der Vollkostenrechnung wird empfohlen, das einmal bevorzugte Verteilungskonzept in den Folgejahren beizubehalten, da dies die Beurteilung der Wirksamkeit von Optimierungsmaßnahmen bei den jeweiligen Produkten wesentlich erleichtert.

Schritt 4: Ermittlung der Kostensätze für die Umlage der baren und der kalkulatorischen restlichen Kosten auf die Produkte und Dienstleistungen.

Wichtig ist es, zur Berechnung der Kostensätze nicht die maximal zur Verfügung stehenden Kapazitäten (Akh, Flächen-Zeit-Wert) zu verwenden, sondern die jeweiligen Summen der den Produkten unmittelbar zurechenbaren Akh und Flächen-Zeit-Werte! Um eine vollständige Verteilung der baren und kalkulatorischen restlichen Kosten zu gewährleisten, dürfen hierbei nur diejenigen Arbeitszeiten und Flächen-Zeit-Werte verwendet werden, die auch produktbezogen vorliegen, also in den Kultur- und Satzdaten festgehalten sind. Sie werden hier geführt unter den Bezeichnungen „zurechenbare Arbeitskraftstunde" (Akh_zur) und „zurechenbarer Flächen-Zeit-Wert" (Beispiel: Wochen-Netto-m^2_zur; abgekürzt: WNm^2_zur).

Berechnung der Kostensätze:

- bare restliche Kosten je zurechenbarer Akh;
- kalkulatorische restliche Kosten je zurechenbarer Akh;
- bare restliche Kosten je zurechenbarem Flächen-Zeit-Wert;
- kalkulatorische restliche Kosten je zurechenbarem Flächen-Zeit-Wert.

In dem in Tabelle 29 ausgewiesenen Tabellenblatt „Kostensätze Kostenstelle" werden aus den baren und kalkulatorischen restlichen Kosten der Kostenstelle Produktion eines Unternehmens unter Hinzuziehung von Daten der Verteilungsschlüssel Flächen-Zeit-Bedarf und Arbeitszeit-Bedarf die für eine PUG-Rechnung für die Eigenproduktion erforderlichen Kostensätze berechnet. Hierbei kann diese Verteilung in Abhängigkeit von den Vorstellungen des Nutzers variabel über die angebotenen Schlüsselgrößen erfolgen.

In Unternehmen mit mehreren Betriebsbereichen müssen die jeweiligen Kosten und die Nutzung der betrieblichen Kapazitäten bereichsspezifisch erfasst werden. Soll eine Preisuntergrenzenrechnung beispielsweise für die Erzeugnisse der Produktion durchgeführt werden, müssen in diesem Fall ergänzend auch die Daten für die Verteilungsschlüssel Akh- und Flächen-Zeit-Bedarf speziell für den Bereich Produktion erfasst werden bzw. vorliegen.

Schritt 5: Ermittlung der Preisuntergrenzen.
Aufbauend auf den produktbezogenen Daten, die schon in die Teilkostenrechnung Eingang fanden und den Kostensätzen zur Umlage

Tab. 29: Kostensätze Produktion

		Einheit	Jahr: 6
Kapazitäten			**Plan**
Fläche	maximal	Brutto-m²	3.550
	Wegeanteil	%	25
		Netto-m²	2.663
		WNm²	138.450
	zurechenbar	WNm²	85.000
Auslastungsgrad		%	61,4
Arbeit (inkl. Saison-AK)	maximal	Akh	4.455
Arbeit	zurechenbar	Akh	3.250
Auslastungsgrad		%	73,0
restliche Kosten (aus Kostenstellenrechnung)			
Restliche Kosten inkl. Arbeitskosten		€	**125.629**
	bare	€	103.073
	kalkulatorische	€	22.556
Verteilung nach			
Flächen-Zeit-Bedarf		%	50
Akh-Bedarf		%	50
Restliche Kosten (inkl. Arbeitskosten) je ...			
... zurechenbarer Flächeneinheit		**€ / WNm²**	**0,74**
bare restliche Kosten		€ / WNm²	**0,61**
kalkulatorische restliche Kosten		€ / WNm²	**0,13**
... zurechenbarer Akh		**€ / Akh**	**19,33**
bare restliche Kosten		€ / Akh	**15,86**
kalkulatorische restliche Kosten		€ / Akh	**3,47**
WNm² = Wochen-Netto-m²			

der restlichen Kosten kann nun in der Folge für praktisch beliebig viele Produkte eine PUG-Rechnung erfolgen.

Die Anzahl der Produkte, für die jeweils in einem Tabellenblatt eine Teilkostenrechnung und eine Preisuntergrenzenrechnung durchgeführt werden kann, ist aufgrund der Spaltenzahl in der verwendeten Tabellenkalkulation Microsoft-Excel ab der Version 2007 für die gartenbauliche Praxis praktisch nicht begrenzt (max. 16 384 Spalten).

In der Tabelle 30 auf Seite 172 wird der Datenbereich der PUG-Rechnung gezeigt.

Die Ergebnisse der Vorkalkulation der Preisuntergrenzenrechnung für ausgewählte Kulturen eines Fallbeispiels werden in der Tabelle 31 auf Seite 173 ausgewiesen.

9.5 Auswertung und Interpretation

Die Anwendung der Methode der Preisuntergrenzenrechnung bringt für die Leitung eines Unternehmens eine Reihe von wichtigen Informationen. So lassen sich für jedes Produkt die vier verschiedenen Preisuntergrenzen ermitteln. Zieht man hierzu den realisierbaren Marktpreis eines Produktes zu Vergleichszwecken heran, so erhält man Aussagen darüber, zu welchen Kostenpositionen das betreffende Produkt einen Beitrag leistet und gegebenenfalls welche durch den erzielbaren Marktpreis bisher nicht abgedeckt werden können. Über die Ergebnisse einer Teilkostenrechnung hinaus werden auch der Zielpreis und der Preis ermittelt, den das Produkt mindestens erzielen muss, um einen Gewinn (Gewinnschwelle) abzuwerfen.

Tab. 30: Preisuntergrenzenrechnung (Daten)

Vorkalkulation	**Einheit**	**Jahr:**	**6**				
lfd. Nr.		**1**	**2**	**3**	**4**	**5**	**...**
Kultur		**Bellis perennis**	**Euphorbia pulch.**	**Primula vulgaris**	**Viola Mini**	**Begonia semp.**	**...**
Satz / Sorte	Bezeichnung / Nr.	38	29	34	39	15	
Kultur-Beginn	KW	38	29	34	39	15	
Ernte-Beginn	KW	10	48	52	9	24	
Kultur-Ende	KW	14	52	14	14	28	
Produktions-Einheit (PE)	(Stück, Topf, m² usw.)	Stück	Stück	Stück	Stück	Stück	
Produktions-Menge (Ziel)	Anzahl	4.000	500	5.000	13.500	2.760	
Saatgut, Pflanzgut, Rohware (SPR)	Menge je PE	1,00	1,00	1,00	1,00	1,00	
Preis	€ / ME	0,00	0,37	0,10	0,06	0,06	
Kulturgefäße	Stück	1.000	500	5.000	13.500	2.760	
Preis	€ / Stück	0,03	0,03	0,03	0,03	0,03	
Substrat	m³ / 1.000 PE	0,13	0,54	0,54	0,54	0,54	
Preis	€ / m³	50,00	50,00	50,00	50,00	50,00	
Düngerkosten	€	0,00	0,00	0,00	0,00	0,00	
Pflanzenschutzmittelkosten	€	0,00	0,00	0,00	0,00	0,00	
Heizenergiekosten	€	365	652	521	545	115	
sonstige Direktkosten	€	0	0	0	0	0	
Ertrag Qualität A	Menge	4.000	500	5.000	13.500	2.760	
Ertrag Qualität B	Menge	0	0	0	0	0	
Verkaufsmenge Qualität A	Menge	3.500	450	4.000	11.500	2.700	
Preis	€	0,60	2,60	0,65	0,45	0,40	
Verkaufsmenge Qualität B	Menge						
Preis	€	0,00	0,00	0,00	0,00	0,00	
zurechenbare Akh	Akh	31,0	20,0	18,0	17,0	6,0	
zurechenbarer Flächen-Zeit-Wert	WNm²	1.144	539	4.350	3.706	576	
Marktpreis (geplant)	€ / Stück	0,60	2,60	0,65	0,45	0,40	
Gewinnaufschlag (geplant)	in % von PUG3	10	10	10	10	10	

KW = Kalenderwoche; PE = Produktionseinheit; ME = Mengeneinheit;
Akh = Arbeitskraftstunde; WNm² = Wochen-Netto-m²; PUG = Preisuntergrenze

9.5.1 Hinweise zur Interpretation

Vorgehensweise nach der Bedeutung der Produkte

Als erstes ist festzuhalten, dass auch bei der PUG-Rechnung zunächst besonderes Augenmerk den wichtigen Produkten des Unternehmens zu schenken ist. Insofern empfiehlt sich zum Einstieg und bei knappen zeitlichen Ressourcen der Unternehmensleitung bzw. des Controllers auch hier vorgeschaltet eine ABC-Analyse nach der Bedeutung der jeweiligen Produkte, beispielsweise hinsichtlich der DL durchzuführen (siehe Kap. 7.5.2).

Stellenwert der Vor- und der Nachkalkulation

Dann sollte man sich vergegenwärtigen, dass maßgeblich für den Unternehmenserfolg die letztendlich realisierten Preisuntergrenzen (Nachkalkulation) sind. Werden größere Unterschiede zwischen den vorkalkulierten und den nachkalkulierten Preisuntergrenzen festgestellt, ist eine sorgfältige Ursachensuche erforderlich. Hierzu werden nachfolgend noch einige Ansatzpunkte für Maßnahmen zur Verbesserung der Preisuntergrenzen (Absenkung der PUGs) aufgezeigt.

Tab. 31: Preisuntergrenzenrechnung (Ergebnisse)

Vorkalkulation		**Jahr:**	**6**				
lfd. Nr.		**1**	**2**	**3**	**4**	**5**	**...**
Kultur		**Bellis perennis**	**Euphorbia pulch.**	**Primula vulgaris**	**Viola Mini**	**Begonia semp.**	**...**
Satz / Sorte	Bezeichnung / Nr.	38	29	34	39	15	
Kultur-Beginn	KW	38	29	34	39	15	
Ernte-Beginn	KW	10	48	52	9	24	
Kultur-Ende	KW	14	52	14	14	28	
Kultur-Dauer	Wochen	28	23	32	27	13	
Produktions-Einheit (PE)	(Stück, Topf, m² usw.)	Stück	Stück	Stück	Stück	Stück	
Produktions-Menge (Ziel)	Anzahl	4.000	500	5.000	13.500	2.760	
Direktkosten	€	528	866	1.309	2.161	440	
Verkaufsmenge	ME	3.500	450	4.000	11.500	2.700	
PUG1 (geplant)	**€ / verkaufte ME**	**0,15**	**1,92**	**0,33**	**0,19**	**0,16**	
bare restliche Kosten (über Fläche)	€	694	327	2.637	2.247	349	
bare restliche Kosten (über Akh)	€	492	317	285	270	95	
PUG2 (geplant)	**€ / verkaufte ME**	**0,49**	**3,35**	**1,06**	**0,41**	**0,33**	
kalkulatorische restliche Kosten (über Fläche)	€	152	72	577	492	76	
kalkulatorische restliche Kosten (über Akh)	€	108	69	62	59	21	
PUG3 (geplant)	**€ / verkaufte ME**	**0,56**	**3,67**	**1,22**	**0,45**	**0,36**	
Gewinnaufschlag	in % von PUG3	10	10	10	10	10	
	€ / verkaufte ME	0,06	0,37	0,12	0,05	0,04	
PUG4 (geplant)	**€ / verkaufte ME**	**0,62**	**4,03**	**1,34**	**0,50**	**0,40**	

KW = Kalenderwoche; Akh = Arbeitskraftstunde; ME = Mengeneinheit; PUG = Preisuntergrenze

Berücksichtigte Direktkosten und Verteilungskonzept der restlichen Kosten

Das unterste Preis-Limit in besonderen betrieblichen Situationen ergibt sich mit der PUG1. Wie bereits angeführt, entspricht ein Marktpreis in dieser Höhe der Situation einer Direktkostenfreien Leistung (DL) von 0 (Null; siehe Kap. 9.3). Zu beachten und in Entscheidungen zu berücksichtigen ist hierbei, inwieweit tatsächlich alle unmittelbar zurechenbaren Direktkosten in die Berechnung der PUG1 einbezogen wurden.

Für die Beurteilung der weiteren Preisuntergrenzen ist das Verteilungskonzept der restlichen Kosten (bare und kalkulatorische) von Bedeutung (siehe Tab. 29 auf Seite 171). Wichtig ist in diesem Zusammenhang auch, in welcher Genauigkeit die Erfassung der produktbezogenen Nutzung der Arbeitskapazität und der Flächenkapazität erfolgt und wie belastbar die Gesamtsummen dieser genutzten Kapazitäten sind.

Bei der Beurteilung der PUG3, also des kostendeckenden Preises und für die Entscheidung zum Aufschlag für Wagnis und Gewinn ist zu vergegenwärtigen, dass kalkulatorische Kostenpositionen wie Lohnansatz und Zinsansatz, möglicherweise auch kalkulatorische Wagnisse, bereits in die Berechnung der restlichen Kosten mit eingeflossen sind.

Qualität der Daten und betriebliche Datenerfassung

Bei der Beurteilung der Ergebnisse ist die Datenqualität zu berücksichtigen. Grundsätzlich können die Ergebnisse immer nur so gut sein wie die zugrunde liegende Datenbasis. Zielsetzung sollte es deshalb sein, die verwendeten Daten und anfangs möglicherweise auch Schätzgrößen schrittweise unter Berücksichtigung ihrer Bedeutung zu verbessern. Bei diesem sicherlich nicht ganz einfachen Weg sollte man sich immer bewusst machen, dass für fundierte, rationale und richtige Entscheidungen betriebsindividuelle Daten eine unverzichtbare Grundlage darstellen.

Vergleichsmaßstab Marktpreis

Vergleichbare Marktpreise sind im Fall eines reinen Produktionsbetriebes die jeweiligen Großhandelspreise der betreffenden Erzeugnisse. Dies gilt auch für die Erzeugnisse eines Betriebsteils Produktion eines Unternehmens mit verschiedenen Betriebsbereichen, da in die Berechnung der PUGs nur die Produktionskosten des Betriebsteils Produktion (einschließlich anteiliger Gemeinkosten des Unternehmens) eingehen, aber beispielsweise keine Vermarktungs- oder Handlungskosten.

In Abhängigkeit von der umsatzsteuerlichen Situation und Einordnung des Unternehmens ist als vergleichbarer Marktpreis entweder der Brutto-Preis (inkl. Umsatzsteuer) bei pauschalierenden Unternehmen oder der Netto-Preis (ohne Umsatzsteuer) bei gewerblichen oder optierenden Unternehmen heranzuziehen.

9.5.2 Nutzung und Maßnahmen zur Beeinflussung der Preisuntergrenzen

Nachfolgend wird ein Ablaufschema vorgeschlagen, wie die Erkenntnisse der PUG-Rechnung zur Optimierung des Unternehmensergebnisses genutzt werden können.

Ablaufschema zur Nutzung der Erkenntnisse aus der Preisuntergrenzenrechnung

Stufe 1: Überprüfung der Datengrundlage

Zunächst sollte insbesondere bei sehr auffälligen Ergebnissen die Datengrundlage nochmals überprüft werden.

Stufe 2: Suche nach Verbesserungsmöglichkeiten

Speziell bei Produkten, bei denen der erzielbare Marktpreis unter der kostendeckenden PUG3 liegt, sind unter anderem folgende Verbesserungsansätze auf ihre Realisierbarkeit hin zu überprüfen:

- generelle, leistungsneutrale Kosteneinsparungen,
  z. B. bei baren und kalkulatorischen restlichen Kosten;
- günstigere Kostensätze durch wirtschaftlichere Auslastung der Produktionsfaktoren Arbeit und Fläche,
  z. B. durch rationellere, optimierte Produktionsverfahren, geringeren Akh-Bedarf, geringeren Flächen-Zeit-Bedarf;
- produktbezogene Einsparungen bei den Direktkosten,
  z. B. durch qualitätsneutrale günstigere Bezugsbedingungen, -preise, geringeren Mengenverbrauch;
- Ertragsverbesserung oder -stabilisierung,
  z. B. durch ertragssichere und weniger anfällige Sorten, optimierten Pflanzenschutz, optimierte Düngung und Kulturführung;
- Preiskorrekturen, gegebenenfalls mit begleitenden Marketing-Maßnahmen,
  z. B. durch Sonderplatzierungen, Produktvariationen, höherwertige Produktqualität;
- Reduzierung von Warenverlusten,
  z. B. durch nachfrageorientierte Produktionsmengenplanung, Vermeidung von Diebstahl, Erhöhung der Warenumschlagsgeschwindigkeit, optimierte Warenpflege.

Stufe 3: Suche nach Ersatzkulturen

Falls die Bemühungen in den vorhergehenden Stufen nicht den gewünschten Erfolg bringen, so sollte nach wirtschaftlicheren Ersatzprodukten (Kulturen oder Sätzen) gesucht werden.

Stufe 4: Unterstützung durch Verkaufsförderung und gezielte Kundenberatung

Auch im Verkauf gibt es eine Reihe von Maßnahmen, mit denen die Erkenntnisse aus der Preisuntergrenzenrechnung im Hinblick auf eine Gewinnverbesserung genutzt werden können. Ansatzpunkte hierfür wären:

- den Verkauf gewinnträchtiger Produkte durch noch bessere Platzierung und geschickte Kundenberatung zu fördern, z. B. in Präsentationen und Dekorationen gezielt den Anteil gewinnträchtiger Kulturen erhöhen;
- dosierte Preiserhöhungen bei weniger gewinnträchtigen Produkten, gegebenenfalls begleitet mit einer (geringfügigen) Produktvariation.

10 Einzelhandels-Controlling

Die erfolgreiche und wirtschaftliche Führung eines Handelsbetriebs bzw. eines Handelsbetriebsteils in Unternehmen der Gartenbauwirtschaft erfordert spezielle Controlling-Hilfsmittel. Wesentliche Zielsetzung einer Handelstätigkeit ist es, aus dem Einkauf von Produkten, der Bereitstellung eines nachfrageorientierten Sortiments und dem Verkauf einen möglichst hohen und nachhaltigen Gewinn zu erzielen.

Folgende Problem- und Aktionsbereiche stehen dabei im Handels-Controlling im Mittelpunkt:

- Einkauf und Beschaffung;
- wirtschaftliche Auslastung und Produktivitäten der verfügbaren Verkaufskapazitäten (Arbeit und Fläche);
- Bereitstellung eines attraktiven, aber auch wirtschaftlichen Sortiments;
- Preisgestaltung und -politik;
- Erzielung einer möglichst hohen Wertschöpfung zwischen Verkaufserlösen und Wareneinsatzkosten.

Für die Optimierung dieser Aufgabenbereiche sind betriebsindividuelle Daten erforderlich. Deshalb kommt der Gestaltung und Umsetzung einer rationellen Datenerfassungs- und -verarbeitungskonzeption eine große Bedeutung zu. Besondere Anforderungen ergeben sich hierbei je nach Unternehmenskonzeption auch aus möglichen Verflechtungen und Abhängigkeiten verschiedener Unternehmensbereiche, z. B. in Einzelhandelsgärtnereien. Hohe Aufmerksamkeit fordert auch das betriebliche Warenmanagement. Eine spezielle Schwierigkeit ergibt sich dabei zusätzlich aus der gewöhnlich hohen Verderblichkeit von gartenbaulichen (Frische-)Produkten.

Für das Modul „Einzelhandels-Controlling“ steht unter www.ulmer.de, Webcode 3294008, folgende Tabellenkalkulations-Anwendung zum Download zur Verfügung: **CiG_Einzelhandel.xlsx**.

10.1 Vorbereitung und Datengrundlage

Bei der Einführung eines Handels-Controllings sind einige Aspekte zu beachten.

So können sich Auswertungen zum Handels-Controlling auf unterschiedliche **Betrachtungsebenen** beziehen, z. B:

- auf das gesamte Handelsunternehmen bzw. einen Handelsbetriebsteil;
- auf Hauptwarengruppen bzw. Warengruppen;
- auf Artikelgruppen;
- auf Artikel.

Zudem können sie für unterschiedliche **Auswertungszeiträume** erstellt werden:

- Jahresauswertungen;
- unterjährige Auswertungen (meist Monatsauswertungen).

Je detaillierter die Betrachtungsebene, umso besser können mögliche Schwachstellen lokalisiert werden. Unterjährige Auswertungen liefern zudem schon während des laufenden Geschäftsjahres wichtige Hinweise über voraussichtliche Zielerreichungen oder ungünstige Entwicklungen. Wie zu erwarten, steigen mit dem Detaillierungsgrad der Auswertungen und ihrer zeitlichen Frequenz die Anforderungen an die betriebliche Datenerfassung.

Im vorliegenden Kapitel werden einige Möglichkeiten für einen Einstieg in das Handels-Controlling vorgestellt. Aufbauend auf den damit gewonnenen betrieblichen Erfahrungen und Erkenntnissen lassen sich dann Schritt für Schritt weitere, ergänzende und detailliertere Vorgehensweisen und Auswertungen in das betriebliche Konzept des Handels-Controlling aufnehmen.

Wesentliche **Bestandteile eines einführenden Grundkonzeptes für ein Handels-Controlling** sind:
- ausgewählte Kennzahlen zum Handels-Controlling (siehe Kap. 10.2);
- Vor- und Nachkalkulation warengruppenspezifischer Aufschlagsätze für eine betriebsindividuelle Aufschlagskalkulation (siehe Kap. 10.3);
- Warenverluste-Controlling mit Kalkulation der Warenverlustquote(n) (siehe Kap. 10.4);
- Unterjährige (monatliche) Auswertungen der Registrierkassendaten (siehe Kap. 10.5).

Zur Bereitstellung der hierfür erforderlichen **betrieblichen Datengrundlagen** empfehlen sich folgende Vorgehensweisen:
- Entwicklung einer geeigneten (betriebsspezifischen) Warengruppensystematik;
- Anpassung und Optimierung der Finanzbuchführung an die Erfordernisse des Handels-Controllings;
- Anpassung des Kassensystems (an die Warengruppensystematik) und gegebenenfalls
- Einführung eines Warenwirtschaftssystems.

Im Mittelpunkt der interessierenden Daten zum Handels-Controlling stehen die Waren bzw. die Produkte, die gehandelt werden, also zum Verkauf bestimmt sind. Von besonderem Interesse ist für die Ermittlung von warenbezogenen Kennzahlen und Auswertungen zunächst die Beantwortung der folgenden Fragen:
- Wie lassen sich diese Produkte sinnvoll zu Auswertungseinheiten (z. B. Warengruppen) zusammenfassen?

- Welcher Wareneinsatz wird getätigt, woher kommt er (Eigenproduktion oder Zukauf) und wie und wo wird er am besten erfasst?
- Welche Umsätze werden mit dem Wareneinsatz erzielt und wo werden diese in welcher Detaillierung bzw. Gruppierung (Auswertungseinheit) erfasst?
- Wie können für interessierende Betrachtungszeiträume die Bestände bzw. durchschnittliche Bestände hinreichend genau erfasst werden?
- Welche Warenströme liegen im Unternehmen bzw. im Handelsbetriebsteil vor und wie sind sie zu erfassen?

Zu: Entwicklung einer geeigneten (betriebsspezifischen) Warengruppensystematik

Nach Auswertungen auf Ebene des Unternehmens bzw. des Handelsbetriebsteils werden solche auf Ebene von Warengruppen im Vordergrund stehen. Hierzu ist in Abhängigkeit vom betrieblichen Produktsortiment eine geeignete Gruppierung für alle gehandelten Produkte vorzunehmen. Dabei sind folgende zwei Aspekte abzuwägen bzw. zu berücksichtigen und festzulegen:

- Geeignete Anzahl der Warengruppen; je weniger Warengruppen, desto einfacher sind sie zu handhaben aber umso geringer ist auch der Informationsgehalt und umgekehrt;
- Eindeutige Unterscheidbarkeit der Warengruppen und sichere Zuordenbarkeit der Artikel.

Hinweise:

Die in manchen Unternehmen vorzufindende Festlegung einer Warengruppe Eigenproduktion ist für das Handels-Controlling nicht hilfreich. Die Produkte der Eigenproduktion sollten vielmehr (im Verkauf) entsprechend ihrer Zugehörigkeit zu einer Warengruppe erfasst werden.

In Unternehmen, in denen aus verschiedenen (gehandelten) Artikeln neue Produkte erstellt werden (z. B. Floristik), stellt sich ohne Einsatz eines leistungsfähigen Warenwirtschaftssystems die Problematik der deckungsgleichen Zuordnung von Warengruppen im Einkauf und im Verkauf. Hier ist für den Anfang, abgestimmt auf die betrieblichen Verhältnisse vor Ort, für diese Warenbereiche nach einer praktikablen Kompromisslösung zu suchen.

In Unternehmen mit einem Produktionsbetriebsteil sollte der Produktionswert in Abstimmung auf die betriebliche Warengruppensystematik gegliedert ermittelt werden, da diese Beträge im Rahmen von Auswertungen auf Warengruppenebene zusammen mit den jeweiligen Zukaufswerten zur Ermittlung der warengruppenspezifischen Wareneinsatzkosten benötigt werden.

Zu: Anpassung und Optimierung der Finanzbuchführung
Die Erstellung von warengruppenspezifischen Auswertungen erfordert, dass – abgestimmt auf die betriebliche Warengruppensystematik – sowohl der Wareneinsatz wie auch die Umsatzerlöse getrennt in diesen Warengruppen erfasst werden. Für spezielle Kennzahlen sind ergänzend auch die Warenbestände nach Warengruppen hinreichend genau erforderlich.

Diese Informationen können für Controlling-Zwecke entweder außerhalb oder im Rahmen der Finanzbuchführung festgehalten werden; zweckmäßiger und einfacher geschieht dies wohl mit einem entsprechend angepassten betrieblichen Kontenplan der Fibu.

Da die Interpretierbarkeit von Auswertungen und Kalkulationen in starkem Maß auch von der zugrunde liegenden Datenqualität abhängt, wird empfohlen, eine sachgerechte Vorkontierung der relevanten Geschäftsvorfälle durch entsprechend eingewiesene bzw. geschulte Personen vorzunehmen.

Zu: Anpassung des Kassensystems
Neben der Erfassung des Wareneinsatzes auf Warengruppenebene sind auch die Erlöse in der gleichen Systematik zu erfassen. Hierzu ist ein vorhandenes Kassensystem auf die gestellten Anforderungen hin zu überprüfen, entsprechend zu konfigurieren oder gegebenenfalls durch ein leistungsfähigeres auszutauschen.

Wichtig ist hierbei eine ausführliche Information über die zugrunde liegenden Zielsetzungen sowie auch hier eine sachgerechte Schulung und Einweisung des kassierenden Personals und die Sicherstellung der Funktionsfähigkeit auch unter den Stressbedingungen beispielsweise eines Saisongeschäfts.

Zu: Einführung eines Warenwirtschaftssystems
In Abhängigkeit von der Unternehmensausrichtung, dem Sortiment und den Anforderungen spezieller Auswertungen im Handels-Controlling ist die Einführung eines für die Gartenbauwirtschaft geeigneten Warenwirtschaftssystems zu empfehlen bzw. unumgänglich (siehe Meggendorfer et al. 2008).

10.2 Ausgewählte Kennzahlen zum Handels-Controlling

Zur Optimierung des Handelsbereichs stehen verschiedene Kennzahlen zur Verfügung. In Tabelle 32 wird hierzu eine kleine Auswahl besonders geeigneter, interessanter Kennzahlen ausgewiesen, die sich für einen Einstieg ins Handels-Controlling empfehlen. Sie sind in der **ersten Stufe** mit vergleichsweise geringem Aufwand und begrenzten Anforderungen an die Datengrundlage auf Basis von Jahreswerten und für das Handelsunternehmen insgesamt bzw. den Handelsbetriebsteil zu ermitteln.

Tab. 32: Ausgewählte Kennzahlen zum Handels-Controlling

	Einheit	Jahr 1	Jahr 2	Entwicklung absolut	Entwicklung %
Umsatz	€	302.907,26	381.902,36	78.995	26,1
Warenbestand (zu Einstandspreisen)					
am Jahresende	€	31.222,86	33.303,74	2.081	6,7
am Jahresanfang	€	32.209,65	31.222,86	-987	-3,1
durchschnittlicher Warenbestand	€	23.646,79	28.481,48	4.835	20,4
Zukauf (zu Wareneinstandspreisen)	€	157.839,18	199.404,50	41.565	26,3
Aufschlagsatz	%	140	150	10,0 %-Punkte	
Arbeitskapazität (im Verkauf)	Voll-AK	3,25	4,55	1	40,0
Handelsspanne					
Umsatzerlöse	€	302.907	381.902	78.995	26,1
+ Warenbestand am Jahresende	€	31.223	33.304	2.081	6,7
- Warenbestand am Jahresanfang	€	32.210	31.223	-987	-3,1
- Zukauf (zu Wareneinstandspreisen)	€	157.839	199.405	41.565	26,3
= **Handelsspanne (absolut)**	**€**	**144.081**	**184.579**	40.497	28,1
Handelsspanne (absolut)	€	144.081	184.579	40.497	28,1
/ Umsatzerlöse	€	302.907	381.902	78.995	26,1
x 100 = **Handelsspanne (in %)**	%	**47,6**	**48,3**	**0,8 %-Punkte**	
Realisierter Aufschlagsatz					
Handelsspanne (absolut)	€	144.081	184.579	40.497	28,1
/ Wareneinsatz	€	158.826	197.324	38.498	24,2
x 100 = **realisierter Aufschlagsatz**	%	**90,7**	**93,5**	**2,8 %-Punkte**	
Arbeits-Bruttoproduktivität im Verkauf					
Umsatzerlöse	€	302.907	381.902	78.995	26,1
/ Arbeitskapazität im Verkauf	Voll-AK	3,3	4,6	1	40,0
= **Arbeits-Bruttoproduktivität im Verkauf**	**€ / Voll-AK**	**93.202**	**83.935**	-9.268	-9,9
Arbeits-Nettoproduktivität im Verkauf					
Handelsspanne (absolut)	€	144.081	184.579	40.497	28,1
/ Arbeitskapazität im Verkauf	Voll-AK	3,3	4,6	1	40,0
= **Arbeits-Nettoproduktivität im Verkauf**	**€ / Voll-AK**	**44.333**	**40.567**	-3.766	-8,5

Besonders interessant werden speziell die Kennzahlen **Handelsspanne** und **Realisierter Aufschlagsatz**, wenn diese in der **zweiten Stufe** zwar noch auf Basis von Jahresdaten, aber schon unterschieden nach Warengruppen berechnet werden.

Als **dritte Stufe** könnte die warengruppenbezogene und gleichzeitig unterjährige, meist monatliche Berechnung dieser beiden Kennzahlen bezeichnet werden. Je nach Unternehmensausrichtung und Sortimentsumfang ist hierfür der Einsatz eines geeigneten Warenwirtschaftssystems erforderlich bzw. zu empfehlen.

10.2.1 Handelsspanne

Definition/Berechnung

Die Handelsspanne ergibt sich aus den Verkaufserlösen abzüglich der Kosten des Wareneinsatzes.
Die Kosten des Wareneinsatzes berechnen sich dabei wie folgt:

Wareneinsatz aus Eigenproduktion (zum Großhandelspreis)
+ Zukauf von Handelsware
+ Warenbestand am Anfang
− Warenbestand am Ende (des Betrachtungszeitraums).

Die Handelsspanne kann auf verschiedenen Ebenen berechnet werden, z. B. für:

- das gesamte Handelsunternehmen;
- einen Handelsbetriebsteil (z. B. Filiale);
- eine Hauptwarengruppe (z. B. Topfpflanzen);
- eine Warengruppe;
- ein Produkt bzw. einen Artikel.

Interpretation/Bewertung

Die Handelsspanne steht im Handelsunternehmen zur Verfügung, seine Handlungskosten abzudecken. Unter Handlungskosten werden alle Kosten mit Ausnahme der Warenkosten aufsummiert.

Die Handelsspanne im Handelsbetrieb kann damit in etwa mit dem Deckungsbeitrag im Produktionsbetrieb gleichgesetzt werden. Sie liefert als Nettogröße der Wertschöpfung im Handelsbetrieb für eine erfolgsorientierte Unternehmenssteuerung wertvollere Informationen als die bisher vielfach betrachtete Bruttogröße Umsatz.

Während eine positive Veränderung der Handelsspanne – bei ansonsten gleichen Handlungskosten – eine Ergebnisverbesserung bedeutet, kann dies aus einer festgestellten Umsatzausweitung noch nicht geschlossen werden. Eine Fokussierung auf eine Steigerung des Umsatzes kann zu Fehlentscheidungen bzw. Fehlentwicklungen führen. Sie kann unter Umständen zu einem verstärkten, überproportionalen Wareneinsatz anregen, der im Endeffekt zur einer Verschlechterung des Unternehmensergebnisses – trotz gestiegenem Umsatz – führen kann. Als Führungskennzahl besitzt die Handelsspanne somit gegenüber dem Umsatz eindeutige Vorteile.

In Unternehmen mit Eigenproduktion und Absatz dieser Produkte über einen zugehörigen Handelsbetriebsteil (z. B. Einzelhandelsgärtnereien) ist dieser Wareneinsatz in Form der selbst produzierten Produkte zu bewerten (Produktionswert, siehe Kap. 8.4.3) und in die Berechnung der Handelsspanne als Wareneinsatz aus Eigenproduktion mit einzubeziehen.

10.2.2 Realisierter Aufschlagsatz

Definition/Berechnung

Zur Berechnung des realisierten Aufschlagsatzes wird die erzielte Handelsspanne ins Verhältnis zu den Wareneinsatzkosten gesetzt (in Prozent).

Beispiel:

50 Tsd. € Handelsspanne/100 Tsd. € Wareneinsatzkosten × 100 = 50 % realisierter Aufschlagsatz.

Diese Berechnung kann ebenfalls auf verschiedenen Ebenen (Unternehmen – Produkt) durchgeführt werden. Der Informationsgehalt und Wert steigt dabei mit zunehmendem Detaillierungsgrad. Wie leicht nachzuvollziehen ist, liefert der realisierte Aufschlagsatz getrennt nach Artikelgruppen wertvollere Hinweise als diese Größe bezogen auf das Unternehmen insgesamt.

Interpretation/Bewertung

Der realisierte Aufschlagsatz gibt Hinweise zur Preisgestaltung und/oder der Warenverlustsituation. Ein rückläufiger realisierter Aufschlagsatz weist auf Probleme hin, die darin bestehen können, dass zunehmend Preiszugeständnisse gemacht werden (müssen), oder dass Warenverlusten – allen möglichen Varianten – zunehmende Bedeutung zukommt.

In Unternehmen mit hinreichend konsequenter Aufschlagsatzkalkulation kann aus dem Unterschied von in Ansatz gebrachtem Aufschlag (nominaler Aufschlagsatz) und realisiertem Aufschlagsatz auf den Umfang der Warenverluste geschlossen werden (siehe Kap. 10.4).

Der realisierte Aufschlagsatz ist zusammen mit der Handelsspanne eine sehr interessante und geeignete Führungskennzahl für Handelsbetriebe bzw. Handelsbetriebsteile (Filialen usw.). Beide regen im Gegensatz zum Umsatz durch gleichzeitige Berücksichtigung des Wareneinsatzes, der Warenverluste und der Preisgestaltung viel stärker zu wirtschaftlichen und erfolgsorientierten Handlungen und Entscheidungen an.

10.2.3 Arbeitsproduktivitäten

Definition/Berechnung

Bei der Ermittlung von Arbeitsproduktivitäten unterscheiden wir zwischen der Arbeits-Brutto-Produktivität und Arbeits-Netto-Produktivitäten. Dabei ergibt sich die **Arbeits-Brutto-Produktivität** vereinfacht aus der Ausgangsgröße Umsatz (genauer aus dem Betriebsertrag, alternativ dem Unternehmensertrag) dividiert durch ein Maß für den Faktoreinsatz Arbeit. Im Gartenbau findet hierbei häufig die Einheit Voll-AK Verwendung.

Unter einer Voll-AK versteht man dabei die Arbeitskapazität einer in Vollzeit ganzjährig beschäftigten Arbeitskraft. Teilzeit- und Saison-Arbeitskräfte sind entsprechend anteilig umzurechnen.
Für Zwecke eines zwischenbetrieblichen Betriebsvergleichs – Betriebsvergleich im Gartenbau – existieren noch die Festlegungen, dass Auszubildende und sonstige Arbeitskräfte jünger als 18 Jahre und älter als 65 Jahre nur mit 0,5 Voll-AK berücksichtigt werden, bei ganzjähriger Beschäftigung in Vollzeit (Zentrum für Betriebswirtschaft im Gartenbau e. V. 2010).

Arbeits-Netto-Produktivitäten ergeben sich aus der Division einer Netto-Erfolgsgröße, z. B. der Handelsspanne, durch die Anzahl Voll-AK.

Interpretation/Bewertung

Exkurs: Optimierung der Arbeits-Brutto-Produktivität

Entsprechend der Berechnung ergeben sich aus allen Einflussfaktoren die zu einer Erhöhung der Brutto-Erfolgsgröße (Umsatz, Unternehmens- bzw. Betriebsertrag) und/oder Verringerung des Arbeitsbedarfs bzw. des Arbeitseinsatzes führen, Ansatzpunkte für Maßnahmen zur Optimierung der Arbeits-Brutto-Produktivität.

Die nachfolgende Auflistung erhebt keinen Anspruch auf Vollständigkeit. Auch sind die dort aufgeführten Ansatzpunkte unter Berücksichtigung der jeweils vorliegenden betriebsspezifischen Ursachen zu bewerten und zu gewichten.

Ansatzpunkte zur Verbesserung der Arbeits-Brutto-Produktivität (Checkliste):

1) Erhöhung des Umsatzes (bzw. des Unternehmensertrags oder des Betriebsertrags)

- Qualitätssicherung, -erhöhung;
- attraktive(re)s Sortiment;
- Preiskorrekturen;
- geeignete Preisdifferenzierungen;
- Preisdisziplin;
- keine nicht berechneten Artikel;
- rationelle(re) Verkaufsformen;
- optimierte Größe und Ausstattung der Verkaufsflächen;
- optimierte Kassen- und Beratungskapazitäten;
- zielgruppenorientierte Werbung;
- attraktive Produktplatzierung und -präsentation;
- öffentlichkeitswirksame Aktionen und Veranstaltungen;
- Parkflächenangebot, -ausweitung;
- kundenfreundliches Reklamations- und Beschwerdemanagement.

2) Optimierung des Arbeitseinsatzes (siehe auch Kap. 6)

- Mitarbeiterführung und Motivation;
- Mitarbeiterqualifikation;
- Optimierung der Arbeitsplätze.

3) Verringerung des Arbeitseinsatzes (siehe auch Kap. 6)

- Rationalisierung:
  der Warenbeschaffung;
  des Transports;
  der Warenbeschickung und -pflege;
  des Verkaufs (Bedienung => Teil-Selbstbedienung => Selbstbedienung);
- Optimierung von Arbeitsbedarf und verfügbarer Arbeitskapazität durch Maßnahmen der Arbeitsorganisation;
- Optimierung der Arbeitsverfahren;
- Geeignete und gepflegte Arbeitshilfsmittel.

Exkurs: Optimierung der Arbeits-Netto-Produktivität (Handelsspanne je Voll-AK)

Grundsätzlich wirken sich alle (wirtschaftlichen) Maßnahmen zur Steigerung der Arbeits-Brutto-Produktivität auch positiv auf die Arbeits-Netto-Produktivität aus. Der wesentliche Unterschied liegt hier jedoch in einem optimierten Warenmanagement. Bezüglich des Wareneinsatzes lautet die Zielsetzung: so viel wie nötig und so wenig wie möglich.

Ansatzpunkte zur Verbesserung der Arbeits-Netto-Produktivität (Handelsspanne je Voll-AK) (Checkliste): Die Kunst besteht also darin, den Wareneinsatz in Relation zum erzielten Umsatz möglichst gering zu halten. Dies kann geschehen durch:

- alle Maßnahmen zur Verringerung der Warenverluste in allen Formen;
- Begrenzung des Warenangebots und der Warenbestände unterstützt durch eine geschickte Präsentation, also möglichst unmerklich für den Kunden;
- Sortimentsbereinigung;
  Eliminierung von Artikeln mit langen Standzeiten bzw. geringer Warenumschlagsgeschwindigkeit („Penner", „Ladenhüter");
- nachfrageorientierter statt angebotsorientierter Einkauf;
- Überarbeitung des Produktionssortiments (Nachfrageorientierung);
- Anpassung der Produktionsmengen (Vermeidung von Überproduktion);
- budgetierter Einkauf von Saisonartikeln;
- stärkere Einbeziehung der Mitarbeiter in Beschaffungsprozesse und Übertragung von Verantwortlichkeiten;
- rechtzeitige Maßnahmen zum Abverkauf von verderblichen Artikeln oder spezieller, Modetrends unterworfener Saisonware;
- Intensivierung des Handels-Controllings beispielsweise mit unterjähriger Berechnung der Kennzahlen der Warenwirtschaft (Handelsspanne, realisierter Aufschlagsatz, Warenverlustquote usw.).

Vor Einkauf von Saisonartikeln ist unter Berücksichtigung der Vorstellungen des (leitenden) Verkaufspersonals bezüglich eines nachfrageorientierten Sortimentes, des geplanten (Ziel-)Umsatzes und des angestrebten realisierten Aufschlagsatzes und der Erfahrungen bezüglich der „Restmengen" der Vorjahre das Budget für den Wareneinsatz festzulegen.

10.3 Aufschlagsatzkalkulation im gartenbaulichen Einzelhandel

Eine in Handelsbetrieben häufig anzutreffende Kalkulationsmethodik der Produktpreise ist die der Aufschlagsatzkalkulation. Dabei werden die Handlungskosten (alle Kosten mit Ausnahme der Wareneinsatzkosten) über betriebsindividuelle Aufschlagsätze oder mittels davon abgeleiteter Faktoren (Multiplikatoren) auf die Kostenträger verteilt. In Unternehmen des Gartenbaus findet man dabei häufig auch nach Hauptwarengruppen differenzierte Aufschlagsätze. Die Aufschlagsätze werden hierbei in der Praxis meist nicht (vor)kalkuliert sondern eher intuitiv festgelegt.

In der Tabelle 33 wird eine Tabellenkalkulations-Anwendung vorgestellt, mit der die Verteilung der Handlungskosten eines Unternehmens über ein Konzept verschiedener (nominaler) Aufschlagsätze auf unterschiedliche Hauptwarengruppen vorkalkuliert werden kann.

Im oberen Teil der Tabelle 33 wird in einer Vorkalkulation unter Einsatz von Erfahrungs- bzw. Planwerten das voraussichtliche Ergebnis auch unter ergänzender Einbeziehung eines Unternehmergewinns berechnet. Wie hieraus zu entnehmen ist, wird bei Gesamtkosten von 500 Tsd. €, einem voraussichtlichen Wareneinsatz von ca. 280 Tsd. € und den individuellen und warengruppenspezifischen Ansätzen für Warenverluste und Aufschlagsätze im Durchschnitt eine Handels-

Hinweis: Das Rechenmodell mit derzeit fünf Warengruppen bzw. Hauptwarengruppen (WG) kann in Abstimmung auf das jeweilige Unternehmen ohne nennenswerten Aufwand beliebig erweitert werden.

Tab. 33: Kalkulation der Aufschlagsätze im gartenbaulichen Einzelhandel (ohne Eigenproduktion) nach Warengruppen (WG)

Vorkalkulation	**Einheit**	**insgesamt**	**WG 01**	**WG 02**	**WG 03**	**WG 04**	**WG 05**
Kosten insgesamt	**€**	**500.000**					
davon							
Wareneinsatz	**€**	**280.000**	20.000	80.000	10.000	110.000	60.000
Handlungskosten (restliche Kosten)	**€**	**220.000**					
Warenverluste (geschätzt)	%	10	8	10	15	12	5
Wareneinsatz verkaufter Ware	**€**	**252.700**	18.400	72.000	8.500	96.800	57.000
erforderlicher kostendeckender Aufschlagsatz	%	**98**					
Unternehmergewinn (geplant)	**€**	**40.000**					
Aufschlagsatz (geplant)	%	**117**	**100**	**140**	**170**	**120**	**80**
Umsatz (geplant)	**€**	**548.110**	**36.800**	**172.800**	**22.950**	**212.960**	**102.600**
Handelsspanne (geplant)	**€**	**268.110**	**16.800**	**92.800**	**12.950**	**102.960**	**42.600**
	%	49	46	54	56	48	42
Ergebnis (Umsatz - Kosten) (geplant)	**€**	**48.110**					
Differenz zum geplanten Unternehmergewinn	**€**	**8.110**					
Nachkalkulation	**Einheit**	**insgesamt**	**WG 01**	**WG 02**	**WG 03**	**WG 04**	**WG 05**
Kosten insgesamt	**€**	**501.289**					
davon							
Wareneinsatz	**€**	**287.305**	23.455	87.930	11.229	109.452	55.239
Handlungskosten (restliche Kosten)	**€**	**213.984**					
Umsatz (realisiert)	**€**	**504.826**	35.499	169.970	23.733	188.902	86.722
Aufschlagsatz	%	**119**	**100**	**140**	**170**	**120**	**80**
Umsatz (geplant)	€	628.485	46.910	211.032	30.318	240.794	99.430
Warenverluste (berechnet)	%	**19,5**	**24**	**19**	**22**	**22**	**13**
	€	55.901	5.706	17.109	2.439	23.587	7.060
Handelsspanne (realisiert)	**€**	**217.521**	**12.044**	**82.040**	**12.504**	**79.450**	**31.483**
	%	43	34	48	53	42	36
Aufschlagsatz (realisiert)	%	**76**	**51**	**93**	**111**	**73**	**57**
Wareneinsatz verkaufter Ware	**€**	**231.404**	17.750	70.821	8.790	85.865	48.179
erforderlicher durchschnittlicher Aufschlagsatz	%	**134**					
Ergebnis (Umsatz - Kosten) (realisiert)	**€**	**3.537**					
Differenz zum geplanten Unternehmergewinn	**€**	**-36.463**					

spanne von etwa 49 % erzielt. Das vorkalkulierte Ergebnis von 48 Tsd. € deckt damit neben den Kosten auch einen in Ansatz gebrachten Unternehmergewinn in Höhe von 40 Tsd. € gut ab.

Mit der im unteren Teil der Tabelle 33 dargestellten Nachkalkulation wird das etwas optimistische Bild der Vorkalkulation in vorliegendem Fallbeispiel korrigiert. Während die geplanten Gesamtkosten sehr gut eingehalten werden konnten, wurde doch ein etwas höherer Wareneinsatz getätigt, leider nicht mit dem gewünschten Erfolg. Der realisierte Umsatz von ca. 505 Tsd. € blieb weit hinter den Planungen zurück. Das Gesamtergebnis liegt mit gut 3 Tsd. € deutlich unter den Planungen bzw. Erwartungen. Ein Blick auf die Warengruppen, ihre kalkulierten Warenverluste, erzielten Handelsspannen und realisierten Aufschlagsätze zeigt in allen Fällen, wenn auch in unterschiedlichem Ausmaß, deutliche Probleme in der Erreichung der gesetzten Ziele.

10.4 Warenverluste-Controlling

Beim Handel mit verderblichen und vielfach auch Modetrends unterworfenen Produkten sind realistische Vorstellungen über die Bedeutung von Warenverlusten im jeweiligen Unternehmen und über deren Auswirkungen auf den ökonomischen Erfolg unverzichtbar. Erfahrungen des Autors aus verschiedenen Studien lassen erkennen, dass mit Hilfe eines Warenverluste-Controllings noch einige Optimierungspotenziale genutzt werden können. Nicht selten bringt schon eine stärkere Transparenz und Bildung eines entsprechenden Problembewusstseins nennenswerte Fortschritte in der Begrenzung von Warenverlusten.

Definition/Berechnung
Formen von Warenverlusten:
Warenverluste treten in Gartenbauunternehmen in verschiedenen Formen und mit unterschiedlicher Offensichtlichkeit auf. Die nachfolgende Auflistung enthält übliche Erscheinungsformen von Warenverlusten in Unternehmen der Gartenbauwirtschaft:

- Warenverderb (physiologische Alterung);
- Diebstahl (Kunden, Mitarbeiter);
- nicht berechnete Produkte/„Dreingaben“ (z. B. in der Floristik);
- Preisreduzierungen/nachlässe aufgrund qualitativer Mängel (z. B. durch zu lange Standzeiten);
- unverkäufliche Produkte (z. B. durch Fehleinkauf, aus der Mode gekommene Saisonartikel).

Erfassung und/oder Berechnung von Warenverlusten:
Warenverluste können entweder mengen- oder wertmäßig angegeben und berechnet werden.

Erfassung – Zu berücksichtigen ist, dass nicht alle Formen durch Aufzeichnungen zu erfassen sind. Im Wesentlichen lässt sich mit dem physiologischen Warenverderb nur eine Komponente der Warenverluste durch Aufzeichnungen erfassen.

Hinzu kommt nach Erfahrungen des Autors, dass Warenverluste tendenziell auch gerne verdrängt, verharmlost oder versteckt werden, sowohl von der Unternehmensleitung als auch den Mitarbeitern. Warenverluste sind nicht selten ein größeres Problem als gemeinhin von den jeweiligen Betriebsleitungen wahrgenommen und angegeben.

(Überschlägige) Berechnung – Eine zur Erfassung alternative und umfassendere Methode zur Ermittlung der Warenverluste ist die überschlägige Berechnung. Hierzu wird entsprechend dem Wareneinsatz (Anfangsbestand + Zugang und Zukauf – Endbestand) und der betrieblichen Preisfestsetzung in Form der (nominalen) Aufschlagsätze der Soll-Umsatz ermittelt und dieser dem tatsächlich erzielten Ist-Umsatz gegenüber gestellt. Je weiter diese beiden Werte voneinander abweichen, umso größer sind die Warenverluste (nach obiger Definition).

Erfolgt im Unternehmen die Kalkulation der Verkaufspreise hinreichend konsequent über betriebs- und gegebenenfalls warengruppenspezifische Aufschlagsätze, lässt sich der Soll-Umsatz vergleichsweise einfach ermitteln.

In Abhängigkeit von der umsatzsteuerlichen Einordnung des jeweiligen Unternehmens erfolgt die Berechnung mit Brutto- oder Nettowerten dann mit nachfolgender Formel:

(Soll-Umsatz – Ist-Umsatz)/Soll-Umsatz × 100 = Warenverlustquote (in Prozent).

Der nachfolgende Exkurs von möglichen Ursachen von Warenverlusten soll Anregungen/Hinweise zur Verringerung der Warenverluste geben. Gezeigt werden hierin auch die ökonomischen Konsequenzen unterschiedlicher Verlustquoten.

(Mögliche) Ursachen von Warenverlusten (Checkliste)

Die Ursachen von Warenverlusten können sehr vielfältig sein. Die nachfolgende Auflistung ist deshalb nicht vollständig und soll als Einstiegshilfe die betriebliche Ursachenforschung unterstützen.

Physiologische Alterung bei verderblichen Produkten:
- Ausgangsqualität und -frische;
- Lieferantenauswahl;
- Qualitätsniveau der Eigenproduktion;
- Lagerbedingungen;
- Produktbehandlung, -pflege;

- durchschnittliche Standzeiten/Verweilzeiten;
- nachfrageorientierte Mengen- und Bestandsplanung (Produktion und Zukauf);
- Abstimmung Eigenproduktion;
- durchschnittliche Zukaufsmenge und -frequenz;
- Fehleinkäufe.

Mangelndes Problem- bzw. Kostenbewusstsein:
- nicht berechnete Artikel bzw. kostenlose Zugaben;
- Produktbehandlung, -pflege;
- Kalkulationsfehler, fehlende, mangelhafte Kalkulationshilfen.

Mangelnde Transparenz:
- Verbergen, Verschleiern, Verstecken;
- fehlende Waren-Eingangskontrollen;
- fehlende (Abverkaufs-)Regelung, z. B. „fifo" („first in first out").

Diebstahl:
- geeignetes Verkaufsflächenkonzept (Einzäunung, Abgrenzung, Anzahl und Lage von Ein- und Ausgang/gängen, Übersichtlichkeit, Überwachungsanlagen);
- Aufklärung und Überwachung, Kontrollen;
- Umetikettierung.

Sonstige Ursachen:
- zu hohe Qualitätsstandards;
- zu niedrige Kundenfrequenz;
- fehlendes Handels-Controlling.

Exkurs: Ökonomische Konsequenzen des Warenverderbs
In Tabelle 34 werden die ökonomischen Konsequenzen von Warenverlusten quantifiziert. Grundlage ist wieder das Fallbeispiel aus der Tabelle 33 und zwar die Daten und Ergebnisse der Nachkalkulation. Neben der IST-Situation werden in den verschiedenen Spalten schrittweise Szenarien für unterschiedliche Warenverlustquoten kalkuliert.

Gelingt es in vorliegendem Fall die Warenverluste von derzeit 19,5 % auf beispielsweise 15 % zu reduzieren, ließe sich hierdurch im günstigen Fall – Mehrumsätze durch die vermiedenen Warenverluste – eine Ergebnisverbesserung in Höhe von ca. 29 Tsd. € erzielen. Im ungünstigeren Fall – bei ausschließlicher Einsparung des Wareneinsatzes in Höhe von 4,5 % – würde sich das Gesamtergebnis um immerhin noch 13 Tsd. € verbessern.

Der Tabelle 34 sind weiter Auswirkungen unterschiedlicher Warenverlustquoten auf die erforderlichen Aufschlagsätze bzw. Kalkulationsfaktoren zu entnehmen. Konkret wird in ihr auch die Auswirkung am Beispiel eines Produktes verdeutlicht. Bei einem Einstandspreis eines fiktiven Produktes in Höhe von 6,50 € ergibt sich beispielsweise in der Ist-Situation ein kostendeckender Verkaufspreis in Höhe von 14,11 € im Gegensatz zu 13,33 € bei einer Verlustquote von 15 %.

10.5 Auswertung der Registrierkassenergebnisse

Registrierkassen liefern einen Datenbestand, der an Detailgenauigkeit und Aktualität kaum zu übertreffen ist. In der Ausführung als moderne Computerkasse mit entsprechendem Auswertungsprogramm steht eine komfortable Erfassungseinheit zur Verfügung, die für entscheidungsrelevante Auswertungen meist viel zu wenig genutzt wird. Auch ohne Aufbau eines Warenwirtschaftssystems lassen sich mit relativ einfachen Mitteln interessante Rückschlüsse ziehen.

Tab. 34: Ökonomische Konsequenzen von Warenverlusten

Ausgangsdaten	**Einheit**	**insgesamt**					
Kosten insgesamt	€	501.289					
Wareneinsatz	€	287.305					
Handlungskosten (restliche Kosten)	€	213.984					
Unternehmergewinn (geplant)	€	40.000					
Aufschlagsatz	%	119					
Umsatz (geplant)	€	628.485					
		IST	**Verlustquote**				
Verlustquote	%	**19,5**	5	10	15	20	25
Wareneinsatz verkaufter Ware (Kostenträger)	€	**231.404**	272.940	258.575	244.209	229.844	215.479
Kosten des Warenverlusts	€	**55.901**	14.365	28.731	43.096	57.461	71.826
Umsatz (realisiert)	€	**504.826**	597.061	565.636	534.212	502.788	471.364
Ergebnis (Umsatz - Kosten)	€	**3.537**	95.772	64.347	32.923	1.499	-29.925
Veränderung im Vergleich zu IST	€		**92.235**	**60.810**	**29.386**	**-2.038**	**-33.462**
Ergebnisverbesserung bei Verringerung der Verlustqoute um 1 %-Punkt							
zwischen	€	**2.873**	durch Einsparung des Wareneinsatzes				
und	€	**6.285**	durch Verkauf des Wareneinsatzes				
erforderlicher Aufschlagsatz ...							
für Kostendeckung	%	117	84	94	105	118	133
inkl. Unternehmergewinn	%	134	98	109	122	136	151
Kalkulationsfaktor							
ohne Unternehmergewinn		2,17	1,84	1,94	2,05	2,18	2,33
inkl. Unternehmergewinn		2,34	1,98	2,09	2,22	2,36	2,51
bei einem Wareneinstandspreis von	€	6,50	entspricht dies einem **erforderlichen** ...				
kostendeckenden Verkaufspreis	€	14,11	11,96	12,61	13,33	14,17	15,15
Verkaufspreis inkl. Unternehmergewinn	€	15,21	12,87	13,59	14,43	15,34	16,32

10.5.1 Vorbereitung und Datengrundlage

Registrierkassen sind darauf spezialisiert, Umsätze relativ lückenlos aufzuzeichnen und sie nach festgelegten Eigenschaften zu sortieren. Die Lückenlosigkeit der Umsatzerfassung über dieses Medium sollte bestmöglich optimiert werden. Es ist empfehlenswert, auch unbare Umsätze direkt im Kassensystem mit zu erfassen, da sie auf diesem Wege einfach den vorgegebenen Eigenschaften (z. B. Warengruppen) zugeordnet werden können. Moderne Kassensysteme bieten diese Möglichkeit an.

Die meisten Kassenprogramme bieten derart viele verschiedene Auswertungen, dass es schwer fällt, den Überblick zu bewahren. Unabhängig davon sollte bei der Auswahl eines Kassenprogramms darauf geachtet werden, möglichst einfach und unkompliziert Daten und Auswertungen in eine Excel-Tabelle oder ein verwandtes und in Excel lesbares Tabellenkalkulationsformat abspeichern zu können. So lassen sich jederzeit betriebsindividuelle Auswertungen ohne hohen Dateneingabeaufwand selbst erstellen. Gleichfalls können auf einfachem Wege Zeitreihen erstellt werden, Vergleiche zwischen verschiedenen Zeitabschnitten durchgeführt werden und Warengruppen zu Warenbereichen aufsummiert werden.

Für die unten dargestellte einfache Auswertung sind lediglich folgende Daten erforderlich, die bei der monatlichen Kassenauswertung standardmäßig ausgewiesen werden:

- Gesamtumsatz;
- Anzahl der abgeschlossenen Verkaufsvorgänge (Kunden);
- Umsätze ausgewählter Warengruppen;
- Anzahl der verkauften Stück bzw. Einheiten in den entsprechenden Warengruppen.

Exkurs: Warengruppen der Registrierkasse

Im Unterschied zu artikelgenauen Kassensystemen wird bei der klassischen Registrierkasse jeder Artikel beim Registriervorgang vom Kassenpersonal nach eigenem Gutdünken einer Warengruppe zugewiesen. Das erfordert Sachverstand, Überblick und kostet Arbeitszeit. Der Aufbau des **Warengruppenkonzeptes** hat also sowohl an die Erfordernisse einer möglichst aussagekräftigen Auswertung als auch an einen reibungslosen und fehlerfreien Arbeitsablauf angepasst zu sein.

Die Anzahl der Warengruppen ist daher auf das notwendige Maß zu beschränken. Bei einer zu großen Anzahl an Warengruppen muss davon ausgegangen werden, dass die damit arbeitenden Personen den Überblick verlieren und die Häufigkeit von Fehlzuordnungen steigt.

Die Anordnung der Warengruppentasten in einem einfach zu verstehenden System zu Übergruppen zusammengefasst und eventuell mit Kennfarben unterlegt ist eine wichtige Hilfestellung. Eine zu geringe Anzahl an Warengruppen mindert andererseits die Möglichkeiten einer aussagekräftigen Auswertung.

Exkurs: Brutto- und Nettokennzahlen
Die unternehmerische Leistung besteht unter anderem darin, auf geänderte Rahmenbedingungen möglichst rasch zu reagieren und Maßnahmen der Anpassung zu treffen. Controlling soll helfen, Anpassungsmaßnahmen zu planen und durchzuführen und die daraus resultierende Veränderung darstellen. Im Kapitel 2.5.3 wird in Brutto- und Netto-Erfolgsgrößen unterschieden. **Brutto-Erfolgsgrößen** gehen vom **Betriebsertrag** aus, **Netto-Erfolgsgrößen** von **bereinigten Werten**.

Die meisten externen Einflüsse wie etwa Wetter, Veränderungen der Nachfrage und des Wettbewerbs, Verkehrslage usw. wirken sich in erster Linie auf die Bruttogröße „Umsatz" aus.

Ob es gelungen ist, sich den aktuellen Bedingungen anzupassen, ist an den Netto-Größen zu erkennen. Hat man also beim Einsatz von Material, Arbeit, Kapital usw. auf die Veränderungen entsprechend reagiert? Daher ist eine Orientierung an Bruttogrößen vorrangig zur Beurteilung externer Einflüsse zielführend, während die eigentliche Managementleistung in erster Linie an Nettogrößen zum Ausdruck kommt. Die in diesem Kapitel vorgestellten Auswertungen sind Werkzeuge, Veränderungen des Kundenverhaltens und der Nachfrage aufzuzeigen. Über wirtschaftlichen Erfolg geben sie keine direkt verwertbare Auskunft.

10.5.2 Auswertung und Interpretation

Kundenfrequenz
Sehr aussagekräftig ist die Auswertung der Kundenfrequenz. Unabhängig von der Umsatzentwicklung ist sinkende oder stagnierende Kundenfrequenz als Hinweis auf eine relative Erstarkung der Mitbewerber zu verstehen.
Berechnung: Die Anzahl der Kunden je Zeitabschnitt wird von der Kasse ausgewiesen. Genau genommen handelt es sich dabei um die Anzahl abgeschlossener Verkaufsvorgänge.
Was tun bei stagnierender oder sinkender Kundenfrequenz?
- Maßnahmen, damit Stammkunden häufiger kommen;
- Maßnahmen zur Kundenbindung;
- Maßnahmen zur Neukundengewinnung;
- Aktionen, Thementage, Events;
- Verbesserung der Beschilderung, Zufahrtsausschilderung;
- Sortimentserweiterung als Frequenzbringer.

Umsatz je Verkaufsvorgang

Ebenso aufschlussreich ist die Kontrolle des Umsatzes je Verkaufsvorgang. Sinkt dieser, so sind Fehler in der Warenpräsentation und der Kundenbetreuung, möglicherweise auch Veränderungen in der Preispolitik zu vermuten. Verändert sich gleichzeitig die Anzahl verkaufter Stück (Einheiten) weniger negativ, so sind zu hohe Preise als Ursache zu vernachlässigen.

Moderne Kassensysteme sind mit einer namentlichen Kundenerfassung ausgestattet, die häufig mit Maßnahmen der Kundenbindung (Stammkundenkarte usw.) verbunden ist. Hierdurch können Umsätze den einzelnen Kunden zugeordnet werden. So ist es möglich, einen echten „durchschnittlichen Umsatz je Kunde" auszurechnen, der sehr hohe Aussagekraft über die Veränderungen des Wettbewerbs im Einzugsgebiet hat.

Berechnung: Gesamtumsatz im gewählten Zeitabschnitt geteilt durch Kundenanzahl im entsprechenden Zeitabschnitt.

Was tun, wenn der Umsatz je Verkaufsvorgang stärker sinkt als die Anzahl der verkauften Einheiten?

Es werden tendenziell billigere Produkte bevorzugt, daher:

- Preispolitik überdenken. Werden Preisaktionen zu massiv geboten?
- Ausweitung der Preis-Bandbreite. Werden genug hochwertige Produkte angeboten?
- Warenpräsentation überarbeiten. Werden wertvolle Waren auch entsprechend herausgestellt?
- Sortiment überdenken. Gibt es auch ausreichend Sortimente im hochpreisigen Segment?
- Verkäufer schulen. Sind Verkäufer ausreichend selbstsicher beim Anbieten hochpreisiger Ware?

Was tun, wenn die Anzahl der verkauften Einheiten stärker sinkt als der Umsatz je Verkaufsvorgang?

Es werden tendenziell weniger, dafür teurere Waren gekauft, daher:

- Preispolitik überdenken. Sollen Aktionen geboten werden, die zum Mengenkauf anreizen?
- Ausweitung der Preis-Bandbreite. Werden auch betont günstige Produkte angeboten?
- Warenpräsentation überarbeiten. Werden günstige Produkte auch in Masse verkaufsaktiv präsentiert?
- Sortimentspolitik überdenken. Gibt es über das ganze Jahr hinweg günstige Angebote?
- Verkäufer schulen. Versteht das Verkaufspersonal auch, Mengen zu verkaufen?

Warenwert je verkauftem Stück

In gleicher Weise können auch einzelne Warengruppen und Übergruppen betrachtet werden, um daraus die entsprechenden Schlüsse ableiten zu können. Hier ist der Warenwert je verkauftem Stück eine maßgebliche Größe. Daher ist es bereits bei der Dateneingabe an der Registrierkasse notwendig, nicht nur den Warenwert sondern auch die Stückzahl korrekt einzugeben. Die in vielen Betrieben geübte Gewohnheit, Einzelbeträge gleich im Kopf zu summieren und als Gesamtbetrag in die Kasse zu tippen führt in diesem Zusammenhang zu Auswertungsproblemen und Fehlinterpretationen.

Berechnung: Umsatz der betreffenden Warengruppe geteilt durch Anzahl verkaufter Einheiten/Stück dieser Warengruppe.

Die beim Umsatz je Verkaufsvorgang aufgezeigten Maßnahmen sind sinngemäß auch hier anzuwenden.

Produktlebenszyklus

Die in Gleitjahren zusammengefassten Umsatzzahlen einzelner Warengruppen und Übergruppen können gelegentlich die Charakteristik eines Produktlebenszyklus abbilden. In diesem Fall sind in der Problembehandlung die klassischen Werkzeuge der Produktpolitik angezeigt:

- Erscheinungsbild und Aufmachung modernisieren und flott gestalten;
- neue Farben, Formen, Typen eines Produkts ins Programm nehmen;
- Produkte neu definieren und als Neuheit/Besonderheit anpreisen;
- aus der Mode geratene Produkte langsam auslaufen lassen und durch neue ersetzen.

Laufende Positionsbestimmung: Bin ich auf Kurs?

Die Auswertung der Registrierkassendaten bezieht sich ausschließlich auf Bruttogrößen. Sie haben also keine Aussagekraft über die Wirtschaftlichkeit, sondern zeichnen lediglich ein Bild des Kundenverhaltens. Daher dürfen Sie auch nur in diesem Sinne interpretiert werden.

Bei der Auswertung von Umsatzzahlen und Frequenzzahlen ist der Vergleich mit Plangrößen ebenso möglich wie bei der Erfolgskontrolle. In der Interpretation muss allerdings beachtet werden, dass nicht nur eigenes Bemühen, sondern in bedeutendem Umfang externe Veränderungen am Markt Einfluss haben. Die Bemühungen müssen daher gleichzeitig in betriebsinternen Anpassungsmaßnahmen und in Maßnahmen der Marktbeeinflussung liegen.

11 Dienstleistungs-Controlling

Im vorliegenden Kapitel werden Vorschläge zur Kalkulation von Dienstleistungen in Unternehmen der Gartenbauwirtschaft vorgestellt und Hinweise gegeben, wie das Dienstleistungs-Controlling in das Controlling-System eines Unternehmens integriert werden kann bzw. welche Zusammenhänge und Verbindungen zu weiteren Controlling-Modulen bestehen.

11.1 Problemstellung und Zielsetzungen

Für das Modul „Dienstleistungs-Controlling“ steht unter www.ulmer.de, Webcode 3294008, folgende Tabellenkalkulations-Anwendung zum Download zur Verfügung: **CiG_ Dienstleistung.xlsx**.

Gartenbauliche Dienstleistungen sind Produkte, die normalerweise ortsgebunden erstellt werden, in der Regel nicht auf Vorrat produziert werden können und meist auch nicht transportabel sind. Sie entstehen aus einer **Kombination von Arbeitseinsatz**, **Materialien und Produkten**, **Maschinen und Geräten**, **Fahrzeugen** und gegebenenfalls auch einer **Flächennutzung**. Im Vordergrund steht dabei häufig die Arbeitsverrichtung.

Zielsetzung ist es, Methoden der Kostenkalkulation von Dienstleistungen vorzustellen, einschließlich der Kalkulation der Dienstleistungskomponenten, und gleichzeitig Hilfsmittel zur Entwicklung einer geeigneten betrieblichen Preispolitik anzubieten.

11.2 Datengrundlage und Kostensätze

In der Vorbereitung einer Dienstleistungskalkulation sind einige Fragestellungen zu klären:

- Welche Kosten sind den jeweiligen Dienstleistungen unmittelbar und direkt zuzurechnen (Materialkosten usw.)?
- Welche Kosten werden mit welcher Bedeutung darüber hinaus durch Dienstleistungen verursacht und können diesen über entsprechende Kostensätze zugeschlagen werden (Inanspruchnahme betrieblicher Kapazitäten und Wirtschaftsgüter)?
- Welche restlichen Kosten (Gemeinkosten) fallen an (im Dienstleistungsbereich und/oder im Unternehmen insgesamt)?
- Wie und über welche Schlüsselgrößen sind diese restlichen Kosten auf die einzelnen Dienstleistungen im Rahmen einer Vollkostenrechnung zu übertragen?
- Wie ist sicher zu stellen, dass einerseits alle Kosten verrechnet werden und andererseits eine Doppelverrechnung vermieden wird?

11.2.1 Datengrundlage und Konzept

Die Zusammenstellung der erforderlichen Kostenpositionen (Arbeits-, Maschinen-, Kfz-, Material- und Gemeinkosten) sollte bereits in der betrieblichen Kostenrechnung im Rahmen des Moduls „Kosten-Controlling“ in geeigneter Weise erfolgen (siehe Kap. 5 Kosten-Controlling). Dabei sind die Planwerte für die **Vorkalkulation möglichst frühzeitig zu Beginn eines Jahres zu ermitteln.**

In komplexer strukturierten Unternehmen mit mehreren Betriebsteilen oder Betriebsbereichen sind diese Kostenpositionen für den Betriebsbereich Dienstleistungen separat zu ermitteln. Insofern bietet es sich an, hier auch ergänzend das Controlling-Modul „Kostenstellenrechnung“ einzusetzen (siehe Kap. 3).

Nach Beendigung eines Jahres sind dann die Wertansätze der Vorkalkulation durch die tatsächlich erzielten Werte in der Nachkalkulation zu ersetzen und zu kontrollieren. Die Erkenntnisse der Nachkalkulation gehen dann wieder in die nächste Vorkalkulation ein.

Methode und ausgewählte Bestandteile der Dienstleistungskalkulation
Je nach Zielsetzung bzw. Entscheidungssituation können auch für Dienstleistungskalkulationen die Berechnung der Teilkosten oder die Berechnung der Vollkosten im Vordergrund stehen (Stichwort: entscheidungsrelevante Kosten).

Entscheidungssituation 1: Bis zu welchem Mindestpreis lohnt sich die Durchführung einer Dienstleistung bei noch freien Kapazitäten? Diese Entscheidung beeinflusst nur die variablen Kosten der Dienstleistungserstellung, fixe Arbeitskosten oder Gemeinkosten werden hiervon nicht betroffen.
Problemlösung: Mindestpreis ist der Preis, der die variablen Kosten der Leistungserstellung vollständig abdeckt.

Um sicher zu gehen, dass alle mit der Erbringung der Dienstleistung in unmittelbarem Zusammenhang stehenden Kosten abgedeckt sind, ist mindestens ein geringfügig positiver Deckungsbeitrag anzustreben.

Entscheidungssituation 2: Welcher Zielpreis sollte für die Dienstleistung angestrebt werden, um die gesamten Kosten und einen Gewinnbeitrag zu erwirtschaften?
Problemlösung: Zielpreis ist der Preis, der sich aus den gesamten Kosten einer Dienstleistung in einem Vollkostenrechnungsverfahren ergibt zuzüglich eines Aufschlags für Wagnis und (Unternehmer-)Gewinn.

Die nachfolgenden Fallbeispiele orientieren sich an der Entscheidungssituation 2.

Komponenten einer Dienstleistungskalkulation
Wesentliche Bestandteile von Dienstleistungen sind:
- Arbeit;
- Materialien und Produkte;

- Kraftfahrzeuge (Kfz);
- (Spezial)Maschinen;
- gegebenenfalls eine Flächennutzung;
- restliche Kosten (Gemeinkosten) bzw. ein Anteil an diesen restlichen Kosten der Dienstleistungen sowie
- ein Aufschlag für Wagnis und Gewinn.

Für diese Komponenten sind in Abhängigkeit von der jeweiligen Dienstleistung **betriebsindividuelle Kostensätze** (Arbeits-, Material-, Kfz-, Maschinen-, Flächen- und Gemeinkostensätze) zu berechnen.

Hierzu sind folgende weitere Daten für das Unternehmen bzw. den Bereich Dienstleistungen erforderlich: die Summen der den Kostenträgern zurechenbaren jährlichen
- Arbeitskraftstunden (Quelle: Arbeitszeiterfassung; siehe Kap. 6);
- Materialien und Produkte (Quelle: betriebliche Aufzeichnungen und Fibu; Mengen bzw. Wareneinsatz);
- Kilometerlaufleistung (Quelle: Fahrtenbuch);
- Maschineneinsatzstunden (Quelle: Maschinentagebuch);
- Flächen-Zeit-Werte (Quelle: Produktionsplanung; siehe Kap. 8).

Zusätzlich werden **je nach Verfahren der Umlage der restlichen Kosten** (Gemeinkostenumlage) noch Daten zu den hierzu verwendeten **Schlüsselgrößen** benötigt.

In Unternehmen mit mehreren Betriebsbereichen sind diese für die Berechnung der Kostensätze notwendigen Daten dann getrennt für den Bereich Dienstleistungen zu erfassen. Wie noch gezeigt wird, kommt der sorgfältigen Erfassung bzw. möglichst realistischen Einschätzung der genannten Größen in der Vorkalkulation zur Bildung der Kostensätze eine sehr große Bedeutung zu. Dringend angeraten wird deshalb, die geplanten zurechenbaren Kapazitäten in einer sorgfältigen Nachkalkulation zu überprüfen.

11.2.2 Arbeitskostensatz

Zur Berechnung eines Arbeitskostensatzes benötigt man
- die Arbeitskosten (Lohnaufwand und Lohnansatz) sowie
- die Summe der insgesamt in einem Jahr konkret für Produkte oder Dienstleistungen erforderlichen, sogenannten zurechenbaren Akh (Akh_zur) (siehe Kap. 6.3).

In Abhängigkeit von der Unternehmenskonstellation ist bei der Berechnung des Arbeitskostensatzes unterschiedlich vorzugehen.

Fall 1: Unternehmen, in dem überwiegend nur Dienstleistungen erbracht werden.
In diesem einfachsten Fall können die gesamten Arbeitskosten (Lohnaufwand und Lohnansatz) aller Beschäftigten durch die für Dienstleistungen zurechenbaren Akh dividiert werden.

Fall 2: Unternehmen mit mehreren Betriebsbereichen bzw. Geschäftsfeldern (z. B. Produktion, Handel, Dienstleistungen).
Etwas schwieriger gestaltet sich die Ermittlung der Arbeitskostensätze in Unternehmen mit mehreren Betriebsbereichen. Hier empfiehlt es sich meist, diese getrennt nach Bereichen zu ermitteln. Dabei ergeben sich wiederum zwei Varianten der Vorgehensweise.

Variante a: Die Beschäftigten werden überwiegend oder nahezu ausschließlich bereichsgenau, also nur in einem Bereich eingesetzt.

Hier sind zur Berechnung des Arbeitskostensatzes eines Betriebsbereichs die Arbeitskosten der Beschäftigten dieses Bereiches aus der Lohnbuchhaltung, gegebenenfalls unter Einbeziehung von Anteilen des Lohnansatzes zu ermitteln und durch die zurechenbaren Akh der Produkte bzw. Dienstleistungen dieses Bereiches zu dividieren.

Variante b: Die Beschäftigten werden bereichsübergreifend eingesetzt.

Auch hier ergeben sich wieder zwei unterschiedliche Situationen und Vorgehensweisen. Werden die zurechenbaren Akh in allen Bereichen erfasst, können die gesamten Arbeitskosten des Unternehmens durch die gesamten zurechenbaren Akhs dividiert werden. Werden hingegen die zurechenbaren Akhs nur in einem Bereich erfasst (Beispiel Dienstleistungen) sind zunächst die gesamten Arbeitskosten für diesen Bereich zu ermitteln (siehe Kap. 3). Diese bereichsbezogenen Arbeitskosten sind dann durch die Summe der zurechenbaren Akhs des betreffenden Bereiches zu dividieren, um den entsprechenden Arbeitskostensatz zu erhalten.

In der Vorkalkulation sind zur Berechnung der Arbeitskostensätze jeweils die geplanten oder prognostizierten Werte, in der Nachkalkulation die tatsächlichen Werte zu verwenden (zur Erfassung der tatsächlichen Akh_zur siehe Kap. 6.3).

11.2.3 Materialkostensätze
Werden im Rahmen einer Dienstleistung Materialien oder Produkte verwendet, sind deren Vollkosten zu ermitteln. In Abhängigkeit davon, ob Materialien oder Produkte selbst produziert werden oder zuzukaufen sind ergeben sich hierdurch unterschiedliche Kalkulationsverfahren.

Fall 1: Selbstherstellung
Im Fall der Selbstherstellung eines Produktes könnte ein geeignetes Kalkulationsverfahren zur Berechnung der Vollkosten beispielsweise in der Methode der Preisuntergrenzenrechnung bestehen (siehe Kap. 9).

Fall 2: Zukauf
Im Fall des Zukaufs von Produkten und Materialien zur Erstellung von Dienstleistungen ergeben sich die jeweiligen Kostensätze aus der Summe aller damit anfallenden Kosten, also beispielsweise aus den Warenkosten, den Beschaffungskosten und evtl. Lagerkosten dividiert durch die jeweils verbrauchten Mengen an Material oder Produkten, unter Berücksichtigung evtl. Bestandsänderungen und möglicher Warenverluste.

11.2.4 Kraftfahrzeugkostensatz

Werden Dienstleistungen nicht im Unternehmen bzw. nicht am Unternehmensstandort erbracht, fallen Kosten für den Transport von Material und/oder Arbeitskräften an.

Beim Einsatz mehrerer Fahrzeuge in einem Unternehmen kann entweder über alle Fahrzeuge hinweg ein einheitlicher Kfz-Kostensatz kalkuliert werden. Dies bietet sich an, wenn die Fahrzeuge sich in Kosten und Funktion nicht wesentlich unterscheiden. Im anderen Fall kann es bei beispielsweise sehr unterschiedlichen Einsatzzwecken, Ausstattungen und Kosten sinnvoll sein, den Kfz-Kostensatz getrennt für jedes Fahrzeug zu berechnen bzw. zu kalkulieren.

Im **ersten Schritt** sind dazu die jährlichen Kosten des hierfür eingesetzten Fahrzeugs bzw. der Fahrzeuge zu ermitteln (siehe Kap. 5). Sie setzen sich im Wesentlichen aus folgenden Komponenten zusammen:
- betriebswirtschaftliche Abschreibung;
- Zinskosten;
- Versicherungen;
- Kfz-Steuer;
- Reparaturen und Instandhaltung;
- Betriebsmittelkosten.

Im **zweiten Schritt** werden dann Angaben zu einer Leistungs- bzw. Verbrauchseinheit benötigt, also beispielsweise zur zurechenbaren jährlichen Fahrleistung in Kilometern (km). Unter zurechenbarer Fahrleistung sind dabei die Kilometer aufzusummieren, die konkret für Dienstleistungen gefahren werden bzw. wurden.

Alternativ zur Fahrleistung in Kilometer wäre als Verbrauchseinheit auch die Einsatzstunde denk- und anwendbar. Zur Erfassung dieser zurechenbaren Verbrauchseinheiten könnte ein Fahrtenbuch beispielsweise auf Basis einer Tabellenkalkulations-Anwendung geführt werden.

Im **letzten Schritt** werden dann die jährlichen Fahrzeugkosten durch die jährlichen zurechenbaren Verbrauchseinheiten (Jahresfahrleistung oder Jahreseinsatzstunden) dividiert, um den entsprechenden Kfz-Kostensatz zu erhalten.

Liegt die jährliche Fahrleistung in km über der Abschreibungsschwelle (maximale Gesamtfahrleistung über die Nutzungsdauer dividiert durch die Nutzungsdauer in Jahren) so ermittelt sich der jährliche Abschreibungsbetrag aus dem Abschreibungsbetrag je km multipliziert mit der jährlichen Gesamtfahrleistung in km.

11.2.5 Maschinenkostensätze

Werden für Dienstleistungen spezielle Maschinen und Geräte eingesetzt, so können auch hierfür Kostensätze ermittelt und abgerechnet werden. Andernfalls sind die Kosten nicht separat kalkulierter Wirtschaftsgüter bei der Ermittlung und Verteilung der restlichen Kosten (Gemeinkosten) zu erfassen bzw. zu berücksichtigen.

Bei den Aufzeichnungen des Maschinen- oder auch Kfz-Einsatzes empfiehlt es sich in komplexer strukturierten Unternehmen, auch diejenige Kostenstelle festzuhalten, für die der Einsatz geleistet wurde.

Die Kalkulation von Maschinenkostensätzen erfolgt im Prinzip weitgehend ähnlich der der Kfz-Kostensätze. Gegebenenfalls fallen hier keine Kfz-Steuer und keine Versicherung an. Als weiterer Unterschied werden Maschinenkostensätze in der Regel in Bezug auf die Einsatzstunde berechnet und nicht wie beim Fuhrpark meist auf die zurechenbaren Kilometer bezogen. In der Vorbereitung werden in der betrieblichen Kostenrechnung (siehe Kap. 5) die jährlichen Kosten der separat abzurechnenden Maschinen und Geräte jeweils für jede Maschine getrennt ermittelt. Zur Berechnung der Kostensätze sind dann noch die jährlichen zurechenbaren Einsatzstunden oder gegebenenfalls eine sonstige Leistungseinheit erforderlich. Diese können wiederum in einem Maschinentagebuch, beispielsweise in Excel, erfasst werden.

11.2.6 Flächenkostensatz

Wenn für die Dienstleistungen auch **Flächen** genutzt werden, kann auch hierfür ein **Kostensatz** berechnet werden. Ein Beispiel für eine solche Dienstleistung wäre der Überwinterungsservice für Kübelpflanzen, den manche Gartenbaubetriebe anbieten (siehe Kap. 11.4).

Bestandteile der Flächenkosten sind:
- **Zinskosten** des in der Fläche gebundenen Kapitals; **alternativ:** Miete oder Pacht,
- **Abschreibungen möglicher Bauten auf den Flächen** z. B. eines Gewächshauses,
- **Reparaturen und Instandhaltung** einschließlich der Kosten für eine regelmäßig zu erneuernde Außenhaut z. B. eines Foliengewächshauses,
- gegebenenfalls **Heizkosten**.

Zur Berechnung eines Flächenkostensatzes ist dann noch ein Maß für die Flächenbelegung bzw. -nutzung erforderlich. Dabei wird es sich in der Regel um eine Kombination aus Flächeneinheit und zeitlicher Inanspruchnahme durch ein Produkt oder eine Dienstleistung handeln. Geeignete Maßeinheiten der Flächennutzung (Flächen-Zeit-Einheit) im Gartenbau sind:
- Tages-m^2;
- Wochen-m^2;
- Monats-m^2.

Dabei ist die Bezugsgröße einheitlich entweder der **Netto**-m^2 (reine Nutzfläche ohne Wegeanteil) oder der **Brutto**-m^2 (inkl. Wege- und Verkehrsflächenanteile). Der für eine Vollkostenrechnung erforderliche Flächenkostensatz ergibt sich dann aus den jährlichen Flächenkosten dividiert durch die Summe der von allen Produkten und Dienstleistungen in Anspruch genommenen (zurechenbaren, genutzten) Flächen-Zeit-Einheiten.

11.2.7 Gemeinkostenverteilung und Gemeinkostensätze

Im Rahmen einer Vollkostenrechnung müssen auch alle restlichen Kosten (Gemeinkosten), die über o. g. Kostensätze noch nicht erfasst werden, ebenfalls auf die Dienstleistungen umgelegt werden. Dies kann auf verschiedene Weise geschehen, entweder über einen Gemeinkostensatz oder über Gemeinkostenzuschläge zu den o. g. Kostensätzen.

Zunächst einmal sind hierzu diese restlichen, bisher noch nicht verteilten Kosten entsprechend des Kalkulationskonzeptes in der betrieblichen Kostenrechnung zusammenzustellen (siehe Kap. 5). Im Fall eines komplexer strukturierten Unternehmens mit neben den Dienstleistungen weiteren Unternehmensbereichen, ist diese Zusammenstellung im Rahmen einer Kostenstellenrechnung vorzunehmen (siehe Kap. 3).

Dann ist, unter Berücksichtigung der Markt- und Preissituation bzw. der betrieblichen Preispolitik, ein für die Verteilung geeignetes Konzept zu entwickeln.

In diesem Konzept:
- ist eine **vollständige Verteilung der restlichen Kosten** (Gemeinkosten) sicherzustellen;
- festzulegen, ob die vorstehend beschriebenen **Kostensätze** von Dienstleistungskomponenten **jeweils mit Gemeinkostenzuschlägen** versehen werden sollen;
- oder festzulegen, ob die **Gemeinkosten über bestimmte Schlüsselgröße(n) separat** auf die jeweiligen Dienstleistungen **umgelegt** werden sollen und welche **Schlüsselgröße(n)** hierfür Verwendung finden soll(en).

Soll zur Kalkulation der Dienstleistungen die Methode der Preisuntergrenzenrechnung eingesetzt werden ist eine Trennung der baren und kalkulatorischen restlichen Kosten (Gemeinkosten) erforderlich. In der Folge ergeben sich daraus dann bare und kalkulatorische Gemeinkostensätze – je Schlüsselgröße, beispielsweise je Akh, je Flächen-Zeit-Wert oder je € Materialeinsatz (zur Methode und Vorgehensweise siehe Kap. 9).

Im Fall einer Verteilung der restlichen Kosten über Gemeinkostenzuschläge zu den o. g. Kostensätzen ist festzulegen, wie viel an Gemeinkosten über welche Dienstleistungskomponente auf die Kostenträger umgelegt wird. Diese Entscheidung ist betriebsindividuell im Zusammenhang mit der betrieblichen Preispolitik bei Dienstleistungen und unter Berücksichtigung der Konkurrenzsituation zu treffen. Grundsätzlich besteht hier die Möglichkeit einer sogenannten gleichbelastenden oder einer ungleichbelasteten Verteilung (siehe Kap. 11.3.3). Je nach individueller Entscheidung ergeben sich dann daraus jeweils die bereits genannten Kostensätze inkl. einem Gemeinkostenanteil.

11.2.8 Aufschlag für Wagnis und Unternehmergewinn

Als letzte Komponente einer Dienstleistungskalkulation ist zur Ermittlung eines gewinnorientierten Zielpreises auf die Vollkosten noch ein Aufschlag für Unternehmergewinn (und Wagnis; falls Wagnisse nicht bereits bei den kalkulatorischen Gemeinkosten berücksichtigt wurden) festzulegen. Hierbei ist neben persönlichen und preispolitischen Zielsetzungen auch die Konkurrenzsituation zu berücksichtigen.

11.3 Kalkulation einer GaLaBau-Dienstleistung

Im GaLaBau ist die Dienstleistungskalkulation von zentraler Bedeutung. Hier kommen alle vorgestellten Instrumente mit Ausnahme des Flächenkostensatzes zur Anwendung. Die wichtigsten Komponenten sind die Gemeinkostensätze für Arbeit, Material, Kfz und Maschinen.

11.3.1 Einzelkosten

Als Einzelkosten werden Material, verrechenbare (zurechenbare) Arbeitskraftstunden sowie verrechnete Kfz- und Maschinenstunden betrachtet. Die Gemeinkostenumlage erfolgt auf diese Einzelkosten. Die Art und Höhe der Gemeinkostenumlage auf die verschiedenen Einzelkosten (gleichbelastende oder ungleichbelastende Verteilung) hat Einfluss auf die verrechneten Kostensätze und das betriebswirtschaftliche Ergebnis.

11.3.2 Gemeinkostenumlage

Für die Vorkalkulation werden die Daten des Vorjahres herangezogen. Sie werden um geplante Veränderungen korrigiert und an die aktuellen Unternehmensziele angepasst. Im nächsten Schritt wird die Gemeinkostenverteilung festgelegt. Bei der gleichbelastenden Verteilung werden die Gemeinkosten mit dem gleichen Prozentaufschlag auf alle Einzelkosten verteilt. Bei der ungleichbelastenden Verteilung, die wesentlich häufiger vorkommt, werden die Einzelkosten mit unterschiedlich hohen Gemeinkostenanteilen belastet. Hier wird vorab entschieden, wie viele Gemeinkosten auf das Material und verrechnete Kfz- bzw. Maschinenstunden umgelegt werden sollen. Die restlichen Gemeinkosten müssen bei der Stundensatzkalkulation in Ansatz gebracht werden.

Nach erfolgter Aufteilung kann der Verrechnungssatz für die Arbeitsstunde ermittelt werden. Er ergibt sich aus dem **Arbeitskostensatz** (siehe Kap. 11.2.2) sowie dem **Gemeinkostensatz** je zurechenbarer Arbeitsstunde.

Die in Tabelle 35 vorgestellte Stundensatzberechnung zeigt, dass die **Auslastung** eines GaLaBau-Unternehmens zentrale Bedeutung für das wirtschaftliche Ergebnis hat. Verschiedene Auslastungsgrade führen zu sehr unterschiedlichen Ergebnissen beim notwendigen Verrechnungssatz einer Arbeitsstunde. Aus diesem Grund ist es empfehlenswert, in der Vorkalkulation mindestens zwei Szenarien für den Auslastungsgrad zu simulieren.

Im oberen Teil der Tabelle werden die Aufwendungen eingetragen, die aus der Buchführung des Vorjahres entnommenen und um geplante Veränderungen adaptiert werden. Als zusätzliche Kosten werden der kalkulatorische Lohnansatz des Unternehmers, der Zinsansatz für das Eigenkapital sowie ein Aufschlag für Wagnis und Gewinn ergänzt.

Schlussendlich wird die geplante Handelsspanne (realisierter Aufschlag auf die Waren) als Gutschrift in Ansatz gebracht. Die Handelsspanne auf die Waren deckt ja Gemeinkosten ab, die bei der Arbeitsstunde nicht mehr zu berücksichtigen sind. Dasselbe gilt für die verrechenbaren Maschinenstunden, welche ihrerseits die Aufwendungen für den Fuhrpark und die Maschinen reduzieren.

In einem weiteren Datenblock werden die **bezahlten** und die **geleisteten Arbeitskraftstunden** eingetragen. Diese Daten stammen aus der Lohnverrechnung und den Arbeitszeitaufzeichnungen. Zuletzt ist der Auslastungsgrad der Mitarbeiter (Anteil verrechneter Arbeitsstunden an den geleisteten Arbeitsstunden) anzugeben. Hierbei werden zwei unterschiedlich optimistische Varianten erfasst.

Das Programm legt in der Folge alle Kosten auf die bezahlten, geleisteten und verrechneten Arbeitsstunden um. Entscheidend ist das

Tab. 35: Stundensatzberechnung in zwei Szenarien

Ausgangsdaten für die Berechnung	Einheit	Betrag	
Lohn- und Lohnnebenkosten	€	204.000	
Fuhrpark	€	26.000	
Werbung	€	12.000	
AfA	€	17.000	
Miete, Pacht, Leasing	€	18.000	
Zinsen	€	3.000	
sonstige Gemeinkosten	€	50.000	
kalkulatorischer Lohnansatz Unternehmer	€	40.000	
kalkulatorischer Zinsansatz Eigenkapital	€	10.000	
Aufschlag für Wagnis	€	25.000	
abzüglich realisierter Aufschlag auf Ware	€	-55.000	
abzüglich verrechnete Maschinenstunden	€	-28.000	
Gesamtergebnis	**€**	**322.000**	
Anzahl bezahlter Stunden pro Jahr	Stunden	13.500	
Anzahl geleisteter Stunden pro Jahr	Stunden	11.200	
Auslastungsgrad Variante 1	%	80	
	Stunden	8.960	
Auslastungsgrad Variante 2	%	70	
	Stunden	7.840	

Ergebnis der Berechnung je ...	bezahlter Akh	geleisteter Akh	verrechneter Akh	
			Variante 1	Variante 2
Arbeitsstunden	**13.500**	**11.200**	**8.960**	**7.840**
Lohn- und Lohnnebenkosten	15,11	18,21	22,77	26,02
Fuhrpark	1,93	2,32	2,90	3,32
Werbung	0,89	1,07	1,34	1,53
AfA	1,26	1,52	1,90	2,17
Miete, Pacht, Leasing	1,33	1,61	2,01	2,30
Zinsen	0,22	0,27	0,33	0,38
sonstige Gemeinkosten	3,70	4,46	5,58	6,38
kalkulatorischer Lohnansatz Unternehmer	2,96	3,57	4,46	5,10
kalkulatorischer Zinsansatz Eigenkapital	0,74	0,89	1,12	1,28
Aufschlag für Wagnis	1,85	2,23	2,79	3,19
abzüglich realisierter Aufschlag auf Ware	-4,07	-4,91	-6,14	-7,02
abzüglich verrechnete Maschinenstunden	-2,07	-2,50	-3,13	-3,57
Stundensatz	**23,85**	**28,75**	**35,94**	**41,07**

Ergebnis je verrechneter Arbeitsstunde, das für die beiden Auslastungsvarianten dargestellt ist. Die unterste Ergebniszeile präsentiert das Gesamtergebnis der Stundensatzkalkulation. Beim ausgewiesenen Stundensatz je verrechneter Arbeitskraftstunde wird Vollkostendeckung erzielt.

Die beiden Varianten zeigen den notwendigen Verrechnungssatz unter günstigen und ungünstigen Auslastungsgraden. Zusätzlich empfiehlt es sich, mehrere Szenarien für die geplanten Kosten, die erzielbare Handelsspanne und die verrechenbaren Maschinenstunden zu simulieren.

Das größte Risiko bei der Stundensatzberechnung besteht darin, sich auf einen zukünftig realisierbaren Auslastungsgrad festzulegen. Der **Auslastungsgrad der Arbeitskräfte** hängt von verschiedenen Faktoren wie Auftragslage, Witterung, Arbeitsorganisation, Qualifikation und Motivation der Arbeitsteams, Genauigkeit der Aufzeichnungen, Reklamationen u. Ä. ab. Nicht alle Faktoren können vom Unternehmer mitbestimmt werden. Somit bleibt ein Restrisiko, das vom Aufschlag für Wagnis und Gewinn abgefedert wird. Der Unternehmer entscheidet sich aufgrund der vorliegenden Szenarien für den endgültigen Verrechnungssatz, der zur Anwendung kommt. Dieser stellt den Vergleichswert für die Nachkalkulation dar, die ebenfalls mit Tabelle 35 durchgeführt werden kann. Weist die Nachkalkulation einen höheren notwendigen Stundensatz aus, ist die Vollkostendeckung gefährdet.

Basis für die **Nachkalkulation** sind die laufenden Ist-Daten. Sie finden sich in den Saldenlisten der Buchführung, die um die unfertigen Baustellen korrigiert werden, sowie im Arbeitszeiterfassungsprogramm und im Warenwirtschaftssystem, bei dem es vor allem um die Veränderungen der Warenvorräte geht. Das Nachkalkulationsergebnis für den notwendigen Stundensatz zeigt, ob die angewandten Kostensätze passen. Eine Nachkalkulation des Verrechnungssatzes ist mindestens vierteljährlich zu empfehlen. Außerdem sollte ein noch zeitnäheres Controlling überprüfen, ob die gesteckten Ziele bei der Arbeitsauslastung, bei den verrechneten Kfz- bzw. Maschinenstunden und beim angepeilten Materialaufschlag erreicht werden. Beim Fuhrpark, den Maschinen und bei der Arbeit spielt die Auslastung eine zentrale Rolle, beim Material geht es vor allem um die Höhe der Warenverluste (siehe Kap. 10.3). Darüber hinaus ist zu empfehlen, Partieführer mit Vorabinformationen über die im Angebot einkalkulierten Arbeits-, Kfz- und Maschinenstunden sowie den geplanten Materialverbrauch zu versorgen und jede größere Baustelle im Detail nachzukalkulieren.

Negative Abweichungen vom Soll-Wert der Vorkalkulation belasten das Betriebsergebnis und stellen ein unternehmerisches Risiko dar. Passt der Auslastungsrad bei den Arbeitsstunden nicht, sind nicht nur die Baustellenabrechnungen zu kontrollieren. Ebenso sehr sind auch die Zeiten zwischen den Baustellen zu überprüfen (siehe Kap. 6.3).

11.3.3 Fallbeispiel: Heckenpflanzung

Die nachfolgende Tabelle 36 stellt eine Beispielskalkulation für die Pflanzung einer Hecke mit Hainbuchen dar. Die notwendige Datenbasis besteht aus dem Einstandspreis der Pflanzen und des Hilfsmaterials, den nominalen Warenaufschlägen, den geplanten Arbeits- und Maschinenstunden und deren Verrechnungssätze sowie den Kosten für die Entsorgung und die Baustelleneinrichtung. Darüber hinaus ist der Umsatzsteuersatz anzugeben, damit der Kalkulationspreis in Netto und Brutto ausgedrückt wird.

Das ausgewiesene Ergebnis in Tabelle 36 gibt den Verkaufspreis an, der für die Heckenpflanzung zur Verrechnung kommen sollte. Dieser Preis enthält alle Einzelkosten für Material, Arbeit, Kfz und Maschinen sowie die entsprechenden Gemeinkostenaufschläge samt Wagnis und Gewinn.

Tab. 36: Kalkulation einer GaLaBau-Dienstleistung (Heckenbepflanzung)

(Dateneingabe netto ohne Umsatzsteuer)	**Einheit**	**Betrag**
Wareneinsatz Pflanzen (Einstandspreis)	€	235,00
Aufschlag für Gemeinkosten, Wagnis und Gewinn (inkl. Schwund)	%	70
Hilfsmaterial (Einstandspreis)	€	49,00
Aufschlag für Gemeinkosten, Wagnis und Gewinn (inkl. Schwund)	%	40
Entsorgungskosten	€	21,00
Benötigte Arbeitszeit in Stunden	Akh	9,00
Verrechnungssatz einer Arbeitsstunde (inkl. GK-Zuschlag)	€ / Akh	39,80
Benötigter Maschineneinsatz in Stunden	Mh	1,75
Verrechnungssatz für Maschinenstunde (inkl. GK-Zuschlag)	€ / Mh	23,90
Benötigte km für Kfz	km	8,0
Kfz-Verrechnungssatz pro km (inkl. 2 Personen und GK-Zuschlag)	€ / km	4,50
Kosten der Baustelleneinrichtung	€	65,00
Umsatzsteuersatz	%	19
Ergebnis der Berechnung	**Einheit**	**Betrag**
Pflanzenkosten	€	399,50
Kosten für Hilfsmaterial	€	68,60
Entsorgungskosten	€	21,00
Arbeitskosten	€	358,20
Maschinenkosten	€	41,83
Kfz-Kosten	€	36,00
Baustelleneinrichtung	€	65,00
Nettoverkaufspreis	**€**	**990,13**
Umsatzsteuer	€	188,12
Bruttoverkaufspreis	**€**	**1.178,25**
GK = Gemeinkosten; Akh = Arbeitskraftstunde; Mh = Maschinenstunde		

11.3.4 Auswertung und Interpretation

Das Kapitel 11.3.2 hat gezeigt, dass die Gemeinkostenumlage im GaLaBau drei wichtige Punkte aufweist:
- Auslastungsgrad der Arbeit;
- Auslastungsgrad bei KFZ und Maschinen;
- Realisierte Handelsspanne beim Wareneinsatz.

In einer Vorkalkulation wird aufgrund der erwarteten Gemeinkosten, der geplanten Handelsspanne (Materialgemeinkosten), der zurechenbaren Arbeitskraftstunden sowie des Aufschlages für Wagnis und Gewinn ein Verrechnungssatz für die Arbeitsstunde ermittelt.

Nachkalkulationen als unterjähriges Controlling-Instrument gewährleisten, dass es zu keinen größeren Abweichungen zwischen Planrechnung und Ist-Situation kommt bzw. dass bei Abweichungen Ursachen ermittelt und Gegenmaßnahmen ergriffen werden.

Sobald der Warenaufschlag und die Verrechnungssätze für Arbeitsstunden, Maschinen und Kfz festgelegt sind, können Beispielskalkulationen schnell und einfach erfolgen.

11.4 Kalkulation einer gärtnerischen Dienstleistung

In vorliegendem Kapitel wird ein Vorschlag zur Kalkulation des Überwinterungsservices für Kübelpflanzen vorgestellt.

11.4.1 Problemstellung und Zielsetzungen

Kurzbeschreibung der Dienstleistung: Nicht frostharte Kübelpflanzen werden im Gartenbaubetrieb im Zeitraum November bis April (Mitte Oktober bis Mitte Mai) fachgerecht überwintert.

Bestandteile der Dienstleistung sind als eigentliche **Grundleistung** die:
- Flächennutzung (Gewächshaus klimatisiert bei 4 °C, gegebenenfalls 12 °C ab Mitte Februar);
- fachgerechte Pflege, z. B in Form von Pflanzenschutzmaßnahmen, Bewässerung und Düngung.

Weitere **ergänzende Zusatzleistungen** gegen separate Berechnung können sein:
- Umtopfen;
- Rückschnitt und Formierung;
- Abholung und Lieferung.

Kalkulationsziel: Ermittlung eines Zielpreises inkl. eines Aufschlags für Wagnis und Gewinn (insgesamt und je Flächen-Zeit-Wert).

11.4.2 Datengrundlage und Kostenbestandteile

Kostenbestandteile für die Grundleistung einer Kübelpflanzen-Überwinterung sind:
- Flächenkosten (inkl. Heizkosten);
- Arbeitskosten;
- Materialkosten.

Ergänzende Kostenbestandteile für ein gegebenenfalls fälliges und in Auftrag gegebenes **Umtopfen** oder einen **fachgerechten Rück- oder Formschnitt** sind:
- Arbeitskosten;
- Materialkosten.

Ergänzende Kostenbestandteile für eine gegebenenfalls in Auftrag gegebene **Abholung und Lieferung** sind:
- Arbeitskosten;
- Transport- bzw. Fahrzeugkosten.

Zusätzlich zu den hier aufgeführten Kostenpositionen sind die restlichen Kosten (Gemeinkosten) in geeigneter Weise auf die Überwinterungspreise zu verrechnen.

11.4.3 Fallbeispiel: Überwinterungsservice für Kübelpflanzen

Flächenkosten (inkl. Heizkosten) und Flächenkostensatz

Die Überwinterung von Kübelpflanzen findet im vorliegenden Unternehmen im Folienhaus statt. Die Kalkulation der Flächenkosten und des Flächenkostensatzes wird in Tabelle 37 auf Seite 210 parallel in drei Varianten vorgenommen:
- Vorkalkulation, optimistisch;
- Vorkalkulation, pessimistisch;
- Nachkalkulation.

Anhand der Variante „Vorkalkulation optimistisch“ wird die Tabelle kurz erläutert.

Die Kosten der Überwinterungsfläche setzen sich zusammen aus:
- Abschreibung (1800 €);
- Zinskosten (450 €);
- Reparatur und Instandhaltung (360 €).

Insgesamt ergeben sich für vorliegendes Fallbeispiel in der Vorkalkulation unter optimistischen Wertansätzen Flächenkosten (ohne Heizkosten) in Höhe von 2610 €. Diese werden im Verhältnis der Nutzung auf die Überwinterung (5400 Wochen-Netto-m^2) und sonstige Kostenträger (2200 Wochen-Netto-m^2) aufgeteilt.

Tab. 37: Kalkulation des Flächenkostensatzes

		Einheit	Vorkalkulation		Nach-kalkulation
			optimistisch	pessimistisch	
jährliche Flächenkosten					
(Brutto-)Fläche		m²	300	300	300
Anschaffungspreis		€ / m²	60	100	100
Anschaffungswert	**A**	**€**	**18.000**	**30.000**	**30.000**
Nutzungsdauer Gewächshaus	Jahre	Anzahl	10	10	10
Abschreibung Gewächshaus		**€**	**1.800**	**3.000**	**2.850**
Zinssatz		%	5,0	5,0	5,0
Zinskosten	von A / 2	**€**	**450**	**750**	**750**
Reparatur und Instandhaltung	in % von A	**%**	2	3	3
		€	**360**	**900**	**900**
Summe jährliche Flächenkosten		**€**	**2.610**	**4.650**	**4.500**
verfügbare Netto-Flächenkapazität					
Zeiteinheit		Wochen	52	52	52
Wegeanteil		%	15	18	18
		m²	45	54	54
Netto-Fläche	max.	**m²**	**255**	**246**	**246**
(Netto-)Flächen-Zeit-Wert	max.	**WNm²**	**13.260**	**12.792**	**12.792**
Flächennutzung (Netto-Fläche)					
für Überwinterung		m²	180	175	175
Zeit		Wochen	30	32	32
Flächennutzung Überwinterung		**WNm²**	**5.400**	**5.600**	**5.600**
durch sonstige Kostenträger		m²	100	50	50
Zeit		Wochen	22	10	14
Flächennutzung sonstiger Kostenträger		WNm²	2.200	500	700
Flächennutzung insgesamt		**WNm²**	**7.600**	**6.100**	**6.300**
Auslastungsgrad		%	57,3	47,7	49,2
Flächenkosten I und -kostensatz I (ohne Heizkosten)					
Flächenkostensatz I		**€ / WNm²**	**0,34**	**0,76**	**0,71**
Flächenkosten I (ohne Heizkosten) Überwinterung		**€**	**1.854**	**4.269**	**4.000**
Flächenkosten I (ohne Heizkosten) sonstige Nutzung		€	756	381	500
Heizkosten des Unternehmens					
Energieträger		Heizöl	Heizöl	Heizöl	Heizöl
Mengeneinheit		Liter	Liter	Liter	Liter
durchschnittlicher Preis je Mengeneinheit		€ / Liter	0,55	0,60	0,62
heizbare Fläche Unternehmen		m²	2.500	2.500	2.500
durchschnittlicher Heizmaterialverbrauch	insgesamt	Liter / Jahr	40.000	45.000	45.000
	je m²	Liter / m²	16,0	18,0	18,0
durchschnittliche Heizkosten	**insgesamt**	**€**	**22.000**	**27.000**	**27.900**
	je m²	**€ / m²**	**8,80**	**10,80**	**11,16**
Heizkosten Überwinterung					
Heizkostenanteil Überwinterungsgewächshaus		€	2.640	3.240	3.348
Zu- bzw. Abschläge (wegen Temperaturstrategie)		%	-20	-15	-15
angepasste Heizkosten		€	2.112	2.754	2.846
Heizkosten je genutzter Flächen-Zeit-Einheit		€ / WNm²	0,39	0,49	0,51
Flächenkosten II und -kostensatz II (mit Heizkosten)					
Flächenkostensatz II		€ / WNm²	0,73	1,25	1,22
Flächenkosten II (Überwinterung)		€	3.966	7.023	6.846
Flächenkostensatz III (mit Heizkosten und mit Gemeinkostenanteil)					
Gemeinkostensatz Fläche		€ / WNm²	0,52	0,56	0,55
Flächenkostensatz III (Überwinterung)		**€ / WNm²**	**1,25**	**1,82**	**1,77**
Reduzierung der Gemeinkosten durch direkt verrechnete Flächenkosten für Dienstleistungen					
Abschreibung Gewächshaus		€	1.278,95	2.754,10	2.533,33
Zinskosten		€	319,74	688,52	666,67
Reparatur und Instandhaltung		€	255,79	826,23	800,00
Heizkosten		€	2.112,00	2.754,00	2.845,80
Summe Gemeinkostenreduzierung		**€**	**3.966,47**	**7.022,85**	**6.845,80**

A = Anschaffungswert; WNm² = Wochen-Netto-m²

Als weitere Komponente werden in einem stark vereinfachten Verfahren die Heizkosten (2112 €) überschlägig kalkuliert. Von den damit berechneten Flächenkosten (inkl. Heizkosten) in Höhe von 4722 € entfallen entsprechend der Nutzung 3966 € auf den Bereich Kübelpflanzen-Überwinterung. Als Flächenkostensatz II je genutzter Flächen-Zeit-Einheit ergibt sich ein Wert von 0,73 € je WNm². Wie der Tabelle 37 weiter zu entnehmen ist, wird auf diesen Wert ein in Tabelle 40 berechneter Gemeinkostenzuschlag in Höhe von 0,52 € je WNm² vorgenommen, sodass sich insgesamt ein Flächenkostensatz III in Höhe von 1,25 € je WNm² ergibt.

Werden für die Kübelpflanzen im Gewächshaus zwei verschiedene Temperaturzonen (frostfrei bzw. 4 °C und 12 °C) eingerichtet, könnte in einer Variante des Berechnungsmodells auch mit zwei unterschiedlichen Flächenkostensätzen gearbeitet werden.

Wie der Tabelle 37 entnommen werden kann, werden auf diese Weise in einer optimistischen Vorkalkulation knapp 4 Tsd. € an Flächenkosten direkt auf die Dienstleistung Überwinterung von Kübelpflanzen verrechnet. Zur Vermeidung von Doppelberechnungen ist dieser Betrag bei der Berechnung und Verteilung der restlichen Kosten (Gemeinkosten) in Abzug zu bringen.

Arbeitskosten und Arbeitskostensatz

Die Berechnung der Arbeitskosten bzw. des Arbeitskostensatzes erfolgt in Abhängigkeit von der betrieblichen Arbeitsorganisation (siehe Kap. 11.2.2). In dem in Tabelle 38 gezeigten Beispiel wird von einem unternehmensweiten Arbeitskostensatz je produktiver bzw. zurechenbarer Arbeitsstunde in Höhe von 18,50 € ausgegangen. Auf diesen erfolgt ein Gemeinkostenzuschlag für den Bereich Dienstleistung in Höhe von 2,67 € je Akh_zur. Damit ergibt sich in der Vorkalkulation unter optimistischen Annahmen ein Arbeitskostensatz in Höhe von 21,17 je Akh_zur.

Die Arbeitskosten und Arbeitskostensätze können in der vorliegenden Tabellenkalkulations-Anwendung **CiG_Dienstleistung.xlsx** in zwei Varianten ermittelt werden:
- Variante a: unternehmensweiter Arbeitskostensatz;
- Variante b: spezieller Arbeitskostensatz für den Bereich Dienstleistungen.

Für das vorliegende Fallbeispiel werden der Arbeitskostensatz nach Variante a zugrunde gelegt (siehe Tab. 38 und 41). Deshalb wurde in den genannten Tabellen die Variante b „ausgeblendet“.

Materialkosten und Materialkostensatz
Materialkosten spielen bei der Dienstleistung Überwinterungsservice eine eher untergeordnete Rolle. Für die im Fallbeispiel aufgeführte Zusatzleistung Umtopfen empfiehlt es sich, für die verwendeten Materialien die Netto-Verkaufspreise in Ansatz zu bringen.

Kraftfahrzeugkosten und Kfz-Kostensatz
Für die im Rahmen des Überwinterungsservices anfallende Zusatzleistung der Abholung und Auslieferung der Pflanzen ist ein Kfz-Kostensatz zu kalkulieren und zu verrechnen. Die Tabelle 39 zeigt hierzu eine mögliche Vorgehensweise. Komponenten dieser Teilkalkulation sind:

- betriebswirtschaftliche Abschreibung;
- Zinskosten;
- Versicherung;
- Kfz-Steuer;
- Reparaturen und Instandhaltung;
- Betriebsmittelkosten.

Wie Tabelle 39 zu entnehmen ist, ergeben sich für das vorliegende Fallbeispiel in der Vorkalkulation unter optimistischen Annahmen jährliche Kfz-Kosten ohne Betriebsmittel in Höhe von 10 300 €. Hiervon entfallen entsprechend der Nutzung in Höhe von 1200 km_zur 824 € auf den Bereich Kübelpflanzen-Überwinterung. Zusammen mit einem Betriebsmitteleinsatz in Höhe von 150 € ergibt sich hieraus ein

Tab. 38: Kalkulation der Arbeitskostensätze

		Einheit	Vorkalkulation		Nach-
			optimistisch	pessimistisch	kalkulation
Arbeitskosten					
Arbeitskostensatz Ia Unternehmen	**Variante a**	€ / Akh_zur	**18,50**	**22,50**	**19,75**
Gemeinkostensatz Arbeit		€ / Akh_zur	2,67	3,32	3,23
Arbeitskostensatz IIa (mit Gemeinkostenanteil)					
Arbeitskostensatz IIa		€ / Akh_zur	**21,17**	**25,82**	**22,98**
Akh-Bedarf					
Ü_einräumen-&-durchputzen		Akh_zur	75	85	85
Ü_pflegen (bewässern, düngen, Pflanzenschutz)		Akh_zur	45	65	65
Ü_durchputzen (Frühjahr)		Akh_zur	50	60	60
Ü_ausräumen-&-durchputzen		Akh_zur	50	55	55
Akh-Bedarf Überwinterung		Akh_zur	**220**	**265**	**265**
Akh-Kosten Überwinterung	**Variante a**	**€**	**4.070**	**5.963**	**5.234**
Gemeinkostenzuschlag		€	587	879	857
Akh-Kosten inkl. Gemeinkostenzuschlag		**€**	**4.657**	**6.841**	**6.091**
Akh-Kosten je Flächen-Zeit-Einheit	**Variante a**	**€ / WNm²**	**0,86**	**1,22**	**1,09**

WNm² = Wochen-Netto-m²; Akh_zur = zurechenbare Arbeitskraftstunden; Ü_... = Tätigkeit für die Überwinterung

Kfz-Kostensatz in Höhe von 0,81 € je km_zur bzw. von 1,62 € je Entfernungs-km.

Tab. 39: Kalkulation der Kraftfahrzeugkostensätze

		Einheit	Vorkalkulation		Nach-kalkulation
			optimistisch	pessimistisch	
relevante Kfz-Daten					
Anschaffungswert	**A**	**€**	**40.000**	**60.000**	**45.000**
Nutzungsdauer	Jahre	Anzahl	5,0	5,0	5,0
	Leistung	km	250.000	220.000	240.000
Abschreibungsschwelle		km / Jahr	50.000	44.000	48.000
Abschreibung	**fix**	**€ / Jahr**	**8.000**	**12.000**	**9.000**
	variabel	**€ / km**	**0,16**	**0,27**	**0,19**
durchschnittlicher Kapitaleinsatz (A / 2)		€	20.000	30.000	22.500
Zinssatz		%	5,0	10,0	8,0
Zinskosten	**von A / 2**	**€**	**1.000**	**3.000**	**1.800**
Versicherung		**€**	**400,00**	**490,00**	**415,00**
Steuer		**€**	**500,00**	**560,00**	**499,00**
Reparaturen und Instandhaltung	in % von A	%	1	2,5	1,8
		€	**400,00**	**1.500,00**	**789,50**
Betriebsmittelverbrauch		l			2.590
		l / 100 km	10,0	12,5	11,6
Betriebsmittelpreis		€ / l	1,25	1,35	1,41
jährliche Kosten					
jährliche Kosten (ohne Betriebsmittel)		€	**10.300**	**17.550**	**12.504**
Nutzung (Laufleistung)		km / Jahr	15.000	12.000	22.367
Betriebsmittelkosten			1.875	2.025	3.657
jährliche Kosten insgesamt		**€**	**12.175**	**19.575**	**16.160**
zurechenbare Fahrleistung					
Dienstleistung Überwinterungsservice		km_zur	1.200	900	1.190
restliches Unternehmen		km_zur	13.800	11.100	21.177
Kfz-Kostensatz Dienstleistungen (je Entfernungs-km)					
jährliche Kosten (ohne Betriebsmittel)		€	824	1.316	665
Betriebsmittel		€	150	152	195
Kfz-Kosten Dienstleistung		**€**	**974**	**1.468**	**860**
Kfz-Kostensatz je km		€ / km	0,81	1,63	0,72
Kfz-Kostensatz je **Entfernungs**-km		**€ / km**	**1,62**	**3,26**	**1,44**
Reduzierung der Gemeinkosten durch direkt verrechnete Kfz-Kosten für Dienstleistungen					
Abschreibung		€	640,00	900,00	478,83
Zinsen		€	80,00	225,00	95,77
Versicherung		€	32,00	36,75	22,08
Steuer		€	40,00	42,00	26,55
Reparaturen und Instandhaltung		€	32,00	112,50	42,00
Betriebsmittel		€	150,00	151,88	194,54
Summe Gemeinkostenreduzierung		**€**	**974,00**	**1.468,13**	**859,77**

A = Anschaffungswert; l = Liter; km_zur = zurechenbare Kilometer

Wie der Tabelle 39 entnommen werden kann werden auf diese Weise in einer optimistischen Vorkalkulation 974 € an Kfz-Kosten direkt auf die Dienstleistung Überwinterung von Kübelpflanzen verrechnet. Zur Vermeidung von Doppelberechnungen ist dieser Betrag bei der Berechnung und Verteilung der restlichen Kosten (Gemeinkosten) in Abzug zu bringen.

Als letzte Komponente der Kalkulation der Dienstleistung Überwinterungsservice ist im Folgenden die anteilige Ermittlung und Übertragung der restlichen Kosten (Gemeinkosten) vorzubereiten und vorzunehmen.

Denkbar wäre, alternativ auch eine Gemeinkostenverteilung über die Kraftfahrzeugnutzung und – falls von Bedeutung – auch über einen Materialeinsatz vorzunehmen.

Gemeinkosten(umlage) und Gemeinkostensatz
Wie aus der Tabelle 40 zu entnehmen ist, erfolgt die Umlage der anteiligen Gemeinkosten des Geschäftsfeldes „Überwinterung von Kübelpflanzen" in vorliegendem Fall jeweils hälftig über die Flächennutzung und den erforderlichen Arbeitseinsatz Akh_zur als zentrale Bezugsgrößen. Hieraus ergeben sich dann Gemeinkostenzuschläge in der Variante Vorkalkulation optimistisch in Höhe von 0,52 € je WNm² und 2,67 € je zurechenbare Akh (siehe Tab. 37 auf Seite 210 und Tab. 38 auf Seite 212).

11.4.4 Auswertung und Interpretation
Die Tabelle 41 zeigt ein einfaches Kalkulationsmodell für die Überwinterung von Kübelpflanzen. Es handelt sich hierbei um das Tabellenblatt „Überwinterungsservice" aus der Tabellenkalkulations-Anwendung **CiG_Dienstleistung.xlsx**. Hiermit kann für nahezu beliebige Überwinterungsaufträge sowohl eine Vorkalkulation – unter optimistischen oder pessimistischen Datenannahmen – wie auch eine Nachkal-

Tab. 40: Verteilung der restlichen Kosten (Gemeinkosten)

	Einheit	Vorkalkulation		Nach-kalkulation
		optimistisch	pessimistisch	
Gemeinkosten(anteil) Dienstleistungen	**€**	**5.600**	**6.300**	**6.145**
Anteil Verteilung über ...				
Fläche	% der Gemeinkosten	50	50	50
Akh	% der Gemeinkosten	50	50	50
Flächenanteil				
Flächennutzung Überwinterung	WNm²	5.400	5.600	5.600
Gemeinkostensatz Fläche	**€ / WNm²**	**0,52**	**0,56**	**0,55**
Akh-Anteil				
Akh_zur insgesamt (Ü_Summe-aller-Tätigkeiten)	Akh_zur	1.050	950	950
Gemeinkostensatz Arbeit	**€ / Akh_zur**	**2,67**	**3,32**	**3,23**

WNm² = Wochen-Netto-m²; Akh_zur = zurechenbare Arbeitskraftstunde; Ü_... = Tätigkeit für die Überwinterung

Tab. 41: Kalkulation von Überwinterungsaufträgen

Variante: Vorkalkulation optimistisch	Einheit	Aufträge	
Kunde		Max Meyer	Jana Bauer
Auftragsnummer		Jahr 1-123	Jahr 1-124
Auftragsdatum		23.10.Jahr 1	24.10.Jahr 1
Stückzahl		1	5
Artikel 1		Citrus Hst	Datura B
Artikel 2			Citrus B
Artikel 3			Olive HSt
Artikel 4			Oleander HSt
Artikel 5			Oleander B
Überwinterung (Grundleistung)			
Flächenkosten			
Nettofläche	m²	1,5	3,5
Dauer	Wochen	32	32
Flächen-Zeit-Wert	WNm²	**48**	**112**
Flächenkostensatz III (Überwinterung)	€ / WNm²	1,25	1,25
Flächenkosten	**€**	**60,15**	**140,34**
Arbeitskosten		Variante a	Variante a
Akh-Kosten je Flächen-Zeit-Einheit	€ / WNm²	0,86	0,86
Arbeitskosten	**€**	**41,39**	**96,58**
Materialkosten	**€**	**0,00**	**0,00**
Zwischensumme Grundleistung	**€**	**101,54**	**236,92**
Umtopfen (Zusatzleistung 1)			
Arbeitskosten			
Arbeitszeit (in Minuten!)	Akm_zur	15	
Arbeitskostensatz	€ / Akh_zur	18,50	18,50
Arbeitskosten	**€**	**4,63**	**0,00**
Materialkosten			
Topf	€	12,50	
Erde	€	2,50	
Materialkosten	**€**	**15,00**	**0,00**
Zwischensumme Umtopfen (Zusatzleistung 1)	**€**	**19,63**	**0,00**
Schnitt (Zusatzleistung 2)			
Arbeitskosten			
Arbeitszeit (in Minuten!)	Akm_zur	30	15
Arbeitskostensatz	€ / Akh_zur	18,50	18,50
Arbeitskosten	**€**	**9,25**	**4,63**
Zwischensumme Schnitt (Zusatzleistung 2)	**€**	**9,25**	**4,63**
Abholung und Lieferung (Zusatzleistung 3)			
Arbeitskosten			
Arbeitszeit (Ü_transportieren)			
Personen	Anzahl	2	1
Fahrzeit (in Minunten!)	Akm_zur	40	80
Aus- bzw. Einladen (in Minuten!)	Akm_zur	30	45
Arbeitszeit (berechnet)	Akh_zur	2,33	2,08
Arbeitskostensatz	€ / Akh_zur	18,50	18,50
Arbeitskosten	**€**	**43,17**	**38,54**
Kfz-Kosten (Abrechnung über **Entfernungs**-km laut Navi)			
Entfernungs-km	km_zur	10	20
Kfz-Kostensatz je Entfernungs-km	€ / km	1,62	1,62
Fahrten (falls Abholung und Lieferung, dann = 2)	Anzahl	1	2
Kfz-Kosten	**€**	**16,23**	**64,93**
Summe Abholung und Lieferung	**€**	**59,40**	**103,48**
Zwischensumme Zusatzleistung	**€**	**88,28**	**108,10**
Summe Kosten insgesamt	**€**	**189,81**	**345,02**
kalkulatorische Wagnisse	%	10	10
Anteil Unternehmergewinn	%	10	10
Zielpreis	**€**	**227,78**	**414,03**
je Flächen-Zeit-Einheit	€ / WNm²	4,75	3,7

B = Busch; HSt = Hochstamm; WNm² = Wochen-Netto-m²;
Akm_zur = zurechenbare Arbeitskraftminuten; Ü_... = Tätigkeit für die Überwinterung

Hinweis:
Die zur Kalkulation erforderlichen Kostensätze werden aus den Tabellen 37 bis 40 abgerufen.

Achtung!
Die Angabe des Arbeitszeitbedarfs erfolgt in vorliegendem Kalkulationsmodell in Minuten (Akm).

kulation vorgenommen werden. Die darin enthaltenen Daten eines Fallbeispiels kann der interessierte Leser individuellen Situationen oder Vorstellungen anpassen.

Für die beiden in Tabelle 41 exemplarisch ausgewiesenen Überwinterungsaufträge ergeben sich ohne Aufschläge für Wagnis und Gewinn Kosten in Höhe von ca. 190 € bzw. 345 €.

Im Fall des ersten Auftrags setzt sich dieser Betrag zusammen aus Kosten der Grundleistung der Überwinterung mit ca. 102 €, den Zusatzleistungen Umtopfen und Schnitt mit insgesamt ca. 29 € sowie einer Lieferung in Höhe von knapp 60 €.

In Abhängigkeit von der jeweiligen Marktsituation, den Vorstellungen der Unternehmensleitung bezüglich eines zu erzielenden Gewinns und der Einschätzung des Wagnisses einer möglicherweise gewährten Überwinterungsgarantie ist hierauf aufbauend der Zielverkaufspreis festzulegen.

11.5 Kalkulation einer floristischen Dienstleistung

11.5.1 Definition und Zielsetzung

In der Floristik werden zwei unterschiedliche Kalkulationsmethoden verwendet – einerseits die **Aufschlagsatzkalkulation des Handels** (siehe Kap. 10) und andererseits die in Kapitel 11 vorgestellte **Dienstleistungskalkulation**.

Um Kalkulationsfehler zu vermeiden ist es wichtig, die Anwendungsbereiche dieser beiden unterschiedlichen Kalkulationsmethoden zu kennen. Wie der Name schon sagt, steht bei der Aufschlagsatzkalkulation des Handels der Handel und somit die Ware im Vordergrund. Im Gegensatz dazu hat bei der Dienstleistungskalkulation die Dienstleistung, also die Arbeit, eine zentralere Bedeutung. Der Übergang zwischen Handel und Dienstleistung ist in der Praxis fließend. Umso wichtiger ist deshalb eine klare Trennung der Anwendungsbereiche beider Methoden. Diese Trennung sollte vorab festgelegt werden und allen Mitarbeitern bewusst sein!

Typisch an Dienstleistungen ist, dass der Arbeitsanteil überwiegt und relativ stark schwankt. Bei manchen Dienstleistungen ist es sogar unmöglich, die benötigte Arbeitszeit über die Ware zu verrechnen (z. B. Hoteldekorationen, bei denen Ware vom Auftraggeber gestellt wird). Werden floristische Dienstleistungen mit dem gleichen Aufschlag wie die Standardfloristik kalkuliert, muss die gesamte Arbeitszeit (auch für alle Dienstleistungen) im Gemeinkostenaufschlag berücksichtigt werden. Die Aufschläge steigen und treiben die Preise der Standardprodukte in die Höhe. Eine korrekte Abgrenzung zwischen Handel und Dienstleistungen führt zu aufwandsgerechteren Kalkulationspreisen. Die Anwendung der Dienstleistungskalkulation ermöglicht eine differenziertere Preispolitik und eine gestärkte Konkurrenzfähigkeit im Handelsbereich. Außerdem geht ein mögliches Wachstum des Dienstleistungssektors nicht auf Kosten des Handels.

Die nachfolgenden Unterkapitel sollen dem Leser helfen, den Unterschied zwischen Handels- und Dienstleistungskalkulation zu erkennen und zukünftig die richtige Kalkulationsmethode zu wählen.

11.5.2 Einzelkosten

In der Floristik variieren die Einzelkosten je nach angewandter Kalkulationsmethode. Kommt die Aufschlagsatzkalkulation des Handels zur Anwendung, beschränken sich die Einzelkosten auf den verkauften Wareneinsatz. Wird hingegen mit der Dienstleistungsmethode kalkuliert, gelten verkaufter Wareneinsatz und zurechenbare Arbeitsstunden als Einzelkosten. Die richtige Wahl der Kalkulationsmethode hat entscheidenden Einfluss auf ein korrektes Kalkulationsergebnis.

11.5.3 Gemeinkostenumlage

Bei der Aufschlagsatzkalkulation des Handels (siehe Kap. 10) wird der nominale oder rechnerische Aufschlagsatz ermittelt, indem die Gemeinkosten sowie der Aufschlag für Wagnis und Gewinn in Relation zum verkauften Wareneinsatz gesetzt und mit dem Faktor 100 multipliziert werden. Dieser nominale Aufschlagsatz, der auch als Netto-Rohaufschlag bezeichnet wird, drückt den erforderlichen Aufschlag in Prozent aus. Hinzu kommt die gesetzliche Umsatzsteuer. Der nominale Aufschlag inkl. der Umsatzsteuer wird auch Brutto-Rohaufschlag genannt.

Bei der Dienstleistungskalkulation werden die Gemeinkosten sowie der Aufschlag für Wagnis und Gewinn nicht nur auf die Ware, sondern auch auf die Arbeitszeit umgelegt. Zu berücksichtigen ist, dass zurechenbare Arbeit bei der Dienstleistungskalkulation als Lohneinzelkosten direkt verrechnet wird. Sie muss nicht als Gemeinkostenaufschlag in Ansatz gebracht werden. Durch die Teilung der Gemeinkosten fällt zudem der Gemeinkostenaufschlag auf die Ware niedriger aus als im Handel. Dafür wird die Arbeitszeit samt Gemeinkostenaufschlag separat verrechnet.

11.5.4 Einkalkulierte Arbeitszeit bei der Aufschlagsatzkalkulation

Im Gemeinkostenaufschlag des Handels sind auch die Personalkosten berücksichtigt. Somit deckt der Netto-Rohaufschlag auch den praxisüblichen Personaleinsatz im Handel ab. Die Tabelle 42 auf Seite 218 zeigt für einen Beispielsbetrieb auf, wie hoch die einkalkulierte praxisübliche Arbeitszeit für den gesamten Verkaufsvorgang ist.

Die Datengrundlage erfordert einerseits Buchführungsdaten (Anteil der Ware, der Löhne samt Lohnnebenkosten sowie der restlichen Gemeinkosten am Gesamtaufwand), andererseits den kalkulierten Aufschlag für Wagnis und Gewinn, die betriebsüblichen Warenver-

Tab. 42: Kalkulierter Arbeitszeitanteil eines Blumenstraußes

Ausgangsdaten für die Berechnung	**Einheit**	**Betrag**
Netto-Verkaufspreis	€	30,00
Aufschlagfaktor (von Einkaufspreis netto auf Verkaufspreis netto)		2,5
kalkulierte Warenverlustquote	%	20
Kosten einer produktiven Arbeitsstunde (netto ohne USt.)	€ / Akh	30,00
Aufteilungsschlüssel der Handelsspanne		
Anteil für Lohnaufwand	%	50
Anteil für Gemeinkosten, Wagnis und Gewinn	%	50
Ergebnis der Berechnung	**Einheit**	**Betrag**
Netto-Verkaufspreis	€	30,00
abzüglich Wareneinsatz	€	-12,00
abzüglich betriebsübliche Warenverluste	€	-2,40
Handelsspanne	**€**	**15,60**
Aufteilung der Handelsspanne:		
Gemeinkosten, Wagnis und Gewinn	€	7,80
Lohnaufwand	€	7,80
kalkulierter Lohnanteil in €	**€**	**7,80**
kalkulierter Lohnanteil in Minuten	**Minuten**	**16**
USt. = Umsatzsteuer		

luste, den nominalen Aufschlag sowie die Kosten einer Arbeitsstunde. Unter Berücksichtigung der Unternehmensziele und preisstrategischer Überlegungen wird nunmehr die endgültige Verteilung dieser Hauptkostenfaktoren festgelegt.

Den unterschiedlichen Umsatzsteuersätzen Rechnung tragend, wird hier auf Netto-Ebene kalkuliert. In der Praxis ist noch die Umsatzsteuer zu berücksichtigen.

Das Beispiel in Tabelle 42 geht von folgenden Annahmen aus:

Die Handelsspanne teilt sich zu gleichen Teilen auf die Lohnkosten und die Gemeinkosten samt Aufschlag für Wagnis und Gewinn auf. Diese Aufteilung kann von Betrieb zu Betrieb schwanken und sollte an die eigenen Gegebenheiten angepasst werden.

Die dargestellte Kalkulation geht außerdem von einem Netto-Rohaufschlag von 150 % (Faktor 2,5) aus. Die durchschnittlichen Warenverluste betragen 20 %. Die produktive Arbeitsstunde wurde mit 30,00 € netto ohne Umsatzsteuer kalkuliert.

Die Tabelle 42 kommt zum Ergebnis, dass bei einem Netto-Rohaufschlagfaktor von 2,5 etwa halb so viele Arbeitsminuten verbraucht werden dürfen wie der Netto-Verkaufspreis in Euro ausmacht. 30,00 € Netto-Verkaufspreis bedeuten im Beispiel eine einkalkulierte Arbeitszeit von ca. 16 Minuten für den gesamten Verkaufsvorgang. Hierbei ist zu berücksichtigen, dass dieser Arbeitszeitanteil nicht nur das Binden des Straußes umfasst, sondern den gesamten Verkaufsvorgang von der Begrüßung, der Bedarfserhebung, der eigentlichen floristischen Tätigkeit bis hin zum Verpacken, Kassieren und Verabschieden.

Tabelle 42 macht bewusst, dass der Arbeitsanteil einiger floristischer Leistungen weit vom Durchschnittswert abweicht, der bei der Aufschlagsatzkalkulation zur Anwendung kommt. Dadurch besteht die Gefahr, dass bereits geringfügige Veränderungen im Auftragsgefüge hin zu arbeitsintensiven Leistungen die Kostendeckung gefährden. Sobald der Faktor Arbeit und somit die Dienstleistung eine zentrale Rolle spielt, führt die Aufschlagsatzkalkulation zu falschen (zu niedrigen!) Preisen. Steht beispielsweise beim Binden eines Brautstraußes oder bei einer floristischen Dekoration die Dienstleistung im Vordergrund, ist die Dienstleistungskalkulation in Ansatz zu bringen. In diesen Fällen liegt die tatsächliche Arbeitszeit deutlich über dem kalkulierten Arbeitszeitanteil laut Tabelle 42.

11.5.5 Fallbeispiel: Brautstrauß

Bei der Kalkulation von Dienstleistungen werden die Gemeinkosten und der Aufschlag für Wagnis und Gewinn über zwei Schlüsselgrößen auf den Wareneinsatz und die Arbeitszeit aufgeschlagen.

In der Beispielskalkulation in Tabelle 43 beträgt der Netto-Rohaufschlag auf die Waren 60 %. Als Stundensatz inkl. Gemeinkosten, Wagnis und Gewinn kommen 36,00 € zur Anwendung (exkl. Umsatzsteuer). Als Datenbasis werden zusätzlich der Wareneinsatz zum Einstandspreis und die Arbeitszeit benötigt.

In der Praxis ist zusätzlich die gesetzliche Umsatzsteuer hinzuzurechnen.

Tabelle 43 weist einen Netto-Verkaufspreis von 96,20 € aus. Bei der Dienstleistungskalkulation ist zu beachten, dass der nominale Aufschlag auf die Waren (hier z. B. 60 %) deutlich niedriger als bei der Aufschlagsatzkalkulation des Handels ist. Die Gemeinkosten müssen hier nicht zur Gänze von der Ware getragen werden. Ein Teil wird auf die Arbeit umgelegt. Aus diesem Grund ist darauf zu achten, dass je nach Kalkulationsmethode die richtigen Warenaufschläge verwendet werden!

Tab. 43: Kalkulation eines Brautstraußes als Dienstleistung

Kalkulation eines Brautstraußes	**Einheit**	**Betrag**
Wareneinsatz (zum Einstandspreis netto)	€	32,00
Aufschlag für Gemeinkosten, Wagnis und Gewinn (inkl. 10 % Schwund)	%	60
Benötigte Arbeitszeit in Minuten	Minuten	75
Verrechnungssatz einer Arbeitsstunde (netto ohne USt.)	€ / Akh	36,00
Ergebnis der Berechnung	**Einheit**	**Betrag**
Wareneinsatz	€	32,00
Aufschlag für Gemeinkosten, Wagnis und Gewinn	€	19,20
Zwischensumme: Warenkosten inkl. Aufschlag	**€**	**51,20**
Arbeitskosten	**€**	**45,00**
Netto-Verkaufspreis	**€**	**96,20**
USt. = Umsatzsteuer		

11.5.6 Auswertung und Interpretation

Die Anwendung der Dienstleistungskalkulation sollte aufgrund von Praxiserfahrungen z. B. für folgende Bereiche überlegt werden:

- Hochzeitsfloristik;
- Eventdekoration;
- Dekorationen in Hotel, Gastronomie, Firmen, ...;
- Schaufenstergestaltung;
- Wohnungsdekoration.

Das Kapitel 11.4 hat gezeigt, dass die Wahl der richtigen Kalkulationsmethode in der Floristik eine zentrale Rolle spielt. Steht die Arbeit und somit die Dienstleistung im Vordergrund, muss die Dienstleistungskalkulation zur Anwendung kommen. Die Aufschlagsatzkalkulation des Handels ermittelt in der Regel zu niedrige Verkaufspreise, weil die benötigte Arbeitszeit zu lang ist und über den Gemeinkostenaufschlag nicht vollständig abgedeckt werden kann. Bei der floristischen Dienstleistungskalkulation ist allerdings zu beachten, dass mit eigenen und in der Regel niedrigeren nominalen Warenaufschlägen kalkuliert wird. In der Praxis wäre es auch möglich, bei der Aufschlagsatz- und der Dienstleistungskalkulation denselben Gemeinkostenaufschlag auf die Ware anzuwenden. Dies müsste allerdings beim Gemeinkostenaufschlag auf die Arbeitsstunde Berücksichtigung finden, indem der dortige Aufschlag reduziert wird. Die Wahl der Gemeinkostenverteilung hängt schlussendlich von den Unternehmenszielen, der Preispolitik, der Preisstrategie und der Marktstellung ab.

12 Investitions-Controlling

Immer gut bei Kasse zu sein, wünschen wir uns alle. Im Gartenbau ist dies nicht immer möglich. Zu stark sind die saisonalen Schwankungen von Einnahmen und Ausgaben, zu hoch sind die notwendigen Vorleistungen und der Kapitaleinsatz.

Eine Liquiditätsplanung kann das Problem von Geldknappheit zwar nicht lösen, aber zumindest mildern. Wie hoch sind die monatlichen Einnahmen- und Ausgabenströme im Jahresverlauf? Wie sieht es mit dem rechnerischen Saldo aus? Wann sind die Berge am höchsten und die Täler am tiefsten? Ist der Zeitpunkt größerer Betriebsmitteleinkäufe günstig? Sind Investitionen geplant und wie erfolgt deren Finanzierung? Ist der Kontokorrentrahmen an die betrieblichen Erfordernisse angepasst und flexibel genug? Wurde ein guter Zinssatz ausgehandelt?

Die Konditionen bei der Bank hängen in zunehmendem Maße von der Bonität des Kunden ab. Hier spielen Auftreten und erkennbare Managementqualitäten eine wichtige Rolle, ganz zu schweigen von Vertrauen und Seriosität. Zinsunterschiede von mehreren Prozent sind möglich. Wer zu den Gewinnern gehören will, muss entsprechende Vorsorge treffen.

Für das Modul „Investitions-Controlling“ steht unter www.ulmer.de, Webcode 3294008, folgende Tabellenkalkulations-Anwendung zum Download zur Verfügung: **CiG_Investition.xlsx**.

Das Kapitel „Investitions-Controlling“ präsentiert vier wichtige Bausteine. Neben der Investitionsrechnung wird auf die Finanz- und die Liquiditätsplanung sowie auf die Erfolgs-Planrechnung als weiteres Kernelement von Businessplänen eingegangen.

12.1 Investitionsrechnung

12.1.1 Problemstellung und Zielsetzung

Die meisten Betriebe benötigen zur Erreichung ihrer Ziele den Einsatz von Fremdkapital. Investitionen stellen immer ein unternehmerisches Risiko dar, weil die Zukunft nur in Grenzen vorhersehbar und steuerbar ist. Deshalb ist es wichtig, die Zielsetzungen, die Kosten und die voraussichtliche Wirtschaftlichkeit einer Investition im Vorhinein genauestens zu überprüfen und verschiedene Szenarien zu entwickeln. Erst dann können Vorteilhaftigkeit und Vorzüglichkeit verschiedener Investitionsalternativen abgewogen werden.

Mindestens genauso wichtig sind eine fundierte Finanzplanung und -kontrolle sowie die Sicherstellung der Liquidität. Liquidität hat immer Vorrang vor Rentabilität und Investitionstätigkeit! Frühwarnsysteme zur Vermeidung von Liquiditätsschwierigkeiten und Überschuldung sind einzubauen. Vor einer Investition müssen die Zahlungsfähigkeit des Betriebes und der günstigste Investitionszeitpunkt geprüft werden. Jede Investitionsplanung muss daher mit einer Finanz- und einer Liquiditätsplanung gekoppelt sein.

Fremdkapitalzinsen sind selten auf eine längere Laufzeit fix. Deshalb sind Szenarien für verschiedene Zinsvarianten empfehlenswert, um die Wirtschaftlichkeit der Investition auch bei einem höheren Zinssatz gewährleisten zu können.

Die nachfolgenden Abschnitte stellen verschiedene Methoden von Investitionsrechnungen, Finanzierungsmöglichkeiten, die Sichtweise der Bank, die Beurteilungskriterien nach Basel II sowie Möglichkeiten zur Risikominimierung dar. Die einzelnen Kapitel werden mit Beispielsaufgaben und Übungsbeispielen untermauert.

12.1.2 Vorbereitung und Datengrundlage

Als Investition bezeichnet man die Überführung von finanziellen Mitteln (Eigen- und Fremdkapital) in längerfristig nutzbare Wirtschaftsgüter. Man unterscheidet zwischen Ersatz-, Rationalisierungs- und Erweiterungsinvestitionen. Diese werden in Kapitel 12.1.3 im Detail dargestellt.

Vor jeder Investition ist deren technische Sinnhaftigkeit zu überprüfen.

Zudem werden die dadurch entstehenden Vorteile mit den zusätzlichen Kosten verglichen. Hierbei ist zu berücksichtigen, dass neben ökonomisch erfassbaren Vorteilen auch qualitative Nutzenveränderungen (z. B. Image, Ressourcenschonung u. Ä.) eintreten können.

Entsprechende Daten werden aus den Planungsgrundlagen, Kostenvoranschlägen, Angebotskalkulationen, Arbeitszeitaufzeichnungen, Produktionsplanungen, Kreditangeboten und der Buchführung entnommen. Die Erfassung des Nutzens gestaltet sich oft schwieriger als die Einschätzung der Kosten, weil neben dem quantitativen Nutzen auch die qualitativen Vorteile erfasst und bewertet werden müssen.

12.1.3 Ausgewählte Methoden der Investitionsrechnung

Die Investitionstheorie liefert methodische Hilfsmittel zur Entscheidungsfindung. Das Grundproblem liegt in der Abschätzung zukünftiger Entwicklungen. Um das Risiko eingrenzen zu können, ist es sinnvoll mehrere Prüfmethoden zu verwenden. Außerdem sollten ausreichende Sicherheitsspannen berücksichtigt und mehrere Szenarien (Zinssatzentwicklung, Preisentwicklung, Positivvariante, Negativvariante usw.) berechnet werden. Bei größeren Investitionen müssen die Auswirkungen auf den Gesamtbetrieb einbezogen werden.

Die Investitionskalkulation wird je nach Investitionsart in Form eines Kosten-, Rentabilitäts- oder Überschussvergleiches durchgeführt. In den nachfolgenden Kapiteln werden die gebräuchlichsten Methoden für Ersatz-, Rationalisierungs- und Erweiterungsinvestitionen dargestellt. Oft treten die Investitionsarten auch in Kombination auf, die sich mit denselben methodischen Instrumenten behandeln lassen.

Ersatzinvestition
Ersatzinvestitionen dienen dem Austausch abgenutzter Güter. Das gängigste betriebswirtschaftliche Modell für die Wirtschaftlichkeitsprüfung einer Ersatzinvestition ist der Kostenvergleich. Voraussetzung für einen reinen Kostenvergleich ist die Funktions- und Nutzenidentität des alten und neuen Investitionsgutes, was vorab abzufragen ist. In der Folge werden diejenigen Kosten beider Alternativen (altes und neues Investitionsgut) ermittelt, die entscheidungsrelevant sind. Aus diesem Grund werden Betriebskosten nur dann berücksichtigt, wenn sie unterschiedlich sind. Danach erfolgt eine Gegenüberstellung der jährlichen Kosten bzw. der Gesamtkosten über eine bestimmte Laufzeit, wenn Kosten unregelmäßig anfallen. Weist das neue Investitionsgut Zusatznutzen auf (z. B. bei einem Fahrzeug Ladebordwand, leichtere Beladbarkeit, befahrbar mit CC-Containern), müssen diese bei der Entscheidung mitberücksichtigt werden.

Zentrale Kostenpositionen jeder Investition sind Abschreibung und Zinsaufwand.

Abschreibung: Die Abschreibung stellt den Wertverlust eines Investitionsgutes durch Abnutzung dar. Geht man von einer linearen (gleichbleibenden) Abnutzung aus, ergibt sich die Abschreibung als Division des Anschaffungswertes (Kaufpreis zzgl. Anschaffungsnebenkosten) eines Wirtschaftsgutes in Euro geteilt durch die voraussichtliche Nutzungsdauer in Jahren. Beim alten Investitionsgut werden als Basis für die Abschreibung der aktuelle Rest(buch)wert und eine eventuell anstehende größere Reparatur herangezogen, die durch die voraussichtliche Restnutzungsdauer zu dividieren sind.

Zinsaufwand bzw. Zinsansatz: Wird das Investitionsgut mit Fremdkapital finanziert, ist der zu bezahlende Zinsaufwand in der Investitionsrechnung zu berücksichtigen. Oft wird aus Vereinfachungsgründen der Zinsaufwand des über die Kreditlaufzeit durchschnittlichen Kapitaleinsatzes herangezogen. Der durchschnittliche Zinsaufwand pro Jahr ergibt sich aus dem Produkt des halben Wertes eines Investitionsgutes in Euro multipliziert mit dem Zinssatz.

Bei einer Eigenkapitalfinanzierung stellen die Zinsen eine kalkulatorische Kostenposition dar und werden als Zinsansatz bezeichnet. Der Zinsansatz wird nach derselben Formel berechnet. Als Zinssatz wird ein banküblicher Fremdkapitalzins eingesetzt.

Wie in Tabelle 44 dargestellt, werden unterschiedliche Szenarien für die beiden Alternativen (beispielsweise altes und neues Fahrzeug) berechnet. Beide Fahrzeuge weisen Funktions- und Nutzenidentität auf. Größere Kostenunterschiede können sich durch die zu erwartende Nutzungsdauer ergeben. In Tabelle 44 werden für beide Alternativen zwei unterschiedliche Nutzungsdauern präsentiert. Als günstigste Investitionsalternative gilt jene Variante mit den geringsten jährlichen Gesamtkosten. Allerdings ist abzuwägen, mit welcher Verlässlichkeit die erwartete Nutzungsdauer eintreten wird.

Rationalisierungsinvestition

Bei Rationalisierungsinvestitionen wird Arbeitseinsatz durch Anlagegüter ersetzt. Somit stellen sie eine Umkombination der Produktionsfaktoren Arbeit und Kapital dar. Auch bei dieser Investitionsart bzw. bei einer Kombination von Ersatz- und Rationalisierungsinvestition wird in der Regel der Kostenvergleich als betriebswirtschaftliches Modell gewählt. Weitere Methoden sind die Berechnung des Stückgrenzwertes, die arbeitswirtschaftliche Rentabilität, die kapitalwirtschaftliche Rentabilität oder die Pay-off-Periode.

Beim Kostenvergleich werden die Kosten der Investitionsalternativen verglichen. Der Stückgrenzwert ermittelt die Produktionsmenge, bei der Kostengleichheit eintritt. Die arbeitswirtschaftliche Rentabilität berechnet diejenige Höhe der Arbeitskosten pro Stunde, bei der die eingesparten Arbeitskosten den jährlichen Kosten der Rationali-

Tab. 44: Kostenvergleich einer Ersatzinvestition

Ausgangsdaten für die Investition	Einheit	Betrag
Anschaffungswert altes Kfz	€	28.000
Restwert (6. Jahr)	€	7.000
Kosten Generalreparatur	€	2.700
Verbleibende Nutzungsdauer (mindestens)	Jahre	2
Verbleibende Nutzungsdauer (höchstens)	Jahre	4
Anschaffungswert neues Kfz	€	33.000
Verbleibende Nutzungsdauer (mindestens)	Jahre	7
Verbleibende Nutzungsdauer (höchstens)	Jahre	9
Zinssatz Kapital	%	5,00
Wartung und Reparaturen altes Fahrzeug (pro Jahr)	€	1.700
Wartung und Reparaturen neues Fahrzeug (pro Jahr)	€	1.100

Ergebnisse der Vergleichsrechnung (Kosten pro Jahr)				
Kostenelemente	**für altes Kfz Restnutzungsdauer in € pro Jahr**		**für neues Kfz Nutzungsdauer in € pro Jahr**	
	2 Jahr(e)	**4 Jahr(e)**	**7 Jahr(e)**	**9 Jahr(e)**
Abschreibung altes Fahrzeug	4.850	2.425		
Abschreibung neues Fahrzeug			4.714	3.667
Zins (von (Restwert + Reparatur) / 2)	243	243		
Zins (von 1 / 2 Anschaffungswert)			825	825
Jährliche Reparaturen	1.700	1.700	1.100	1.100
Jährliche Kosten insgesamt:	**6.793**	**4.368**	**6.639**	**5.592**
Rangfolge	**4**	**1**	**3**	**2**

sierungsinvestition entsprechen. Die kapitalwirtschaftliche Rentabilität zeigt, ob die Investition eine ausreichende Verzinsung des eingesetzten Kapitals ermöglicht. Bei der Pay-off-Methode wird angegeben, wie schnell sich die Investition amortisiert.

In der Tabelle 45 werden der Kostenvergleich und der Stückgrenzwert für eine Topfmaschine ausgewiesen.

Der Stückgrenzwert gibt die Anzahl Töpfe an, bei der die Kosten beider Verfahren gleich sind. Bei einer geringeren Topfanzahl ist das Handtopfen günstiger. Über dem Stückgrenzwert hat das Maschinentopfen „die Nase vorn". Hierbei ist zu betonen, dass die Grunddaten je nach Betrieb, Ausstattung, Seriengröße und Personal abweichen können.

Die erforderlichen Daten für den Kostenvergleich werden aus Angeboten, Arbeitsaufzeichnungen, Normdaten für den Arbeitszeitbedarf sowie aus der Buchführung entnommen. Tabelle 45 zeigt, dass die Höhe der Arbeitskosten pro Stunde und die Produktionsmenge großen Einfluss auf die Investitionskalkulation haben. Für die Berech-

Tab. 45: Kostenvergleich einer Rationalisierungsinvestition

Ausgangsdaten für die Investition	**Einheit**	**Betrag**
Anzahl Töpfe pro Jahr	Stück	100.000
Verwendete Grunddaten Handarbeit		
Lohnkosten (Untergrenze für geleistete Akh)	€	10,00
Lohnkosten (Obergrenze für geleistete Akh)	€	15,00
Anzahl Akh für 1.000 Töpfe	Akh	5,75
Verwendete Grunddaten Topfmaschine		
Betriebskosten pro Stunde	€	0,20
Einsatzzeit für 1.000 Töpfe	Akh	0,90
Anzahl Arbeitskräfte für Bedienung	AK	2,00
Anschaffungswert	€	25.000
Reparatur / Wartung pro Jahr	€	600
Voraussichtliche Abschreibungsdauer	Jahre	10
Zinssatz für das eingesetzte Kapital	%	4,00

Ergebnisse der Vergleichsrechnung (Kosten pro Jahr)				
Kosten für 100.000 Töpfe	**Lohnkosten 10 € pro Akh**		**Lohnkosten 15 € pro Akh**	
	von Hand	**maschinell**	**von Hand**	**maschinell**
Lohnkosten	5.750	1.800	8.625	2.700
Abschreibung		2.500		2.500
Zins (von 1 / 2 des Anschaffungswertes)		500		500
Reparaturen		600		600
Betriebskosten		18		18
Summe jährliche Maschinenkosten		3.618		3.618
Summe Kosten	**5.750**	**5.418**	**8.625**	**6.318**
Differenz Maschinentopfen - Handtopfen (€)	**332**		**2.307**	
Stückgrenzwert (Stück)	**91.556**		**60.945**	

nung wird der durchschnittliche Arbeitskostensatz je geleisteter Stunde heran gezogen (siehe Kap. 6). Je höher der Stundensatz und je höher die Produktionsmenge sind, desto schneller rechnet sich eine Rationalisierungsinvestition. Die Tabelle 45 zeigt dies anhand veränderter Stückgrenzwerte. Allerdings ist zu betonen, dass die durch die Rationalisierungsinvestition reduzierten Arbeitsstunden tatsächlich eingespart oder im Betrieb anderweitig nutzbringend eingesetzt werden müssen. Ansonsten führt die Rationalisierungsinvestition nicht zu den bei der Investitionskalkulation angesetzten Kosteneinsparungen durch verminderte Lohnaufwendungen.

Neben dem rein betriebswirtschaftlichen Ergebnis müssen bei Rationalisierungsinvestitionen weitere Nutzenfaktoren mitberücksichtigt werden. Diese können von höherer Betriebssicherheit, Qualitätsverbesserungen, Arbeitsvereinfachungen und besserer Einhaltung von Terminen bis hin zu einer Steigerung der Lebensqualität (z. B. Nutzung automatischer Bewässerungsanlagen an Wochenenden) reichen.

Erweiterungsinvestition

Erweiterungsinvestitionen haben in der Regel sehr komplexe Auswirkungen auf verschiedene Bereiche eines Unternehmens. Da es sich hierbei in der Regel um größere Investitionen mit längerer Laufzeit handelt, steigt das unternehmerische Risiko. Es ist deshalb wichtig, verschieden optimistische Szenarien zu rechnen. Das gebräuchlichste betriebswirtschaftliche Modell ist der Überschussvergleich. Bei dieser Methode wird verglichen, ob die durch die Investition bedingten entscheidungsrelevanten Kosten durch zusätzliche Erlöse abgedeckt werden können. Damit dies gelingt, müssen die zusätzlichen jährlichen Investitions- und Handlungskosten durch eine zusätzliche Handelsspanne bzw. direktkostenfreie Leistung aufgefangen werden. Es wird der hierfür notwendige Zielumsatz ermittelt und abgewogen, ob das entsprechende Marktpotenzial verfügbar ist bzw. erkämpft werden kann.

Die notwendigen Daten umfassen einerseits die geplanten Investitionen und andererseits die Veränderungen von Arbeitsaufwand und sonstigen Gemeinkosten wie Werbung, Energie, Reinigung, Instandhaltung u. Ä. Außerdem müssen die jährlichen Umsatzerlöse und der Wareneinsatz in Prozent vom Umsatz angegeben werden.

Die Tabelle 46 ermittelt in der Folge die jährlichen Handlungskosten und den Zielumsatz, der bei gleichbleibender relativer Handelsspanne zur Erreichung desselben Jahresüberschusses notwendig ist.

Der Zielwert bei den Umsatzerlösen gibt den notwendigen Zielumsatz in Euro an. In der letzten Zeile sieht man ergänzend die notwendige Umsatzsteigerung in Prozent. Nun kann abgewogen werden, ob das Marktpotenzial für diese Umsatzsteigerung von beispielsweise 40 % oder 59 804 € (208 804 € – 149 000 €) erkämpft werden kann.

Hierbei ist zu betonen, dass dieser Zielumsatz als absolutes Minimum zu sehen ist. Er führt lediglich zu einem gleichbleibenden Jahresüberschuss, was bei erhöhtem Risiko eigentlich als Rückschritt zu sehen ist. Außerdem ist zu betonen, dass dieser Zielumsatz nicht durch Preisnachlässe „über das Knie gebrochen" werden darf. Würde die durchschnittliche relative Handelsspanne nach der Investition sinken, wäre ein noch höherer Mindestumsatz die Folge.

Abschließend ist fest zu stellen, welche Auswirkungen die Investition auf die Marktstellung des Unternehmens und die Liquiditätssituation (siehe Kap. 12.3) hat. In den meisten Fällen kann der notwendige Zielumsatz nicht gleich im ersten Jahr realisiert werden. Bis zur Erreichung des Zielumsatzes läuft die Firma suboptimal, was sich

Tab. 46: Ermittlung des Zielumsatzes für eine Blumengeschäftserweiterung

		Einheit	Vor der Investition	Nach der Investition
Verkaufsfläche		m²	50	90
Investiertes Kapital (noch nicht abgeschrieben)				
Geschäft		€	30.000	90.000
Einrichtung (Tische, Bildtafeln ...)		€	0	25.000
davon Fremdkapital		€	0	40.000
Summe		€	30.000	115.000
Summe Neuinvestitionen		€	0	85.000
Kosten				
Abschreibung Geschäft		%	5	5
Abschreibung Einrichtung		%	20	20
Zinssatz Eigenkapital		%	4	4
Zinsen Fremdkapital		%	4	4
Arbeitskosten		€	31.000	46.000
sonstige Gemeinkosten		€	24.000	29.000
Ermittlung der jährlichen Handlungkosten				
Abschreibung Geschäft		€	1.500	4.500
Abschreibung Einrichtung		€	0	5.000
Zinsansatz Eigenkapital (von 1/2 Eigenkapital)		€	600	1.500
Zinsen Fremdkapital		€	0	1.600
Arbeitskosten		€	31.000	46.000
sonstige Gemeinkosten		€	24.000	29.000
Summe jährliche Handlungskosten		**€**	**57.100**	**87.600**
Ermittlung des Jahresüberschusses				
Umsatzerlöse (Ist- / Zielwert)		€	149.000	**208.804**
Wareneinsatz in % vom Umsatz	49	€	73.010	102.314
Handelsspanne		€	75.990	106.490
jährliche Handlungskosten		€	57.100	87.600
Jahresüberschuss		**€**	**18.890**	**18.890**
Umsatz in %		%	**100**	**140**

nicht nur im Betriebserfolg, sondern auch bei der Liquidität widerspiegelt.

12.2 Finanzierung

12.2.1 Problemstellung und Zielsetzung

Da Investitionen in der Regel nicht ausschließlich mit Eigenkapital finanziert werden können, ist eine Finanzplanung unerlässlich. Hierfür ist der Bedarf an Fremdkapital und die voraussichtliche Nutzungsdauer der Investition zu erheben. Die Fristigkeit von Kapital und Vermögen müssen übereinstimmen. Die Kreditlaufzeit darf auf keinen Fall länger sein als die voraussichtliche Nutzungsdauer des Investitionsgutes. Geläufige Fremdfinanzierungsformen sind langfristige Darlehen und Leasing. Die finanzielle Gesamtbelastung eines Kreditnehmers aus aufgenommenen Krediten bezeichnet man als Kapitaldienst.

12.2.2 Finanzierungsmöglichkeiten

Bankdarlehen

Fremdkapital ist teuer. Wie der Tabelle 47 zu entnehmen ist, fallen bei einem Kredit mit 20 Jahren Laufzeit und 4,5 % Zinsen bis zum Ende der Laufzeit Zins und Zinseszins in Höhe von ca. 54 % des Kreditbetrages an.

Beim **Annuitätenkredit** wird eine gleichbleibende jährliche Rückzahlung ermittelt, die Annuität. Sie setzt sich aus dem Zins- und dem Tilgungsanteil zusammen. Der Zinsanteil erhöht sich mit zunehmendem Zinssatz und zunehmender Laufzeit. Deshalb ist es wichtig, passende Laufzeiten zu wählen (siehe Kap. 12.4.3) und mit der Bank vorzeitige Rückzahlungsmöglichkeiten ohne Pönalzahlung zu vereinbaren.

Man unterscheidet zwischen Krediten mit festem Zinssatz über die gesamte Laufzeit und variablen Krediten. Bei variablen Zinssätzen ist die Koppelung an einen Leitzins wie z. B. den Euribor zu empfehlen. Ändert sich der Zinssatz, hat dies Auswirkungen auf die Annuität. Wichtig ist zudem, mögliche Förderungen zu nutzen, mehrere Bankangebote einzuholen und gut zu verhandeln. Bei diversen Förderprogrammen muss berücksichtigt werden, dass Investitionen erst nach der Förderzusage durchgeführt werden dürfen.

Da die Kreditinstitute ihr Risiko so gering wie möglich halten wollen, werden die Kunden einerseits nach Basel II geratet und in Bonitätsklassen eingeteilt. Andererseits verlangen Banken ausreichende Sicherheiten wie Hypotheken (Pfandrechte auf unbewegliche Sachgüter wie Grundstücke, Gebäude u. Ä.), Lombard (Übergabe von beweglichen Sicherheiten wie Sparbücher, Schmuck, Gold, Wertpapiere usw.), Bürgschaften kreditwürdiger Bürgen, Deckungswechsel und Zessionen (offene Forderungen als Sicherheit). Manchmal verlangen

Tab. 47: Restschulden, Annuität und Zinsen eines Annuitätskredites

Ausgangsdaten des Kredites		
Laufzeit des Kredites	Jahre	20
Kreditsumme	€	200.000
Zinssatz	%	4,50
Ermittelte Annuität	€	**15.375**

Jahr	Restschuld	Annuität	Tilgungsteil	Zinsanteil
1	200.000	15.375	6.375	9.000
2	193.625	15.375	6.662	8.713
3	186.963	15.375	6.962	8.413
4	180.001	15.375	7.275	8.100
5	172.726	15.375	7.603	7.773
6	165.123	15.375	7.945	7.431
7	157.178	15.375	8.302	7.073
8	148.876	15.375	8.676	6.699
9	140.200	15.375	9.066	6.309
10	131.134	15.375	9.474	5.901
11	121.660	15.375	9.901	5.475
12	111.759	15.375	10.346	5.029
13	101.413	15.375	10.812	4.564
14	90.602	15.375	11.298	4.077
15	79.303	15.375	11.807	3.569
16	67.497	15.375	12.338	3.037
17	55.159	15.375	12.893	2.482
18	42.266	15.375	13.473	1.902
19	28.793	15.375	14.080	1.296
20	14.713	15.375	14.713	662
Summe		**307.505**	**200.000**	**107.505**

Banken zusätzlich eine Risikoversicherung bzw. Ablebensversicherung des Kreditnehmers. Je nach Bonität und vorhandenen Sicherheiten bleibt mehr oder weniger Verhandlungsspielraum bei den Zinskonditionen.

Leasing

Leasing gewinnt als Finanzierungsform an Bedeutung und ist vor allem bei beweglichen Investitionsgütern sehr verbreitet. Sie stellt eine Sonderform der Fremdfinanzierung dar, weil sie in der bei uns häufigsten Form **(Operating Leasing)** rechtlich gesehen der Miete gleich zu setzen ist. Der Leasinggeber ist Eigentümer des Wirtschaftsgutes und stellt dieses gegen ein Entgelt (Leasingrate) dem Leasingnehmer zur Verfügung. Meist kann am Ende der vereinbarten Leasingdauer das Leasinggut gegen Bezahlung eines vorher vereinbarten Restwertes ins Eigentum übernommen werden.

Im Gegensatz dazu entspricht der **Mietkauf (Financial Leasing)** vom wirtschaftlichen Gesichtspunkt her dem Ratenkauf. Der Mietkäufer ist Eigentümer des Objektes, die Leasinggesellschaft besitzt allerdings bis zur Bezahlung der letzten Rate den Eigentumsvorbehalt.

Operating Leasing enthält einen Miet- und einen Zinsanteil, manchmal auch einen Versicherungsanteil (z. B. Vollkaskoversicherung bei Kfz). Der Vorteil von Leasing gegenüber einem Kredit ist, dass kein zusätzliches Fremdkapital in der Bilanz aufscheint und weniger Sicherheiten erforderlich sind. Als größter Nachteil gilt das schnelle Verwertungsrecht bei Nichtbezahlung der Leasingraten. Außerdem ist Leasing oft teurer als ein herkömmlicher Kredit und von vielen Förderprogrammen ausgeschlossen.

Ob Darlehen oder Leasing als Fremdfinanzierungsform gewählt, hängt neben der vorhandenen Eigenkapitalausstattung vom direkten Kostenvergleich über die Finanzierungslaufzeit und von den erforderlichen Sicherheiten ab.

12.2.3 Basel II – Harte und weiche Faktoren

Seit den Bankenrichtlinien Basel II werden Kreditnehmer geratet. Einerseits werden harte Faktoren in Form von Kennzahlen und Businessplänen ermittelt. Andererseits spielen auch weiche Faktoren wie die Persönlichkeit, das Auftreten, die Präsentation und das Unternehmenskonzept eine wichtige Rolle bei der Beurteilung. Bonitäten und Sicherheiten haben schon jetzt relativ große Auswirkungen auf die Zinskonditionen. Mit Basel III soll dies noch ausgebaut werden. Das Ziel der Kreditgeber ist, Kunden in Risiko-Kategorien einzuteilen und das Kreditrisiko zu minimieren.

Wichtige Kennzahlen nach Basel II sind im Bereich der finanziellen Stabilität die Eigenkapitaldeckung und die Schuldentilgungsdauer. Bezüglich Ertragslage werden vor allem der Netto-Cashflow (Finanzierungsüberschuss, siehe auch Kap. 2.5.2.1) und die Kapitaldienstgrenze unter die Lupe genommen. Der Blickwinkel der Bank richtet sich weniger auf den steuerlichen Gewinn als auf die Veränderung des Eigenkapitals. Banken wissen, dass Eigenkapitalabflüsse auf Dauer sehr gefährlich sind.

Vom Kreditnehmer sollten Bankverhandlungen erst dann begonnen werden, wenn ein ausführlicher Businessplan einschließlich Investitionskalkulation, Wirtschaftlichkeitsberechnung und Liquiditätsplanung vorliegt. Außerdem gilt es, diesen Businessplan gut zu präsentieren und die eigenen Managementqualitäten herauszustellen.

Seit der Banken- und Wirtschaftskrise haben alle Banken ihre Auflagen verschärft und die Kontrollinstrumente deutlich intensiviert. Banken durchleuchten ihre Kunden wesentlich intensiver. Gefordert werden Sicherheiten und wirtschaftlicher Erfolg. Alle Investitionsvorhaben werden intensiv auf Wirtschaftlichkeit geprüft. Ziel ist es, die

Unsicherheit für die Bank zu minimieren. Dies sollte auch das Ziel des Unternehmers sein. Fehlinvestitionen sind in der heutigen Zeit nicht mehr tragbar. Es geht darum, zuerst mit fundierten Daten in mehreren Szenarien zu rechnen und erst dann zu investieren. Außerdem sollten durch erfolgreiche Bankverhandlungen günstige Finanzierungsformen gefunden werden. Nach der Investition sind Kontrollinstrumente einzurichten, um unerwünschte Abweichungen vom Plan möglichst früh zu erkennen und gegenzusteuern (siehe dazu auch Kap. 4). In diesem Bereich geht es um viel Geld, manchmal sogar um die Existenz. Es müssen deshalb alle Möglichkeiten genutzt werden, um Unsicherheiten zu minimieren und ungünstige Entwicklungen zu vermeiden.

12.3 Liquiditätsplanung und -kontrolle

12.3.1 Problemstellung und Zielsetzung

Viele Gartenbaubetriebe produzieren und vermarkten Produkte, bei denen der Absatz einer Saisonalität unterliegt. Daraus resultiert eine schwankende Verfügbarkeit an Zahlungsmitteln, die eine gewisse Kontrolle und Vorausplanung erfordert. Liquidität bedeutet, jederzeit den fälligen Zahlungsverpflichtungen nachkommen zu können. Bei der Liquiditätsrechnung werden deshalb die Einzahlungen und Auszahlungen innerhalb eines zeitlichen Rahmens verglichen. Ziel ist eine ausgeglichene Liquidität, die in Grenzen planbar und kontrollierbar ist.

Eine **Liquiditätsplanung** ist umso wichtiger:
- je stärker Ein- und Auszahlungen schwanken und asynchron verlaufen;
- je weniger kurzfristig verfügbare Mittel vorliegen;
- je größer geplante Investitionen sind.

Liquiditätsschwierigkeiten treten vor allem auf bei:
- allgemein schlechter Ertragslage;
- unvorhergesehenen Produktions- und Forderungsausfällen;
- hohen Privatentnahmen;
- kurzfristig auftretenden Kostensprüngen;
- starker Einengung des Kreditlimits am Kapitalmarkt.

12.3.2 Vorbereitung und Datengrundlage

Die notwendige Datengrundlage hängt von der Art der Liquiditätsplanung ab. Bei der statischen Liquiditätskontrolle werden die erforderlichen Informationen aus der Bilanz entnommen und Liquiditätskennzahlen berechnet. Diese Kennzahlen spiegeln allerdings nur die Situation zum Bilanzstichtag wider und sind als Momentaufnahme zu sehen. Sie zeigen zwar den Trend über die Jahre (vertikaler Vergleich), sind in ihrer Aussagekraft jedoch eingeschränkt. Durch die hohe Saisonalität kann die Liquidität im Jahresverlauf stark schwanken. Wesentlich aussagekräftiger ist die dynamische Liquiditätsplanung und -kontrolle, welche die Situation in kürzeren Intervallen abbildet. Diese gestaltet sich allerdings schwieriger und aufwändiger. Die monatlichen Ein- und Auszahlungen werden aus der Buchführung entnommen und bei einfachen Buchführungsmethoden durch weitere Zahlungsflüsse wie Kredittilgungen, Privatentnahmen, private Steuerzahlungen usw. ergänzt.

12.3.3 Methode der dynamischen Liquiditätsplanung und -kontrolle

Die dynamische Liquiditätsplanung betrachtet die Zahlungsfähigkeit wesentlich differenzierter über einen längeren Zeitraum. Dies ermöglicht realistischere Aussagen zur Situation eines Unternehmens im Jahresverlauf unter Berücksichtigung aller Saisonalitäten.

Bei der dynamischen Liquiditätsplanung werden alle Ein- und Auszahlungen je Periode (Monat, Quartal) gegenübergestellt und die Über- bzw. Unterdeckung berechnet. Eine Übereinstimmung mit der steuerlichen Buchführung besteht nur bedingt. Einerseits werden kalkulatorische Positionen wie die Abschreibung nicht berücksichtigt, andererseits gehen zusätzliche Zahlungsflüsse für Tilgungen und Privatentnahmen mit in die Berechnung ein.

Ziel der dynamischen Liquiditätsplanung ist, auf Zahlungsengpässe zeitgerecht zu reagieren und sie durch entsprechende Maßnahmen zu vermeiden. Außerdem dient sie auch als Entscheidungsgrundlage für Tilgungspläne und ausreichende Kontokorrentkreditrahmen. Empfehlenswert ist die dynamische Liquiditätsplanung auch für Betriebe, deren Kontokorrentkredite von Jahr zu Jahr ansteigen und oft nur noch kurzzeitig nach den wichtigsten Saisonen einen positiven Kontostand aufweisen. Dieser schleichende Anstieg der Kontokorrentkredite deutet auf eine zu geringe Wirtschaftlichkeit des Unternehmens, zu hohe Privatentnahmen oder eine falsche Finanzierung von Anlagegütern mit kurzfristigem Kapital hin. Kontokorrentkonten, die nicht mindestens sechs Monate pro Jahr deutlich im Plus sind, sollten deshalb eine Prüfung der Liquiditätssituation samt Ursachenergründung nach sich ziehen.

Grundlage für eine in den Tabellen 48 bis 50 dargestellte dynamische Liquiditätsplanung ist die steuerliche Buchführung des vergangenen Jahres (Jahr 0).

Zusätzlich müssen alle weiteren Zahlungsflüsse, z. B. Privatentnahmen, Tilgungen und private Steuern, erfasst werden. Die Aufgliederung der Ein- und Auszahlungen nach Erlös- und Kostenarten erfolgt in der Regel nur bei den wichtigsten Positionen. Es empfiehlt sich, die zusätzlich erfassten Zahlungsflüsse in eigenen Kategorien zu führen. Der in der Tabelle 48 ausgewiesene „Saldo“ zeigt die jeweilige Über-

oder Unterdeckung der einzelnen Monate. Er ergibt sich als Differenz der Ein- und Auszahlungen.

Auf der Basis von Jahr 0 kann nun ein Liquiditätsplan für das Jahr 1 erstellt werden. Wie der Tabelle 49 zu entnehmen ist, besteht hierbei die Möglichkeit, die Erlös- und Kostenarten prozentual zu verändern oder geplante Korrekturen in Euro-Beträgen anzugeben.

Das Programm ermittelt die Abweichungen zum Ausgangsjahr 0 und erstellt den in Tabelle 50 abgebildeten Liquiditätsplan für das Jahr 1. Zusätzlich werden der Sollzins für das Kontokorrentkonto, der Kontokorrentrahmen und der Kontostand zum 1. Januar des Jahres 1 erfasst.

Durch Veränderung der Eingabedaten können verschiedene Szenarien simuliert und Zahlungsengpässe erkannt werden. Die Tabelle 50

Tab. 48: Liquiditätsplan für das Jahr 0 (Ausschnitt)

Ausgangsjahr	**Jahr 0**	**Monat**			
	Januar	**Februar**	**März**	**April**	**...**
Verkaufserlöse brutto	23.746	33.298	32.068	46.868	
sonstige Einzahlungen	450	450	450	450	
Privateinlagen				1.000	
aufgenommener Kredit			4.500		
Summe Einzahlungen	**24.196**	**33.748**	**37.018**	**48.318**	**...**
Löhne	5.785	6.023	7.150	7.191	
Lohnnebenkosten	1.966	1.950	2.100	2.502	
Sozialversicherung Unternehmer			3.003		
Heizung, Energie		8.500			
Produktionsmittel		7.560	3.300		
Handelswaren	9.973	13.985	13.469	19.685	
Instandhaltung, Reparatur			760		
Kfz	288	445	435	272	
Werbung	160	686	402	22	
Miete, Pacht, Leasing	1.166	1.166	1.166	1.166	
sonstiger Aufwand					
Investitionen		2.200			
Kreditzinsen			678		
Kredittilgung	320	320	320	320	
Zinsen Kontokorrent			180		
Privatentnahme	2.000	2.000	2.000	2.000	
private Steuern		800			
betriebliche Steuern					
Saldo Umsatzsteuer - Vorsteuer	2.888	2.071	1.337	105	
Bezahlung Investitionsgut				5.500	
Summe Auszahlungen	**24.547**	**47.706**	**36.299**	**38.763**	**...**
Saldo	**-351**	**-13.958**	**719**	**9.555**	**...**
Summe Einzahlungen Jahr 0	**507.650**				
Summe Auszahlungen Jahr 0	**496.270**				
Differenz Einzahlungen - Auszahlungen Jahr 0	**11.380**				

weist unter anderem den Kontostand am Monatsende aus und informiert darüber, ob der Kontokorrentrahmen überschritten wird.

Besonders wichtig sind derartige Simulationen für geplante Investitionen, Betriebserweiterungen oder weitreichendere Veränderungen (Ausbau bzw. Reduktion bestimmter Kostenstellen, Veränderungen der Produktionsplanung u. Ä.). Außerdem sind sie bei Umschuldungen und Unternehmenssanierungen von großem Nutzen. Tabelle 50 stellt die prognostizierte Liquiditätssituation für das Jahr 1 dar.

In der Abbildung 19 auf Seite 236 sind die Monatssalden und der Kontostand grafisch abgebildet.

Derartige Liquiditätssimulationen dienen auch für Bankverhandlungen und die Wahl eines geeigneten Kontokorrentrahmens bzw. die kurzfristige Genehmigung eines erhöhten Girorahmens in besonders

Tab. 49: Geplante Veränderungen im Jahr 1

Ausgangsjahr		**Jahr 0**				
Angaben zum Kontokorrentkredit						
Sollzins pro Jahr	%	5,5				
Maximaler Kontokorrentrahmen	€	-15.000				
Kontostand zu Beginn Jahr 1	€	7.000				
	Veränderung in %	**Außerordentliche Abweichungen in €**				
		Januar	**Februar**	**März**	**April**	**...**
Verkaufserlöse	3,0					
sonstige Einzahlungen	1,2			4.000		
Summe Einzahlungen		**0**	**0**	**4.000**	**0**	**...**
Löhne	2,2				2.200	
Lohnnebenkosten	2,2					
Sozialversicherung Unternehmer	0,0					
Heizung, Energie	2,0					
Produktionsmittel	2,0					
Handelswaren	2,0					
Instandhaltung, Reparatur	0,0		7.500	6.000		
Kfz	2,0					
Werbung	0,0					
Miete, Pacht, Leasing	0,0	60	60	60	60	
sonstiger Aufwand	2,0					
Investitionen	0,0			12.000		
Kreditzinsen	0,0					
Kredittilgung	0,0					
Zinsen Kontokorrent	0,0					
Privatentnahme (inkl. privater Steuern)	0,0					
Summe Auszahlungen		**60**	**7.560**	**18.060**	**2.260**	**...**
Saldo		**-60**	**-7.560**	**-14.060**	**-2.260**	**...**
Summe Einzahlungen Jahr 0		**18.967**				
Summe Auszahlungen Jahr 0		**36.112**				
Differenz Einzahlungen - Auszahlungen Jahr 0		**-17.145**				

liquiditätsschwachen Monaten. Hierbei gilt: Banken gegenüber ist es besser, mit fundierten Daten vorab zu verhandeln als scheibchenweise nachzukorrigieren.

Liquiditätskontrolle

Liegt die Liquiditätsplanung für das Jahr 1 vor, können in der Folge die tatsächlichen Ein- und Auszahlungen des Jahres 1 erfasst und den Plandaten gegenüber gestellt werden. Negative Abweichungen zeigen sich dadurch unmittelbar. Mögliche Ursachen und Fehleinschätzungen müssen erforscht werden. Korrekturen sind relativ zeitnah möglich. Unternehmensentscheidungen basieren somit auf einer fundierten Datenbasis und geschehen nicht nur „aus dem Bauch heraus".

Tab. 50: Liquiditätsplan für das Jahr 1

Ausgangsjahr	**Jahr 1**	**Monat**			
	Januar	**Februar**	**März**	**April**	**...**
Verkaufserlöse	24.458	34.297	33.030	48.274	
sonstige Einzahlungen	455	455	4.455	455	
Summe Einzahlungen	**24.914**	**34.752**	**37.485**	**48.729**	...
Löhne	5.912	6.155	7.307	9.549	
Lohnnebenkosten	2.010	1.993	2.146	2.557	
Sozialversicherung Unternehmer	0	0	3.003	0	
Heizung, Energie	0	8.670	0	0	
Produktionsmittel	0	7.711	3.366	0	
Handelswaren	10.173	14.265	13.738	20.078	
Instandhaltung, Reparatur	0	7.500	6.760	0	
Kfz	293	454	443	278	
Werbung	160	686	402	22	
Miete, Pacht, Leasing	1.226	1.226	1.226	1.226	
sonstiger Aufwand	0	0	0	0	
Investitionen	0	2.200	12.000	0	
Kreditzinsen	0	0	678	0	
Kredittilgung	320	320	320	320	
Zinsen Kontokorrent	0	39	113	55	
Privatentnahme (inkl. privater Steuern)	2.000	2.000	2.000	2.000	
Summe Auszahlungen	**22.094**	**53.220**	**53.502**	**36.085**	...
Saldo	**2.819**	**-18.467**	**-16.017**	**12.644**	...
Kk-Kontostand am Ende des Monats	**9.819**	**-8.648**	**-24.665**	**-12.021**	...
Kontorahmen überschritten J / N	**NEIN**	**NEIN**	**JA**	**NEIN**	...
Summe Einzahlungen Jahr 1	**521.117**				
Summe Auszahlungen Jahr 1	**503.651**				
Differenz Einzahlungen - Auszahlungen Jahr 1	**17.466**				
Vor Zinsbelastung Kontokorrent					
Summe Auszahlungen	22.094	53.180	53.389	36.031	...
Saldo	2.819	-18.428	-15.904	12.699	...
Kk-Kontostand am Ende des Monats vor Zinsen	9.819	-8.609	-24.552	-11.966	...
Kk = Kontokorrent					

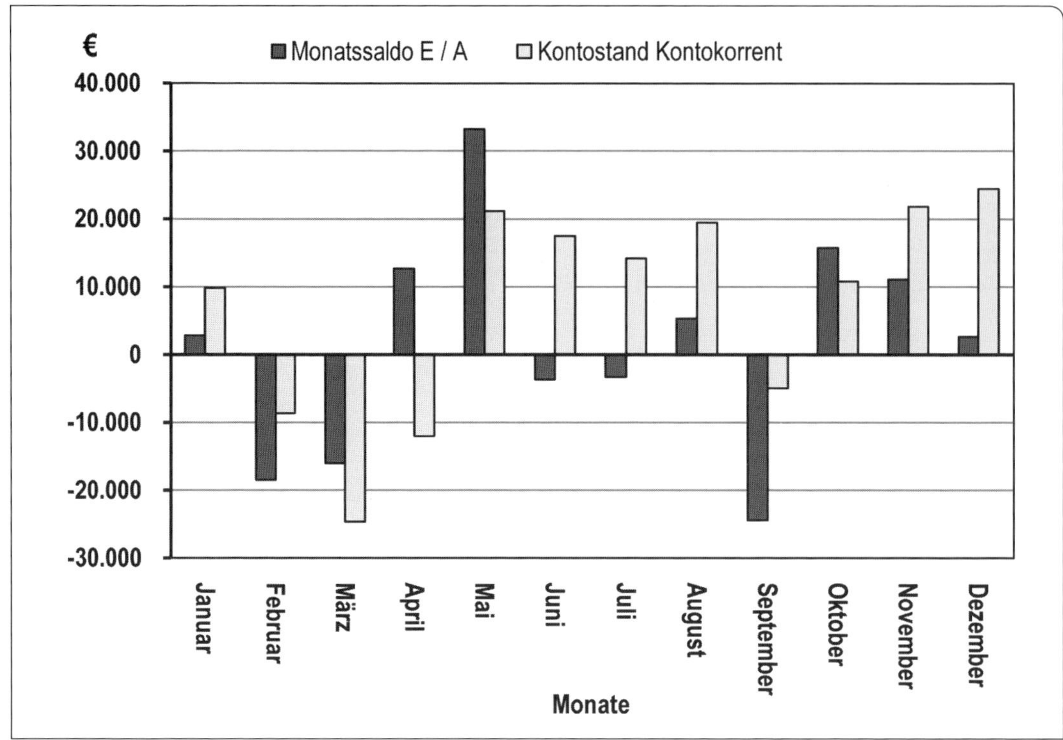

Abb. 19 Monatssalden und Kontostand im Jahr 1 (geplant).

12.4 Businesspläne für Banken

12.4.1 Problemstellung und Zielsetzung

Bei größeren Investitionsvorhaben sowie bei Betriebsgründungen und -übernahmen verlangen Banken Businesspläne, die neben der Darstellung der Geschäftsidee, des Geschäftsprofils, des Standortes und Marktes, der Mitbewerber und potenziellen Kunden sowie der geplanten Marketingaktivitäten folgende Punkte enthalten:

- Vorhabenbeschreibung;
- Investitionsrechnung;
- Rentabilitätsvorschau (Gewinn- und Verlust-Planrechnung);
- Finanzplanung;
- Liquiditätsplanung.

Der vorgelegte Businessplan ist neben dem Rating nach Basel II und den vorhandenen Sicherheiten oft ausschlaggebend für die Einstufung der Bonität und die Gewährung von Krediten. Je nach Bankbeurteilung hat dies zunehmenden Einfluss auf die Zinskonditionen. Mit Basel III wird sich dies noch verstärken.

12.4.2 Vorbereitung und Datengrundlage

In den nachfolgenden Unterkapiteln soll schwerpunktmäßig die **Rentabilitätsvorschau** beschrieben werden, weil die Investitionsrechnung bereits in Kapitel 12.1, die Finanzierung in Kapitel 12.2 und die Liquiditätsplanung in Kapitel 12.3 dargestellt wurden. Die Rentabilitätsvorschau ist vor allem bei Betriebsgründungen schwierig, weil hier die größten Unsicherheiten bei der Datengrundlage gegeben sind. Teilweise fehlen gesicherte Daten und entsprechende Erfahrungswerte. In derartigen Fällen sollten erfahrene Berater konsultiert oder zumindest fundierte Branchenkennzahlen als Basis heran gezogen werden. Auch Banken stehen Businessplänen von Neugründern wesentlich kritischer gegenüber als jenen von etablierten Unternehmen, weil das Risikopotenzial höher ist.

12.4.3 Erfolgs-Planrechnung

Die Erfolgs-Planrechnung (Rentabilitätsvorschau) ist ein grundlegendes Entscheidungskriterium für die Vergabe von Krediten. Glaubwürdigkeit und Nachvollziehbarkeit stehen hier im Vordergrund. Es empfiehlt sich, die **Rentabilitätsvorschau in mehreren Szenarien** zu erarbeiten. Üblich sind die Szenarien **„Mittel“**, **„Minimum“** und **„Optimum“**. Bei normalen Rahmenbedingungen sollte die Planvariante „Mittel“ eintreten. Das Szenarium „Minimum“ zeichnet ein eher pessimistisches Bild, das sich beispielsweise bei Startschwierigkeiten, starkem Wettbewerb oder anderweitigen Problemen ergibt. Im Gegensatz dazu umschreibt das Szenarium „Optimum“ die Erfolgsrechnung bei optimalen Verhältnissen.

Jeder Businessplan sollte diese drei Varianten für die Erfolgs-Planrechnung enthalten. Zusätzlich verlangen die meisten Kreditinstitute eine Rentabilitätsvorschau für mindestens drei Jahre, um Entwicklungschancen und zukünftige Veränderungen besser abschätzen zu können. Je stärker der wirtschaftliche Erfolg zwischen den drei Varianten „Minimum“, „Mittel“ und „Optimum“ schwankt, desto höher wird das Risiko seitens der Bank eingestuft.

Hinweis:
Grundlage für das in Tabelle 51 dargestellte Fallbeispiel ist ein GaLaBau-Betrieb. Nicht benötigte Zeilen sind deshalb in der Tabelle ausgeblendet.

Die Tabelle 51 auf Seite 238 stellt eine Erfolgs-Planrechnung in drei Szenarien für das Jahr 1 dar.

Neben den absoluten Werten wird für alle Erlös- und Aufwandsgruppen der relative Anteil an den Umsatzerlösen angegeben. Dadurch sind Branchenvergleiche erleichtert. Die Erfolgsrechnung sollte bei den Hauptaufwandsgruppen Kennzahlenvergleichen standhalten. Seit Basel II verfügen viele Kreditinstitute über branchenspezifische Kennzahlenauswertungen. Weichen Aufwandspositionen in den Plan-Erfolgsrechnungen deutlich von Branchenkennzahlen ab, ist dies zu begründen. Ansonsten leidet die Glaubwürdigkeit. Dadurch wird die Verhandlungsposition Banken gegenüber geschwächt. Zusätzlich wollen viele Kreditinstitute im Detail wissen, wie sich die Umsatzerlöse

Tab. 51: Erfolgs-Planrechnung für das Jahr 1

Ausgangsjahr	Jahr 1					
	Minimum	in %	Mittel	in %	Optimum	in %
Umsatzerlöse	130.000	100,0	150.000	100,0	170.000	100,0
Sonstige Erträge	0	0,0	0	0,0	0	0,0
Summe Erträge	**130.000**	**100,0**	**150.000**	**100,0**	**170.000**	**100,0**
Löhne inkl. Lohnnebenkosten	29.000	22,3	29.000	19,3	35.000	20,6
Heizung, Energie	2.300	1,8	2.500	1,7	2.700	1,6
Handelswaren	39.000	30,0	45.000	30,0	51.000	30,0
Hilfsmaterial	700	0,5	700	0,5	700	0,4
Instandhaltungen	900	0,7	900	0,6	900	0,5
Aufwand Fuhrpark	2.400	1,8	2.600	1,7	2.800	1,6
Werbung	2.000	1,5	2.400	1,6	2.800	1,6
Betriebliche Steuern, Abgaben	500	0,4	500	0,3	500	0,3
Versicherungen	1.300	1,0	1.300	0,9	1.300	0,8
Buchführungs- und Beratungsaufwand	1.900	1,5	2.000	1,3	2.100	1,2
Bürobedarf, Telefon, Literatur	900	0,7	1.000	0,7	1.100	0,6
Miete, Pacht, Leasing	1.400	1,1	1.400	0,9	1.400	0,8
Sozialversicherung Unternehmer	1.800	1,4	1.800	1,2	1.800	1,1
sonstiger Aufwand	2.300	1,8	2.600	1,7	2.900	1,7
Kreditzinsen	4.800	3,7	4.800	3,2	4.800	2,8
Zinsen Kontokorrent	400	0,3	300	0,2	200	0,1
Abschreibungen	5.700	4,4	5.700	3,8	5.700	3,4
Summe Aufwand	**97.300**	**74,8**	**104.500**	**69,7**	**117.700**	**69,2**
Gewinn / Verlust	**32.700**	**25,2**	**45.500**	**30,3**	**52.300**	**30,8**
Cashflow	38.400		51.200		58.000	
+ Kreditzinsen	4.800		4.800		4.800	
- Privatentnahmen, Privatsteuern	-30.600		-33.600		-36.100	
Kapitaldienstgrenze	**12.600**		**22.400**		**26.700**	
Kapitaldienst (Neuinvestition 15 Jahre)	12.357		12.357		12.357	
Kapitaldienst (Neuinvestition 10 Jahre)	17.482		17.482		17.482	

zusammensetzen und auf welcher Basis sie ermittelt bzw. geschätzt wurden.

Kapitaldienst und Kapitaldienstgrenze

Auf der Basis der Plan-Erfolgsrechnung kann nun die Kapitaldienstgrenze für die drei Szenarien „Minimum", „Mittel" und „Optimum" berechnet werden. Sie beziffert die maximale finanzielle Gesamtbelastung aus Fremdkapital, die ein Unternehmen erwirtschaften kann. Neben den Privatentnahmen werden private Steuern gesondert berücksichtigt, weil sie unregelmäßiger anfallen. Der ermittelten Kapitaldienstgrenze wird der gesamte Kapitaldienst des Unternehmens gegenüber gestellt (siehe Kap. 12.2.2). Ziel ist eine Kapitaldienstfähigkeit (Kapitaldienstgrenze), welche die Kapitaldienste übertrifft.

Wird dieses Ziel verfehlt, müssen Zins- und Tilgungsleistungen teilweise durch Abbau von Vermögen oder durch zusätzliches Eigen- und Fremdkapital bezahlt werden. Es droht Zahlungsunfähigkeit (Illiquidität).

Liegt die Kapitaldienstgrenze auch bei der vorsichtigen Variante „Minimum" über den ermittelten Kapitaldiensten, erleichtert dies Bankverhandlungen. Je geringer der Spielraum zwischen Kapitaldiensten und Kapitaldienstgrenze ist, desto schwieriger wird die Gewährung neuer Kredite. Hierbei ist zu berücksichtigen, dass die Höhe des Kapitaldienstes auch von der Kreditlaufzeit abhängt. Liegt die Kapitaldienstgrenze mehr als 25 % über den Kapitaldiensten, wäre eine Verkürzung der Kreditlaufzeit zu überlegen, sofern nicht weitere Investitionen geplant sind. Dadurch könnte der Zinsaufwand reduziert werden.

Die Gegenüberstellung von Kapitaldiensten und Kapitaldienstgrenze ist für jeden Unternehmer von höchstem Interesse. Wichtiges unternehmerisches Ziel ist, die Kapitaldienstverpflichtungen erfüllen zu können. Die Darstellung der erwarteten Kapitaldienste und deren Veränderungen sind auch für strategische Planungen interessant.

Controlling-Instrumente machen Investitionsvorhaben nicht wirtschaftlicher. Sie helfen jedoch, das Risiko zu minimieren, geeignete Bankunterlagen zu erstellen und Geldgeber von der Sinnhaftigkeit einer Investition zu überzeugen.

12.5 Auswertung und Interpretation

Das Kapitel „Investitions-Controlling" präsentierte vier wichtige Schritte für eine erfolgreiche Investition:

- Investitionsrechnung;
- Finanzierung;
- Liquiditätsplanung;
- Businessplan mit Erfolgs-Planrechnung.

Bei der **Investitionsrechnung** wird die Wirtschaftlichkeit einer geplanten Investition anhand eines Kosten-, Rentabilitäts- oder Überschussvergleiches ermittelt. In der Regel wird eine Investitionsrechnung in mehreren Szenarien durchgeführt, um den Unsicherheitsfaktor zu reduzieren. Fällt die Wirtschaftlichkeitsanalyse der Investition negativ aus, ist das geplante Investitionsvorhaben zu verwerfen bzw. zu adaptieren. Je länger die Nutzungsdauer der Investition und je höher die Investitionssumme sind, umso gewissenhafter muss die Investitionsrechnung durchgeführt werden.

Bei der nachfolgenden **Finanzplanung** werden verschiedene Finanzierungsformen verglichen, geeignete Laufzeiten gesucht und Verhandlungen mit Finanzierungspartnern vorbereitet. Hier gilt es, die Kriterien nach Basel II möglichst gut zu erfüllen, geeignete Bankunterlagen zu erstellen und gute Konditionen zu erwirken. Führt die Finanzplanung nicht zum gewünschten Ergebnis, müssen Investitionsvorhaben aufgeschoben bzw. neu überdacht werden.

In einem weiteren Schritt ist anhand einer **Liquiditätsplanung** zu überprüfen, welche Auswirkungen die Investition auf die Liquiditätssituation des Unternehmens hat. Sind negative Auswirkungen festzustellen, müssen Investitionsrechnung und Finanzplanung überprüft werden. Einerseits besteht die Möglichkeit, dass die Fristigkeit der Finanzierung nicht passt und zu viele kurzfristige Mittel eingeplant sind. Eine weitere Ursache könnte darin zu suchen sein, dass die Wirtschaftlichkeit der Investition zeitverzögert wirkt. Bei Erweiterungsinvestitionen ist beispielsweise darauf zu achten, in welcher Zeitspanne der notwendige Zielumsatz bzw. Zieldeckungsbeitrag erreicht werden kann. Zeitverzögerungen beim Output müssen bei der Liquiditätsplanung und den darauf aufbauenden Tilgungsplänen berücksichtigt werden. Die Sicherstellung der Liquidität hat immer oberste Priorität. Eine nachfolgende Liquiditätskontrolle dient als Frühwarnsystem gegen unerwartete Entwicklungen oder Abweichungen vom Plan.

Liquiditätsplanungen und -kontrollen werden allerdings nicht nur im Rahmen von Investitionen eingesetzt. Sie dienen auch als Entscheidungsgrundlage für Kontokorrentrahmen, die auf die Saisonalität im Gartenbau abgestimmt sind. Außerdem leisten sie wertvolle Dienste als Warnsysteme gegen negative Entwicklungen und einen schleichenden Anstieg von Kontokorrentkrediten. Wird Fremdkapital benötigt, um Löcher zu stopfen, ist dies immer als Alarmsignal zu sehen. Die Ursachen können von unzureichendem wirtschaftlichem Erfolg, zu hohen Privatentnahmen bis hin zu falschen Finanzierungsformen reichen.

Seit der Bankenkrise erfolgt die Vergabe von Fremdkapital wesentlich restriktiver. Vorgelegte **Businesspläne** sind neben dem Rating nach Basel II und den vorhandenen Sicherheiten oft ausschlaggebend für die Einstufung der Bonität und die Gewährung von Krediten. Die **Erfolgs-Planrechnung** ist ein weiterer Kernbestandteil von Businessplänen. Führt die Erfolgs-Planrechnung nicht zu einer Kapitaldienstgrenze, die auch im „worst case" für die geplanten Kapitaldienste ausreicht, wird die Fremdkapitalvergabe selbst bei guten Sicherheiten schwierig. In diesem Fall führt eine Ursachenergründung oft wieder zum Anfang: War die Investitionsrechnung zu optimistisch? Wurden die Probleme durch die Neuinvestition ausgelöst oder waren sie schon vorher da? Vielleicht sind die Gründe dann in anderen Kapiteln (Jahresabschlussanalyse, Kostenstellenrechnung, Kosten-Controlling usw.) zu suchen.

Service

Abkürzungen

AfA	Abschreibung, Absetzung für Abnutzung
AK	Arbeitskraft
Akh	Arbeitskraftstunde
Akm	Arbeitskraftminute
BeTa	Betriebsleiter-Tagebuch (Arbeitszeiterfassungsprogamm)
bwl	betriebswirtschaftlich(es)
CC-Container	Container Centralen-Container (http://www.container-centralen.de)
CiG	Controlling im Gartenbau
DATEV e. G.	Datenverarbeitungsorganisation für steuerberatende Berufe in Form einer eingetragenen Genossenschaft
DB	Deckungsbeitrag
DL	Direktkostenfreie Leistung
e. V.	eingetragener Verein
EDV	Elektronische Datenverarbeitung
EL	Einzelkostenfreie Leistung
exkl.	exklusiv(e)
Fibu	Finanzbuchführung
Fifo	first in first out
GaLaBau	Garten-, Landschafts- und Sportplatzbau
GuV	Gewinn- und Verlustrechnung
Hrsg.	Herausgeber
inkl.	inklusiv(e)
KER	Kurzfristige Erfolgsrechnung
Kk	Kontokorrent
KTBL	Kuratorium für Technik und Bauwesen in der Landwirtschaft e. V.
l	Liter
ME	Mengeneinheiten
Mh	Maschinenstunde
MM	Multimomentaufnahme
MTM	Methods Time Measurement
PE	Produktionseinheiten
PR	Public Relations (Öffentlichkeitsarbeit)
PUG	Preisuntergrenzen
SKR	Standardkontenrahmen
SPR	Saatgut, Pflanzgut, Rohware
SP	Saatgut, Pflanzgut
Tk-A	Tabellenkalkulations-Anwendung
Tsd.	Tausend
Voll-AK	Arbeitskapazität einer in Vollzeit ganzjährig beschäftigten Arbeitskraft
WE	Wareneinsatz
WWS	Warenwirtschaftssystem
ZBG	Zentrum für Betriebswirtschaft im Gartenbau e. V.
zzgl.	zuzüglich

Literatur

Arbeitskreis Betriebswirtschaft im Gartenbau e. V. (Hrsg.) (2002): Datensammlung für die Betriebsplanung im Intensivgemüsebau. 8. Auflage, Hannover.

BECKER, K., JUNGE, F., MEGGENDORFER, L., ORTH, U., ROTHENBURGER, W., SEIDL, G. (1997): Handbuch zur absatzwirtschaftlichen Beratung für den Direktabsatz von Gartenbauerzeugnissen und für Serviceleistungen. Forschungsauftrag des Bayerischen Staatsministeriums für Ernährung, Landwirtschaft und Forsten, München.

Deutsche MTM-Vereinigung e. V. (Hrsg.) (1965): MTM-Normzeitwertkarte. Hamburg.

ERICHSEN, J. (2011): Controlling-Instrumente von A – Z. Haufe Verlag, Freiburg.

Hauptverband der Landwirtschaftlichen Buchstellen und Sachverständigen e. V. (Hrsg.) (1981): Betriebswirtschaftliche Begriffe für die Buchführung und Beratung. Heft 14, Bonn.

HETTINGER, T. (Hrsg.) (1993): Kompendium der Arbeitswissenschaft – Optimierungsmöglichkeiten zur Arbeitsgestaltung und Arbeitsorganisation. Friedrich Kiehl Verlag, Ludwigshafen, S. 373 ff.

HORVÁTH & PARTNERS (2003): Das Controllingkonzept. Deutscher Taschenbuch Verlag, München.

KAISER, M. (2006): Betriebsführung im Gartenbau – Welche Rolle spielt Controlling durch EDV-Programme bei Bayerns jungen Führungskräften im Gartenbau? Schule und Beratung 3/06.

KLUTH, W.-R. (2010): Kalkulation im Garten- und Landschaftsbau. 3., erweiterte Auflage. Verlag Eugen Ulmer, Stuttgart.

Kuratorium für Technik und Bauwesen in der Landwirtschaft e. V. (KTBL) (Hrsg.) (2009): Gartenbau – Produktionsverfahren planen und kalkulieren. Datensammlung, Darmstadt.

LANDAU, K. (Hrsg.) (2003): Good Practice Ergonomie und Arbeitsgestaltung. Ergonomia Verlag oHG, Stuttgart.

LANGE, W., WINDEL, A. (2009): Kleine Ergonomische Datensammlung. 13. aktualisierte Auflage, Praxiswissen Arbeitssicherheit, Bundesanstalt für Arbeitsschutz und Arbeitsmedizin (Hrsg.), TÜV Media GmbH Köln.

MEGGENDORFER, L., ROTHENBURGER, W., SEIDL, G. (1997): Tabellenkalkulation im Gartenbau. Verlag Paul Parey, Berlin.

MEGGENDORFER, L., REICHENBACH, S., SCHWARZ, U., SPRAUL, R., GLÜCK, F. (2008): Entwicklung und Einführung eines horizontalen und vertikalen Controllingsystems für bayerische Gartenbaubetriebe. Forschungsauftrag des Bayerischen Staatsministeriums für Ernährung, Landwirtschaft und Forsten, München.

ROTHENBURGER, W. (1977): Ermittlung von Preisuntergrenzen für Zierpflanzen. Verlag Paul Parey, Berlin und Hamburg.

ROTHENBURGER, W., HUBER, B., SCHOLZ, S., SKRUZNY, F. (1984): Geldmittel im Betrieb – Liquiditätskontrolle und Finanzplanung. Verlag Paul Parey, Berlin und Hamburg.

SPRAUL, R. (1992): Verfahrensoptimierung bei der Anzucht von Wildgehölzen. Institut für Wirtschafts- und Sozialwissenschaften, Lehrstuhl für Wirtschaftslehre des Gartenbaues und Lehrgebiet Ökonomie der Landespflege der Technischen Universität München-Weihenstephan.

WEBER, J., SCHÄFER, U. (2008): Einführung in das Controlling. Verlag Schäffer-Poeschel, Stuttgart.

Zentrum für Betriebswirtschaft im Gartenbau e. V. (Hrsg.) (2010): Kennzahlen für den Betriebsvergleich im Gartenbau 2010 (53. Jahrgang). Hannover 2010.

Bildquellen

Hohengartner, B., Rankweil (Österreich): Abb. 19
Hohengartner, H., Rankweil (Österreich): Abb. 8
Meggendorfer, L., München: Titelmotiv, Abb. 1 bis 7, 9, 13 bis 18
Spraul, R., Bad Wimpfen: Abb. 10 bis 12

Register

Zu den Autoren

Ludwig Meggendorfer, geb. 1954, Dr. agr., seit 1988 an der Technischen Universität München in Lehre und Forschung im Bereich der Gartenbauökonomie tätig. Forschungsschwerpunkte: Controlling in klein- und mittelständischen Unternehmen, betriebswirtschaftliche Unternehmensberatung, EDV-Einsatz zur Unternehmensführung und -beratung.

Beatrix Hohengartner, geb. 1962, Dr. agr., seit 2000 Führung der Unternehmensberatungsfirma Hohengartner OG zusammen mit ihrem Ehemann, Ing. Helmut Hohengartner. Mitglied im österreichweiten Berater- und Expertenpool. Daneben Lehrtätigkeit in verschiedensten Institutionen der gartenbaulichen Berufsbildung.

Helmut Hohengartner, geb. 1960, Ing., selbständiger Unternehmensberater. Langjährige Führung verschiedener Arbeitskreise für Endverkaufsbetriebe in Österreich und Südtirol. Arbeitsschwerpunkte: Betriebswirtschaft, Marketing und Werbung, Motivation und Personalführung, Betriebskonzepte, Betriebsübergaben.

Renate Spraul, geb. 1962, Dr. agr., seit fast 20 Jahren als selbstständige, arbeitswirtschaftliche Beraterin für Gärtnereien aller Sparten in Deutschland, Österreich und der Schweiz tätig. Schwerpunkte sind Arbeitsorganisation, Arbeitsplatzgestaltung, Mitarbeiterführung und Zeitmanagement.

Die in diesem Buch enthaltenen Empfehlungen und Angaben sind vom Autor mit größter Sorgfalt zusammengestellt und geprüft worden. Eine Garantie für die Richtigkeit der Angaben kann aber nicht gegeben werden. Autor und Verlag übernehmen keinerlei Haftung für Schäden und Unfälle.

Bibliografische Information der Deutschen Nationalbibliothek
Die Deutsche Nationalbibliothek verzeichnet diese Publikation in der Deutschen Nationalbibliografie; detaillierte bibliografische Daten sind im Internet über http://dnb.d-nb.de abrufbar.

Wollgrasweg 41, 70599 Stuttgart (Hohenheim)
E-Mail: info@ulmer.de
Internet: www.ulmer.de
Umschlaggestaltung: Atelier Reichert, Stuttgart
Lektorat: Vera Bauer, Dr. Angelika Jansen, Birgit Schüller
Herstellung: Thomas Eisele
Satz: pagina GmbH, Tübingen
Druck: Graph. Großbetrieb Friedrich Pustet, Regensburg
Printed in Germany

ISBN 978-3-8001-7711-0